# La victoire des révoltés

*Témoignage d'un "enfant soldat"*

Ahmat Saleh Bodoumi

**Deuxième édition**[1].

---

[1] Une première édition a été faite au Centre Al-Mouna en 2010, à N'Djamena au Tchad.

ISBN:149126022X
ISBN-13:9781491260227

# DEDICACE

Je dédie ce livre à mon père Salah Bodou Woï dit "Sougoudougou", l'homme qui sacrifia sa vie pour l'idéal de justice, d'honneur et de liberté ; L'homme qui plaça ces valeurs morales au dessus de tout dans ce bas-monde.

# TABLE DES MATIERES

« *La révolution est pensée par des sages et exécutée par des fous. Elle ne profite qu'aux lâches.* »


Un chanteur algérien.

## Avant-propos :

Beaucoup de lecteurs de la première édition ont réagi, parmi lesquels les principaux acteurs : Goukouni Weddeye, Hissein Habré[2], Mahamat Yahya Oki Dagache, Keleï Abdallah Lebine, Adoum Togoï, Assaid Gamar Sileck, Mahamat Hamdan Djimaï…certains ont rélevé des erreurs ;

Et, les 1000 livres imprimés de la première édition ont été vendus, pratiquement au Tchad.

Je propose une deuxième édition avec un errata. J'en profite pour inclure des faits passés pendant la période décrite, qui n'ont pas été évoqués dans la version publiée.

Enfin, j'amène le lecteur à constater que les corrections proposées ici n'ont pas visé une histoire à la convenance des uns et des autres mais surtout le souci de restituer les faits historiques.

Bonne lecture !

N'Djamena, le 15 juin 2013.    L'auteur.

---

[2] Par personne interposée.

# Avertissement

Pour une meilleure compréhension, j'ai jugé utile de préciser la définition d'un certain nombre de termes relatifs aux ethnies :

## 1- Toubou, Gorane et Zaghawa :

Les peuples de la région saharienne du Tchad, de l'Est du Niger, du Sud de la Libye et du Nord-Ouest du Soudan actuel sont identifiés par des vocables tels que Toubou, Gorane, etc. Ce sont des appellations externes dans lesquelles ils ne se reconnaissent pas. Les Arabes tchadiens, leurs voisins au sud, leur collent le nom Gorane. Les Libyens, leurs voisins au nord les appellent Toubou. Les Français, quand ils sont arrivés, ont identifié ces peuples par Toubou ou Gorane selon la culture arabo-tchadienne ou libyenne de l'interprète utilisé. Dans la réalité, il n'y a pas une telle identité de peuple.

Par contre, il y a les Teda, habitants ou originaires de Tou[3]. C'est un peuple d'origine diverse dont la langue originelle est le tedaga ou tedaka[4] qui veut dire langue des Teda. Il y a les Dazagada ou Dazakada dans la plaine du Borkou, de l'Ennedi et plus au sud. Dazagada veut dire ceux qui parlent la langue des Daza. Il y a les clans Daza mais le groupe Dazagada est plus

[3] Massif du Tibesti.
[4] La nuance phonétique entre le ga et le ka est infime.

vaste et cosmopolite. Alors, chacun s'y identifie comme tel ou tel.

En plus de deux groupes qui parlent des dialectes d'une seule langue, il y a les Anagada ou Anakada[5], les Bideyat[6] qui parlent l'anaga, un dialecte de Beri, la langue des Zaghawa[7].

Les Bideyat constituent eux aussi, un peuple divers et fortement métissé aux Teda et aux Dazagada avec qui, ils partagent presque les mêmes us et coutumes et dans la plupart des cas, les mêmes valeurs.

Le Kanem aussi, est habité par des peuples d'expression dazaga dialectisé[8]. Il s'agit des Kréda, des Daza et d'autres peuples arrivés récemment du B.E.T. Ici encore, la diversité d'origine fait qu'il s'agit d'un véritable melting-pot.

Comme toutes les montagnes du monde, celles du B.E.T étaient le refuge des peuples en détresse au cours de l'histoire agitée de l'humanité. L'origine des peuples qui y habitent est donc diverse. Ici, l'identité d'un peuple est basée sur sa langue parlée. Les clans et les ethnies qui le composent s'identifient en fonction de leur origine et de la marque distinctive gravée sur leurs chameaux. C'est ainsi qu'on trouve des Teda[9] au Djourab[10]

---

[5] Une identité externe donnée par les Teda ou les Dazagada.
[6] Dans la première édition, j'ai différencié les biliada des bideyat mais, il est généralement admis que les biliada et les borogat constituent les bideyat. Toutefois, il y a lieu de comprendre que ce sont toujours des considérations externes.
[7] Il est possible que le beri soit un dialecte d'anaga.
[8] La question de la différenciation de la langue principale de ses dialectes reste encore posée.
[9] Originaires du Tibesti.
[10] Dans le Borkou, à la lisière du Batha et du Kanem.

, à Mourdi[11], à Bao-Bilia[12], etc. des Bideyat[13], des Anakaza[14] ou des Daza[15] au Tibesti.

Je ne suis pas en mesure de traduire toutes ces nuances qui ont été souvent dénaturées par des idées reçues. Alors, j'utilise dans cet écrit les termes, souvent erronés, de Toubou, de Gorane ou de Zaghawa selon l'identification généraliste des peuples du Sahara répartis entre le Tchad, la Libye, le Niger et le Soudan. Mais, j'emploie ces termes à ma manière. Ici, Toubou est Gorane et vice-versa et parfois Zaghawa quand je décris ce même peuple. Toutefois, je me permets d'utiliser les appellations spécifiques et internes des identités existantes telles que Teda, Daza, Biliada, Kréda, etc.

## 2- "Arabe" :

De même, le terme "Arabe" utilisé dans ce texte comme identité d'une communauté, est à nuancer. Il ne s'agit pas de la communauté arabe tchadienne en particulier ou arabe dans le monde en général. Il s'agit des éleveurs arabes transhumants qui sont en contact avec ceux qu'ils appellent les Goranes. Lesdits Goranes ne reconnaissent comme Arabes que ceux-là. Pour eux, les Libyens ne sont pas des Arabes. Ils sont soit des Ouassila[16], soit des Mini-Mini, onomatopée que les Goranes

[11] Extrême Est de l'Ennedi, à la jonction du Tchad à la Libye et au Soudan.
[12] Extrême Est de l'Ennedi à la jonction Libye-Soudan-Tchad, à la hauteur Sud de la dépression de Mourdi.
[13] Originaires de l'Ennedi.
[14] Originaires du Borkou.
[15] Originaires du Sud-Borkou.
[16] Aoulad-Souleyman.

leur ont donnée à cause de leur habitude qui consistait à demander chacun à partir de sa tente, l'identité de celui qui s'approchait de leur campement par les termes « Mine ? Mine ? »[17].

En milieu gorane, l'Egyptien, le Saoudien, le Libyen… sont identifiés en fonction de leur pays d'origine. L'identité "arabe" est exclusivement réservée aux éleveurs transhumants avec qui, les Goranes ont des liens historiques de mariage, d'amitié ou de belligérance. Je garde donc dans cet écrit cette identité restreinte et souvent exclusive.

## 3- "Sara" :

Pendant longtemps, la plupart des populations du B.E.T identifiaient la population noire qui servait le pouvoir colonial et plus tard le pouvoir établi, sous le vocable de "Askar"[18]. Ce terme servait à qualifier les soldats, les boys, les secrétaires et les membres de leurs familles : des Tchadiens, des étrangers, des musulmans, des chrétiens ou des animistes.

Par le truchement des citadins qui ont rejoint le maquis[19], Askar devint Sara d'après l'ethnie du Président Tombalbaye.

Dans ce livre, pour être plus proche de la compréhension d'antan, je conserve le terme erroné "Sara" pour désigner tous les ressortissants du Sud, chrétiens ou animistes. Il ne s'agit donc pas du sous-groupe sara du Tchad.

---

[17] Termes arabes qui signifient : Qui ? Qui ?
[18] Militaire en langue arabe
[19] Du Front de Libération Nationale du Tchad, une rébellion créée le 22 juin 1966.

AHMAT SALEH BODOUMI

# Introduction

La plupart de mes collègues combattants du Frolinat se disent : « Pourquoi écrire ? Il n'y a rien de bon dans notre vie de révoltés d'une époque et d'une situation révolue ! A quoi bon décrire les faits d'une jeunesse passée kalachnikov en bandoulière, dans la peur de trépasser à tout instant ! Une jeunesse qui était conduite à la mort sans autre alternative et qui devenait auteur des tueries parfois malgré elle pour sa survie ! Ce serait une curiosité aux autres de la découvrir mais pour nous et nos camarades qui étaient morts dans le triste anonymat et dont personne ne détient ne serait-ce qu'une liste pour l'histoire, une liste qui témoignerait leur passage sur cette terre...»

C'était cette même idée qui m'animait et qui anime encore la plupart de mes compagnons surtout ceux qui ont vécu la même jeunesse que moi ou qui ont fait la guerre contre moi et que les changements d'alliance m'ont lié à eux par la suite.

En février 2009, j'ai découvert parmi les livres étalés dans le hall de l'Assemblée Nationale Tchadienne par des vendeurs ambulants, un titre évocateur : « Tchad, Frolinat, chronique d'une déchirure. » publié ici même au Tchad, par le Centre Al-Mouna en 2005. Ce livre présente les résultats d'une série de débats dans lesquels j'ai eu par hasard, parmi l'assistance, à prendre la parole. Or, on m'a prêté dans ce livre des propos auxquels je ne me reconnais pas.

Je suis allé par deux fois au Centre Al-Mouna pour protester mais je n'ai pas pu rencontrer les interlocuteurs indiqués. Entre temps, j'ai acheté aux mêmes éditions Al-Mouna les deux tomes du colloque tenu sur la guerre civile de 1979-1980 et édité sous le titre : « Tchad, La grande guerre pour le pouvoir, les politico-militaires à l'assaut de la capitale. » Après la lecture de ces livres, je me suis rendu compte de l'énormité de la distance qui existe entre le rétablissement de la vérité des faits[20] et les propos mensongers ou erronés tenus par un certain nombre d'acteurs, observateurs ou victimes de ces événements.

Pendant que je méditais sur le travail à faire et la conduite à tenir pour faire face à cette vision de l'histoire écrite pour combler le vide laissé par le silence des combattants du Frolinat, Radio France Internationale[21] diffusa les réponses de Goukouni Weddeye[22] à un questionnaire. Ce questionnaire reprenait comme des vérités certaines idées reçues alors qu'elles sont pourtant contestables à tout point de vue, pour le combattant que je fus. Les réponses du président Goukouni sont encore celles d'un homme politique dont le souci est de ménager les groupes politiques, sociaux et régionaux du pays ainsi que ses relations avec la Libye et la France, les deux pays dont il a géré les effets directs ou indirects de leurs actions au Tchad pendant tout son leadership.

Cette histoire, réécrite sans lien avec la réalité des faits, sert à dénaturer toute recherche sur notre pays et, entre autres les

---

[20] C'était l'objectif du colloque qui est en soi noble.
[21] RFI
[22] Ancien chef de l'Etat, président du Gouvernement d'Union Nationale de transition au Tchad (GUNT), ancien président du Conseil de la Révolution des Forces Armées populaires du Frolinat, ex-Président du Conseil de Commandement des Forces Armées du Nord (CCF.A.N) à partir d'octobre 1976.

études sur le C.S.M[23] et sa politique tous azimuts, les causes de la guerre civile au Tchad, celles des conflits entre les différentes tendances du Frolinat, la nature du Frolinat, la séparation entre Hissein Habré[24] et Goukouni Weddeye, la bande d'Aouzou[25], les objectifs stratégiques de la France et ses actions au gré des événements au Tchad, ceux de la Libye, du Soudan...

Alors, j'ai pris la ferme détermination d'écrire ma vision de l'histoire même si je sais que je ne détiens pas toute la vérité. En effet, dans les méandres des événements vécus, il y a ceux que vous vivez, ceux qui se passent à vos côtés dont vous connaissez les acteurs et ceux qui se passent loin de vous et qui vous sont présentés par certaines propagandes intéressées, sous des formes souvent erronées.

Je décris donc les événements comme je les voyais pendant leur avènement. Si une erreur de fond entachait ma vision d'antan, je m'efforce d'en montrer le revirement évolutif.

Dans ce premier écrit, je limite mes propos sur les événements qui se sont passés avant le 7 juin 1982, date de ma fuite de N'Djamena avec le GUNT de Goukouni Weddeye. Cela coïncide avec ma majorité biologique. Je réserve la suite pour un autre livre.

Je sais que ce livre laisse un goût d'inachevé à cause des critiques et des avis portés sans proposition de rechange vis-à-vis de :

---

[23] Le Conseil Supérieur Militaire créé par les militaires après avoir tué le Président Tombalbaye.
[24] Ancien président du Conseil de Commandement des Forces Armées du Nord (CCF.A.N). Ex-Premier Ministre. Ex président de la République du Tchad.
[25] Une partie du territoire tchadien contestée et occupée pendant des années par la Libye et qui fut reconnue tchadienne après l'arrêt de la CIJ (Cour Internationale de Justice) le 03 février 1994 – Jamahiriya arabe libyenne/Tchad ; CIJ rec. 1994, P.28 Par 56.

l'Armée Tchadienne qui a pris dès sa constitution, une place qui contribua au fait que Paris fut le lieu de prise des décisions souveraines plutôt que Fort-Lamy ; la subdivision ethnique des armées issues des tendances politico-militaires ; la cohabitation des Tchadiens de différentes régions, religions, ethnies, coutumes ou mode de vie.

Cet écrit peut être considéré comme un outil de présentation des faits à ma manière et selon ma vérité. Je veux exposer les causes réelles d'une histoire qui commence à se dénaturer par des mensonges tels et si bien qu'il serait fastidieux de démentir.

Que ma version des faits vécus par notre pays serve à guider ceux qui cherchent la vérité !

Qu'elle suscite chez les acteurs et témoins anonymes le désir et le devoir de témoigner !

## La victoire des révoltés

Le Tchad était déjà indépendant lorsque ma mère mit au monde son dernier enfant. Je suis le benjamin d'une famille de huit enfants dont des jumeaux morts quelques mois après leur naissance. J'étais leur puîné. Alors, comme mes aînés directs sont morts, j'ai reçu le prénom de Sougui qui signifie une petite consolation en langue teda. Je suis donc la consolation de la famille qui a perdu ses jumeaux[26].

Si la venue de l'Islam dans nos contrées visait des objectifs spirituels, le domaine culturel ne fut pas négligé pour autant. Pour ces imams conquérants, je ne devais pas porter mon nom traditionnel Sougui mais plutôt un nom évoqué dans les écrits de l'Islam, le nom d'un prophète : Mohamed, Issa, Moussa, Ibrahim, Youssouf, etc. Ce qu'on ne disait pas à nos parents, c'était le fait que tous ces noms viennent des sociétés non musulmanes comme celle des Toubous d'antan ; Mahomed (S.A.S) est né de parents animistes. Donc, son nom lui fut donné par des animistes qui avaient procédé par des rites traditionnels locaux, et, ce fut ainsi pour tous les prophètes. J'ai compris plus tard que le nom n'a rien à voir avec la foi religieuse et que l'on peut choisir n'importe lequel pourvu qu'il ne rappelle pas des faits indécents ou immoraux. Faire la distinction entre le spirituel et le culturel n'était pas à la portée de notre société d'éleveurs toubous. On abandonna alors mon prénom

---

[26] L'enfant né après un enfant décédé reçoit généralement le prénom de : Sougui, Sougou, Sougoudou, Sougoudi, Sougoumè…s'il est un garçon tandis que la fille est Sougouyé, Sougoyeï…

traditionnel à l'usage des seules femmes. On me donna un prénom "musulman" : Ahmat. C'était vers 1963.

Chez nous, chaque année est marquée par un évènement : il y eut l'année de forte pluie, l'année de la mort d'un personnage public, l'année de la survenue d'une épidémie etc. Donc, en 1963 lorsque je suis né à Tebi[27], l'année de ma naissance fut identifiée par la communauté Teda Gouroa comme l'année[28] de Corcondo.

C'était un Français qui avait exercé l'année de ma naissance comme le chef des Méharistes à Hardjalla[29]. Un Blanc[30] cruel et sadique, caractères communs aux colons ; et ce Corcondo l'était encore plus. Il ignorait presque tout de l'humanisme.

Notre communauté vivait encore sous le joug des exactions, du matraquage et de l'usage de la chicotte des colons. L'Indépendance du pays obtenue depuis trois longues années n'avait pas encore atteint la dépression de Mourdi[31]. La communauté Teda Gouroa, dans ses rapports avec les représentants du pouvoir, vivait encore dans la période coloniale.

Mon père était un lettré en arabe. Il était né avant l'arrivée des Blancs chez nous, peut-être vers 1910. Il était le fils de Bodi Woïmi dit Bodi Sekine[32] à cause de son grand poignard, surnom

---

[27] Dans la dépression de Mourdi.

[28] Voir la datation Gorane en annexe.

[29] A l'Ouest des Erdis dans l'Ennedi.

[30] Français, colon.

[31] La préfecture du Borkou-Ennedi-Tibesti, région dont la superficie est presque égale à la moitié du territoire national, est restée sous commandement de l'Armée française jusqu'à fin 1964 alors que le reste du pays a eu son indépendance en 1960.

donné par ses adversaires. C'était un grand guerrier, un des chefs toubous qui organisaient des razzias. Il était du clan des Ehida[33] de la région de Wouri[34], au versant-Est du Tibesti. La

marque originelle des Ehida est appelée Kolichéan[35] ( ). On applique le Kolichean sur la patte postérieure du dromadaire[36]. La marque des Ehida est appliquée exclusivement sur les dromadaires. On ne la grave jamais sur un autre animal. Pour jurer, l'Ehidi peut dire : « Que ma marque soit gravée sur un âne si ce que je dis est faux. » Un tel serment suffit amplement pour témoigner, car, son désaveu serait un parjure.

Tout en reconnaissant que leur marque originelle est Kolichéan, les Ehida utilisent des marques dérivées :

Notre "famille" use Yogo ( ) qui signifie le crochet qu'on utilise pour secouer les branches de Tehi[37] et en faire tomber les gousses qui servent de complément d'alimentation aux animaux domestiques. Yogo est la marque actuelle de la plupart des Ehida d'aujourd'hui même s'il y a encore des Ehida qui continuent à utiliser la marque originale. Yogo est gravé sur le cou du chameau.

---

[32] Sekine est un couteau en langue arabe.
[33] Au singulier Ehidi, l'explorateur allemand Nachigal a parlé de Eshida.
[34] Ouri sur les cartes établies par les Français.
[35] Koli en tedaga veut dire hanche et Chéan, de la jambe. C'est l'indication du placement de la marque sur le corps du chameau.
[36] Au Tchad, on l'appelle chameau en langue française malgré sa seule bosse. Les premiers Français l'appelaient ainsi et c'est resté dans le vocabulaire. Donc, dans ce livre, chameau est dromadaire. Il n'a pas deux bosses.
[37] Arbre de la famille acacia.

Il y a également le Yogo ( ) des Tereintera du reste du Tibesti qui sont plus nombreux dans la région de Wour[38]. Ce sont les frères des Ehida. Ils sont descendants d'un même grand-père, Mahoumaï dont le nom signifie « qui a l'habitude de faire la razzia ». Cette filiation n'est pas très lointaine : moi, je suis le huitième petit-fils de Mahoumaï (Ahmat Salah Bodou Woï Bogou Dizir Gli Mahoumaï Olougo Orozi Ibrami Yourami Kongoundo…)

Quand nous avons commencé à déchiffrer les écritures, Kolichéan nous est apparu comme un mot en écriture arabe dont Yogo et autres dérivés sont ses écritures amputées de lettres. Ainsi, Kolichéan c'est :

D'où, le nom du clan Ehidi qui signifie en arabe "Unité".

Le Yogo de notre "famille" est :

Le Yogo des Tereintera est :

Les deux écritures de la marque se composent des mêmes lettres

---

[38] L'extrême-Nord du massif de Tibesti.

de l'alphabet arabe : h et d en arabe.

Le Kolichéan miniaturisé est :

Toutes ces marques dérivées des Ehida sont choisies pour alléger les souffrances subies par le chameau au cours de l'opération de marquage au feu. La difficulté de marquage fait d'ailleurs la substance commune de nombreux récits.

L'histoire orale lie la marque pluriséculaire des Ehida avec la venue du chameau dans le monde toubou. Elle ne dit jamais, contrairement à la plupart de clans qui constituent les Teda, que l'Ehidi soit venu de l'extérieur. Cette histoire orale dit également que les Tiraan sont, eux aussi des frères des Ehida autant que les Tereintera avec qui la filiation est bien établie[39].

En tedaga, tira = un et Tiraan = de l'unité. Coïncidence ! Coïncidence ! Ehidi veut aussi dire en arabe, de l'unité[40].

La recherche saura dévoiler peut-être un jour l'énigme qui entoure l'origine du clan Ehida, celle du chameau dans le monde toubou et la liaison logique à établir entre les Ehida et les Tiraan.

Quant aux Tereintera dont le nom signifie en Tedaga « ceux qui ont tracé le chemin », saura-t-on de quel chemin il s'agit ? Les récits disent qu'il est sur une montagne au Tibesti et qu'ils reçoivent un droit de la part de ceux qui en font l'escalade. Mais,

---

[39] Il n'existe pas de filiation établie avec les Tiraan.

[40] Le « a » terminal des Ehida sert à former le pluriel en tedaga.

ne sont-ils pas les descendants de ceux qui ont montré le chemin spirituel d'une religion oubliée ? Il est peu vraisemblable en effet qu'ils puissent montrer le chemin de la montagne à des montagnards Teda pour y instaurer un droit héréditaire !

Mon grand-père avait trois épouses[41] : L'une, la mère de mon père était à Yebibou dans le Tibesti[42] ; la seconde était à Yarda dans le Borkou-Yala en pays Donza et la troisième, aux environs de Fada dans l'Ennedi, son lieu habituel d'habitat. Ses épouses étaient réparties sur un espace de plus de mille kilomètres à la ronde. C'était déjà un exploit en soi, le fait de vivre sur un espace aussi vaste quand on sait que, pendant cette période, les voyageurs étaient exécutés pour leurs habits, leurs montures ou leurs provisions.

La génération de mon grand-père vivait de razzias et de confiscation des biens d'autrui. Les gens organisaient des attaques sur l'Aïr[43], sur Mirké[44] et sur le grand Sahara de Nubie[45] . Ils faisaient aussi des incursions vers le Kanem, le Batha et le Guéra au Tchad. C'était vers 1913, année des moutons rouges[46], que mon grand-père Bodi Sekine fut tué à Mourdi avec son fils aîné Youssouf par les Aïna et les Kababouch. C'était au retour d'une incursion dans le pays du Soudan actuel d'où ils ramenaient beaucoup de moutons rouges à Mourdi, lieu de partage du butin. Mais lorsque le partage fut entamé, les propriétaires se mirent à leurs trousses.

---

[41] Celles avec qui il a eu des enfants.
[42] La région d'origine des grands-parents de mon père.
[43] Pays des Touaregs dans le Niger actuel.
[44] Pays des Aïna dans le Soudan actuel.
[45] Pays des Kababouch aux confins de la Libye, de l'Egypte et du Soudan.
[46] Selon la datation du calandrer Toubou.

Comme le partage du butin n'était jamais équitable dans cette société de prédateurs, les éclaireurs de la troupe de mon grand-père se regroupèrent tous autour du butin, à l'affût du gain. C'était ainsi que les poursuivants attaquèrent par surprise et tuèrent mon grand-père.

Mon père Salah et son petit frère Toli étaient encore des enfants à la mort de mon grand-père. Ils furent coupés de leur milieu paternel et de leurs autres frères par l'avènement de la colonisation française au Tchad.

Leurs oncles paternels qui faisaient partie des forces importantes de cette région convoitée par les colons français, subirent les affres de la pénétration coloniale. Ils étaient parmi les premières familles qui payèrent très cher leur opposition aux Blancs.

Mon père et son petit-frère fuirent alors le Tibesti avec leur mère. Ils grandirent dans le milieu de leurs oncles maternels entre Ribiana et Koufra, villes touboues en Libye actuelle, loin de leurs frères.

Là-bas, mon père s'initia à l'école arabe : il entama l'apprentissage du Coran dans la madrasa de la confrérie Sénoussia.

Koufra, Tezzerbou et Ribiana[47], lieux de jeunesse de mon père étaient des bastions de cette confrérie. Autrefois, ils étaient bien ravitaillés par les caravanes composées des dromadaires du Tibesti et celles de Barga[48]. Mais au temps de mon père, tout manquait dans ces localités isolées dans le grand Sahara de

---

[47] Mouzi
[48] Région de la Cyrénaïque dont la grande ville est Benghazi.

Libye. Elles étaient en effet victimes de deux événements : leur liaison avec le Tibesti était perturbée par les Français et du côté nord, Barga, Benghazi et toutes les régions côtières[49] subissaient les conséquences de la Première Guerre Mondiale. Dans cette précarité, les localités du Sahara libyen ne pouvaient compter que sur les incursions audacieuses des Toubous téméraires qui rentraient et sortaient du Tibesti malgré la vigilance des colons français.

Très jeune, mon père s'adonna à ce commerce à haut risque. Dans un premier temps, il accompagnait les caravanes touboues de Koufra qui allaient au Tibesti à la recherche de viande, des céréales et d'huile, aliments rares dans les villes du Sahara libyen. Il était sollicité parce qu'il avait de la famille dans la région du Tibesti oriental. Sa présence dans la caravane sécurisait. Il était d'usage et c'était même un devoir pour ses parents présents dans tout groupe de guetteurs de route dans l'Est du Tibesti d'épargner la caravane de Salah. Si quelqu'un se faisait piller dans une région, les Toubou se demandaient s'il n'avait pas des parents là-bas. Dans le cas d'espèce, les parents de la victime se sentaient indexés et déshonorés par cet acte. Ils se dressaient à ses côtés. Car, le Toubou comptait généralement sur ses parents pour sa sécurité parce qu'il n'y avait pas d'Etat qui garantissait la sécurité des personnes et des biens.

A cause de la tradition touboue, l'interception ou le pillage de la caravane dans laquelle se trouvait Salah était une honte vis-à-vis de sa famille. Mettant à profit ces considérations, les Teda de Koufra se faisaient accompagner par le jeune Salah.

De cette manière, mon père maîtrisa très jeune, tout l'Est du

---

[49] De la Méditerranée.

Sahara tchado-libyen. Vers l'âge de 18 ans, il était déjà un des guides. Pour le devenir, il ne suffisait pas de connaître les lieux. Il fallait en plus de l'endurance, supporter le sommeil pour ne dormir qu'une heure par jour[50] et ce, pendant six jours de suite. Le guide conduisait les ovins. Il se séparait de la caravane dès la tombée de la nuit, marchait la nuit entière et continuait toute la matinée jusqu'à ce que la caravane le retrouvât à l'étape indiquée, le lendemain à midi. Pendant que les caravaniers abreuvaient les ovins et leur donnaient un peu de fourrage, le guide dormait après avoir mangé quelques bouchées. A 13 heures, c'était le départ avec tout le reste de la caravane. Au crépuscule, les caravaniers campaient en laissant continuer le guide avec les ovins pour le rattraper le lendemain à midi. Six journées entières de marche sans discontinuer, jusqu'à ce que l'on atteignît le puits Asnow. C'était un voyage pénible qui mettait à rude épreuve l'organisme humain.

Mon père Salah Bodoumi commença dans sa jeunesse, la vie active par cette dure épreuve pour se faire une renommée et il fut l'un des meilleurs.

Un jour, lors d'un de ces périlleux voyages, dès la quatrième étape, il y eut un brouillard tel qu'il fût impossible de suivre les traces du guide. La caravane s'égara et elle n'a pas pu venir à la cinquième étape.

Mon père, ayant attendu plus de temps qu'il n'en fallait, comprit que sa caravane ne lui apportait pas de secours. Il continua alors sa marche et atteignit le puits Asnow après avoir perdu de son cheptel les animaux les plus faibles : ceux qui n'avaient pas pu supporter la marche de deux étapes sans s'abreuver ni brouter.

---

[50] Entre midi et 13 heures.

Il abreuva ses animaux et continua sa marche forcée pour sauver ceux qui lui restaient. Pour ne pas mourir de faim, il rationna les quelques dattes de sa provision d'étape.

Sa caravane, dans les faibles conditions de visibilité n'avait pas vu de puits et elle continua la marche hasardeuse pour sauver la vie des hommes et des chameaux qui la composaient. Elle était contrainte de sacrifier le guide Salah ainsi que le cheptel des ovins. Elle arriva la première à Mouzi, la première ville du Sahara libyen du côté de Yebibou. Elle avait dû égorger deux de ses six chameaux pour se désaltérer de leur réserve en eau.

Les caravaniers annoncèrent alors la mauvaise nouvelle : la mort inévitable du jeune Salah.

A Mouzi, il y avait un vieux sage, le patriarche du coin qui s'appelait Sougou. C'était un des cousins de la grand-mère maternelle de mon père Salah.

Quand la mort de Salah fut annoncée, les femmes de la localité accoururent chez ce patriarche pour pleurer et chanter les louanges funèbres de Salah, un jeune homme qui avait déjà montré les qualités d'un homme telles que l'endurance, la bravoure et la sobriété. Elles composèrent une chanson funèbre qui fit date ! Le refrain de cette chanson funèbre contenait le terme "Sougou-dougou"[51].

Mais deux jours plus tard, le guide Salah arriva à Mouzi. Il avait l'essentiel de son cheptel.

Depuis lors, mon père portait le nom de Salah Sougoudougou :

---

[51] Qui signifie le « petit-fils de Sougou ».

un surnom qui devint légendaire, synonyme de bienfaisance, de bravoure, de sobriété, de droiture et de dépassement de soi ; le nom de quelqu'un qui vient promptement en aide aux nécessiteux et aux lésés.

Plusieurs décennies plus tard, quand j'ai postulé pour être le Député de l'Ennedi, je suis élu avec toute la bienveillance populaire grâce aux qualités de mon père défunt.

Contrairement à mon grand-père qui s'était imposé par la puissance de sa lignée, l'adresse de son poignard et la crainte que les autres lui vouaient, mon père, quant à lui, s'était imposé, dès son jeune âge, par le caractère exemplaire. Quand il eut atteint l'âge mûr, Abdelkader Tourkimi[52], lettré en arabe et ex-collaborateur de la confrérie Sénoussia, était coopté par les colons français. Ceux-ci lui confièrent un canton, un grand canton, vaste en territoire qui allait du Sahara Libyen au Tibesti en joignant le Borkou et une zone importante de l'Ennedi, zone où pâturaient les Teda Gouroa. Dans ce canton, on trouvait les Teda Ouriya, habitant la zone de Ouri, Yebibou, Moudra, Miski et Emi-koussi. Les Teda Gouroa et les Gourma qui allaient du versant-Est du Tibesti jusqu'à la dépression de Mourdi, les Erdis et les oasis de Gouro, Gouring, touwo[53], Woï[54] et les environs Est de Faya.

Dès sa nomination à la chefferie cantonale, Abdelkader Tourkimi appela son neveu Salah pour lui confier la gestion des Teda Gouroa qui vivaient dans l'Ennedi.

À cette époque, les colons imposaient aux éleveurs le marquage

---

[52] Le petit-frère de sa mère.
[53] Wadidoum c'est-à-dire la forêt des domiers en langue arabe.
[54] Bir Adam.

annuel des animaux. Les éleveurs avaient l'obligation de conduire tout leur cheptel au chef-lieu de district duquel dépendait leur canton et là, ils se soumettaient aux desiderata des fonctionnaires coloniaux. Pour un éleveur Teda Gouroa qui vivait dans la dépression de Mourdi, pour avoir la marque salvatrice, il fallait emmener les animaux à Faya. Conduire ses animaux à Faya, district où dépendait le canton Teda Ouriya, était faire un périple de plus de huit cent kilomètres en traversant le grand désert d'Echema, les ergs et les rocs de Birkoran où le pâturage était tellement pauvre que les chameaux mouraient de faim. A Faya même, les agents coloniaux imposaient toutes les difficultés imaginables pour procéder au marquage.

À cause de ces voyages de marquage et de la corvée obligatoire des bagages des colons[55], les éleveurs Teda Gouroa vivant dans l'Ennedi et leurs animaux étaient occupés pendant la majeure partie de l'année.

Quand Salah fut appelé à gérer les Teda Gouroa pour le compte de son oncle et chef de canton Teda Ouriya, il prit la ferme détermination de changer cet état de perpétuelle corvée imposée à ses administrés. Il intercéda auprès du chef de district de Faya grâce à son oncle et chef de canton pour demander qu'on lui accorde la possibilité de procéder au marquage annuel des animaux appartenant à ses administrés par ses soins.

Par crainte de voir tous les grands chameliers fuir le Tchad pour

---

[55] En ces temps, le ravitaillement des colons était fait en trois étapes : Kalaït-Faya par les chameaux de l'Ennedi, Faya-Zouar par les Chameaux du Borkou et Zouar Bardaï par les chameaux du Tibesti. Le canton Teda ouria était rattaché au Borkou et les Teda Gouroa quittaient Mourdi pour venir à Faya et faire la corvée. Ce qui fait un long trajet !

aller au Darfour ou au Sahara nubien, les colons acceptèrent de desserrer l'étau et lui accordèrent la possibilité de marquage. Ils fabriquèrent une marqueuse spéciale et la lui confièrent. Depuis lors, les chameaux de Teda Gouroa étaient marqués chaque année par la marque que les éleveurs surnommaient "Mirké salah-nga"[56]. Cette marque était synonyme de la levée des contraintes liées aux voyages pénibles et aux tracasseries administratives. Elle se faisait graver sur les chameaux des Teda Gouroa et d'autres populations qui fuyaient la réquisition et le zèle des méharistes contrôleurs. Cet acquis resta gravé dans la conscience collective de la population qui manifestait à mon père une éternelle reconnaissance.

Lorsque les Teda Gouroa obtinrent leur propre canton, mon père conserva la considération morale de toute la communauté ainsi que celle des communautés environnantes au sein desquelles sa renommée de bienfaiteur avait pénétré tel un fluide à travers un tissu poreux.

Etant lettré et maîtrisant la lecture de quelques versets coraniques, mon père était considéré comme le marabout, le cadi de sa communauté. Il vivait dans un pays colonisé certes mais dans une liberté que seul l'éleveur pouvait se le permettre en s'éloignant le plus loin possible de tout ce qui représentait le pouvoir.

Dans ces contrées, la possession de dromadaires était une assurance de vie, de liberté et de satisfaction des besoins de la famille. On troquait le sel transporté à dos de dromadaire contre les céréales, les habits et les condiments sur les marchés de Mourtcha[57]. C'était à dos de dromadaire que la famille se

---

[56]Marque de Salah en langue gorane.

déplaçait à Gouro pendant la période de récolte des dattes. Une famille qui avait des dromadaires pouvait se permettre d'élever ses membres dans l'aisance et l'insouciance. Mon père faisait partie de ceux-là bien qu'il n'avait pas eu beaucoup de dromadaires.

Quand nous étions jeunes, rien ne nous manquait. Nous avions la possibilité de boire le lait de la chamelle préférée !

Vers l'an 1966 ou 1967, le petit frère de mon père Tolli Bodimi mourut[58] avec son épouse. Leurs enfants étaient encore jeunes et ils ne pouvaient pas être autonomes. Mon père les fit donc venir à la maison et leur cheptel camelin fut fusionné au nôtre.

Lors d'un contrôle, le chef des méharistes, encore un Blanc français qui, ayant constaté le nombre élevé de dromadaires, brutalisa mon père. Il réquisitionna tout le cheptel camelin pour le conduire à Fada, localité éloignée de deux cent cinquante kilomètres. Là-bas, mon père fut jeté en prison et son cheptel voué à la vente aux enchères. Le chef des méharistes, à l'instar de son supérieur, le Commandant de Fada, resta sourd aux appels[59] de toute la communauté autochtone de l'Ennedi.

Devant l'intransigeance des Blancs, les gardes nomades autochtones[60] cotisèrent pour payer ce qu'avait demandé le Blanc. Mon père Salah fut libéré et son cheptel relâché mais quelle honte d'être soumis à la pitié publique ! Pour quelle faute ? Mon père, la soixantaine entamée, n'accepta pas l'humiliation et l'injustice : il jura qu'il n'allait pas laisser

---

[57] La région d'Ouaddaï.
[58] Par suite de paludisme.
[59] En faveur de mon père.
[60] Souvent fils de grands guerriers de l'ère précoloniale.

l'injustice du Blanc[61] régner !

Quand il quittait Fada, toute la communauté autochtone se demandait ce qu'allait faire ce vieillard déterminé. Tout ce monde savait que Salah n'allait pas rester sur son serment.

Arrivé à Tangalia[62] où vivait notre famille, mon père mit en vente certains chameaux et il en troqua d'autres contre des moutons qui furent envoyés en Libye. Il laissa des directives à son fils Mahamat Anakazanga[63]. Mahamat Anakazanga est le troisième enfant de la famille et le premier fils. Ses deux grandes-sœurs étaient déjà mariées. Mon père confia quelques chameaux aux parents et à ses beaux-fils. Il laissa les chameaux de bât à mon grand frère et conduisit alors le reste de la famille, c'est-à-dire mes sœurs et moi, à Gouro.

On a compris plus tard qu'il avait eu l'intention de m'emmener, moi, Ahmat en Libye pour me confier à ses parents maternels. Koufra était l'une de leurs villes et le quartier Garatouba[64] était leur fief. Je devais y être envoyé à l'école arabe. Mes sœurs allaient rester à Gouro.

Les moutons étaient envoyés en Libye pour acheter des armes. Mon grand frère allait être appelé dès le retour de mon père avec les armes, pour laver l'humiliation subie. En attendant, il avait la charge de faire des stocks de vivres pour la famille.

Mais, arrivé à Gouro, mon père changea de stratégie. Peut-être

---

[61] Français.

[62] Dans la dépression de Mourdi.

[63] Mahamat des Anakaza en langue gorane. Il empruntait ce nom de Mahamat Djimimi, chef de canton Anakaza en souvenir des liens ancestraux entre nos parents paternels Ehida et les Anakaza.

[64] Colline des Teda.

m'avait-il trouvé trop jeune pour vivre dans une autre famille et aller à l'école arabe ? Il me laissa avec mes sœurs sous nos palmiers dattiers à Gouro. Ici, nos greniers étaient pleins de dattes. Le mil et les autres condiments allaient être apportés par mon grand frère : sept chargements de mil entreposés sur notre "erkedi"[65] sous lequel, nous, les enfants allions jouer et passer les journées de canicule.

Au lieu d'aller directement en Libye, mon père prit la direction de Yebibou. Avait-il en vue des missions particulières qui l'amenaient au Tibesti, surtout à Yebibou[66] ? Il faut dire que la communauté teda dans son ensemble, du Tibesti oriental à l'Ennedi, couvait un sentiment d'hostilité manifeste vis-à-vis du pouvoir établi et la justice des Blancs, qualifiée d'injustice impie qui devenait de plus en plus insupportable.

Le cas de mon père, qui était un personnage sage, n'était pas unique et l'indépendance du Tchad n'avait ni de portée ni de signification dans nos contrées. Les Blancs qui y commandaient encore étaient pires que ceux de la période coloniale : autrefois, les Blancs étaient obligés de tenir compte des subtilités des gens ; ils évitaient de commettre des actes qui avaient des conséquences irréversibles et qui conduisaient à l'éloignement des autochtones Teda, mais depuis l'Indépendance du Tchad, ces Blancs foulaient au pied les mœurs locales en jouant souvent au pyromane quand l'occasion se pointait.

La fin des années soixante était une période de prolifération de bandits dans cette région du versant-est du Tibesti jusqu'aux confins de l'Ennedi, zone de prédilection des Teda Gouroa.

---

[65] Une sorte de hangar.

[66] Région natale de sa mère.

Certes, depuis la pénétration coloniale, il y avait dans la zone des recoins où vivaient des gens révoltés contre l'administration coloniale et contre les lois du système établi. Ces personnes jouissaient d'une certaine considération dans le milieu local, et, cette considération populaire était proportionnelle à la justesse de la raison profonde qui avait motivé ledit "bandit"[67] à prendre le large, à refuser définitivement la loi des Blancs.

Compte tenu de son passé, toute réaction de mon père était comprise et approuvée par la communauté alors qu'une passivité à cette humiliation était ressentie par tous.

Mon père avait pourtant deux handicaps qui gênaient sa rébellion : d'abord, la plupart des méharistes au service du pouvoir établi étaient ses cousins[68] ou ses neveux. Ils avaient été choisis par les Blancs pour leurs qualités d'endurance, de bravoure... Il y avait parmi eux des ex-bandits qui, pour les ramener dans la légalité coloniale, étaient compensés par un recrutement au service rémunéré des méharistes. Tout le monde s'interrogeait sur les intentions de Salah car sa rébellion allait le mettre en conflit avec ses frères exerçant dans le corps des gardiens[69] du pouvoir établi.

Son second handicap était son âge avancé. Il était déjà âgé bien qu'il fût encore solide.

Mais mon père était déterminé. Il savait que le changement ou le combat contre l'injustice n'était pas une affaire que l'on pouvait mener tout en conservant les acquis. Il savait qu'en

---

[67] Ces révoltés sont appelés bandits par les colons français. À cause de la considération qu'avaient ces bandits auprès de la population, le terme « bandi » est devenu un prénom prisé dans le milieu teda.
[68] Les fils de ses oncles paternels.
[69] Ici, ces sont les méharistes.

s'attaquant à l'ordre établi, sa famille, ses parents et ses amis allaient être sacrifiés. Pour suivre cette voie, il devait sacrifier l'avenir de sa famille et de sa progéniture.

Il avait été le témoin oculaire des familles entières qui avaient été décimées à cause de leur entêtement à s'opposer au pouvoir des Blancs. Plusieurs de ses oncles paternels dont le célèbre juge des Teda Ehida, Woria Bogoumi, avaient été massacrés lors de la pénétration coloniale. D'autres familles avaient été également éliminées dont la plus célèbre fut celle de son cousin Mahamat Erebeimi, le chef des guerriers Teda Gouroa des années 1900. Le seul fils survivant de ce dernier n'était qu'un bébé sauvé de justesse par les parents de sa jeune mère.

Toute sa jeunesse, on lui racontait l'histoire du massacre des Toubous en 1914 par le lieutenant Duffour[70], aidé par son sergent Omboroko Karambé[71], qui avait appliqué la décapitation des Toubous avec des coupe-coupe à grande échelle. L'histoire de Min-Allah[72], entre autres, lui était familière. Min-Allah était un terrain rocailleux situé au sud du marché de la ville de Fada, un terrain sur lequel il n'y avait pas de trace. Toute personne conduite là-bas sur ordre des Blancs sanguinaires, ne revenait plus jamais. Le massacre des Toubous aux coupe-coupe était antérieure à l'année 1917 appelée année des coupe-coupe dans la région du Ouaddaï, à la mémoire des intellectuels ouaddaiens exécutés avec cet outil.

Pour laver l'affront, la honte et l'humiliation, le sacrifice de soi était admis dans la société touboue. C'était donc en

---

[70] De l'armée coloniale française.

[71] Tirailleurs sénégalais de l'armée coloniale française.

[72] Min-Allah veut dire « à dieu », c'est-à-dire non-retour en langue arabe.

connaissance de cause que mon père quitta Gouro pour aller à Koufra en Libye en passant par Yebibou.

La nouvelle des humiliations subies était connue de tout le pays teda. C'était un évènement assez important pour être diffusé rapidement. De l'Ennedi au Tibesti ainsi que chez les Teda du Sahara Libyen, tout le monde était au courant de son malheur. En pays toubou en général, chez les Teda en particulier, informer est une obligation imposée par la tradition. Tout voyageur est tenu d'informer de tout ce qui est advenu dans la contrée de départ : les mariages, les naissances, les décès, les voyages, l'issue des jugements, etc. La salutation, longue et méticuleuse, constitue un change d'informations. Quand quelqu'un arrive dans un lieu, les hommes se regroupent autour de lui pour écouter le récit des faits nouveaux survenus. Ne pas informer d'un évènement important est un vice qui entache l'honneur du voyageur. En retour, on met à sa disposition les nouveaux faits advenus ici. Des détails peuvent être demandés de part et d'autre. De la sorte, l'homme toubou avisé prépare beaucoup plus son voyage par l'acquisition des faits survenus que par la collecte de sa provision qui est pourtant aussi nécessaire dans le Sahara, lieu où la distance entre les localités rivalise avec la rareté de l'eau et des aliments.

Donc, mon père ne voyageait pas pour informer de ce qui lui était arrivé. Il n'avait pas non plus besoin de se déplacer pour demander l'appui des parents. Il allait pour s'armer. Dans la tradition touboue où l'affront n'était jamais personnel, chacun savait ce qu'il devait faire dans de pareilles circonstances. Si mon père abordait ses confidents, c'était pour leur indiquer sa stratégie afin de coordonner les actes à venir.

Mon père alla vers Yebibou. Il s'entoura très vite de beaucoup de "bandits" qui avaient besoin de sa sagesse et de sa renommée. Son départ en Libye coïncida avec celui de beaucoup de Toubous qui avaient fui le Tchad à cause des exactions. Parmi eux, il y avait le Derdé[73] du Tibesti, Weddeye Kichidemi.

A l'Indépendance du Tchad en 1960, le pouvoir politique monté pour diriger le pays n'avait pas intégré toute la classe politique qui pouvait y prétendre. Il n'avait pas laissé de règles d'alternance pouvant contenir les prétendants dans l'espoir de parvenir un jour au pouvoir. L'exclusion était la règle. La plupart des mécontents étaient tués ou mis en prison et quelques uns avaient pris le chemin de l'exil. C'était au Soudan que la rébellion formelle avait été créée le 22 juin 1966 sous le vocable de Front de Libération Nationale du Tchad[74]. Ibrahim Abatcha en fut le premier Secrétaire Général : il était l'un des hommes politiques déçus par le nouveau pouvoir du Tchad.

Ce Mouvement opta pour la lutte armée afin de renverser le pouvoir en place au Tchad. Profitant de l'occasion offerte par les joutes et les tueries occasionnées par la révolte des populations sucées jusqu'au minimum de survie par une administration cupide et une armée de maintien de l'ordre, le Frolinat concrétisa la lutte armée dans l'Est et le Centre du pays.

Les étudiants du Caire et de Libye informèrent le Frolinat de la venue dans ce dernier pays des Toubous pourchassés par la répression du pouvoir de Fort-Lamy. Le Frolinat dépêcha l'un de ses membres fondateurs en la personne de Mahamat Ali Taher[75] alias Abadi qui avait eu pour mission de canaliser les

---

[73] Chef spirituel des Teda. Il n'a pas autorité réelle ou capacité de gouverner sur tous les Teda.
[74] Frolinat.

révoltés du B.E.T et de créer une deuxième[76] armée du Frolinat.

Mon père fut l'un des premiers adhérents à la guerre contre l'injustice qui l'avait conduit jusqu'en Libye mais contre laquelle il n'avait pas l'obligation d'agir seul.

En 1968, il revint à Gouro via Yebibou, en provenance d'Aouzou[77] où il avait participé à son attaque et à sa libération. Il revenait en combattant du Frolinat, entouré de ses parents, de ses neveux et de beaucoup de Teda de Gouro mais aussi du Tibesti. Il fut suivi quelques jours après par Abadi[78]. La nouvelle organisation politique fut présentée à la population locale comme la venue du Messie et les hommes capables de prendre les armes adhérèrent sans hésiter.

Pendant ces temps, quatre méharistes ou gardes nomades et un chef, un Noir cette fois-ci, l'un de ces Tchadiens du Sud qui avaient remplacé les Blancs, étaient en vacation pour prélever les impôts dans l'Eneri Tebi[79]. Quelques jeunes Teda Gouroa, au courant de ce qui se tramait au Tibesti et à Gouro, s'attaquèrent à la petite troupe : ils tuèrent le chef et désarmèrent les quatre autochtones. Ils arrivèrent à Gouro pour accueillir mon père, Abadi et les autres compagnons du Frolinat, munis de cinq Mass 36[80].

---

[75] C'est un Daza du Nord-Kanem.

[76] La première étant celle qui était déjà en guerre contre le pouvoir établi dans le Centre et l'Est depuis 1966.

[77] Premier poste attaqué et libéré par la Deuxième Armée en mars 1968 ;

[78] Mahamat Ali Taher.

[79] Dans la dépression de Mourdi à l'Ennedi.

[80] Le Mass 36 est une arme française, légère, très pratique et plus efficace que l'arme italienne qu'on trouve naguère sur le marché de Koufra. Ces dernières étaient restées longtemps enfouies dans la terre par l'Armée italienne à Koufra.

L'armée gouvernementale, à partir de Fada, exerça alors des exactions sur la population des éleveurs nomades qui vivaient dans la dépression de Mourdi. La population civile avait tellement souffert de la torture, de la chicotte et de la mort qu'elle nomme encore l'année 1968, l'année de "Egrei guirewoudounga" qui veut dire : « L'année de l'esclave dont le prix du sang était très amèrement payé. » Cela faisait allusion aux souffrances et aux exactions subies par la population civile à cause de la mort de ce fonctionnaire.

Les Teda autochtones pensaient que les soldats noirs qui venaient avec le pouvoir colonial étaient des esclaves. C'était à cause de leur caractère corvéable et de leur soumission sans intérêt visible pour servir aux multiples sollicitations des Blancs hautains et paresseux.

En 1968, la communauté teda dans son ensemble ne savait pas encore que les soldats qui venaient de remplacer les Blancs étaient des soldats tchadiens, des soldats qui représentaient leur pays le Tchad et qu'ils n'étaient pas des esclaves. Pour changer ces croyances, il aurait fallu un changement radical dans la vie quotidienne et dans les relations entre les administrateurs et les administrés.

Les combattants du Frolinat sous la conduite de mon père vinrent intercepter les patrouilles militaires qui continuaient à mener des représailles. Le premier accrochage du Frolinat dans le B.E.T après l'attaque d'Aouzou eut lieu à Kiké, à quarante kilomètres au nord-est de Fada, Chef-lieu de la Sous-préfecture[81] de l'Ennedi.

---

Les Toubous les déterraient pour les vendre à vil prix.
[81]Actuellement chef-lieu de la région de l'Ennedi.

Mon père fut le premier martyr de ce nouveau front. L'évènement majeur qui donna le nom à l'année 1968 ne fut ni l'avènement du Frolinat dans le B.E.T ni le soulèvement général contre le pouvoir établi ni la mort de Salah Sougoudougou mais le prix payé en guise de souffrance par la population civile dans la dépression de Mourdi. Il avait refusé de fuir quand l'armée avait pris le dessus. Pour la génération de mon père, fuir devant l'ennemi est une honte, se cacher devant l'ennemi pour éviter les balles l'est aussi. Que la fille entende la fuite de son père devant l'adversité est un parjure inadmissible en milieu toubou d'antan. S'abaisser ou mettre un obstacle ou une butte entre l'ennemi et soi l'est davantage.

Il faut reconnaître que les premiers combattants toubous du Frolinat furent souvent victimes de leur orgueil. Le qu'en-dira-t-on sur leurs faits et gestes pendant le combat primait sur la stratégie militaire. C'était à cause de ces raisons que les premiers combattants du Frolinat furent capables d'exploits extraordinaires mais ils s'exposaient également à des catastrophes qui occasionnaient des situations suicidaires et stratégiquement évitables.

Aujourd'hui, ces mentalités connaissent un changement de taille et c'est le résultat de l'expérience de plusieurs années de guerre ! Fuir pour tromper la vigilance des troupes adverses, et se cacher pour limiter les dégâts ou embusquer sont devenus des techniques banales des combattants toubous. Ces derniers ont appris à leurs dépens que fuir devant l'adversité peut être une tactique de guerre pour éviter la honte qui est le résultat de la perte totale des forces conduisant à la soumission. Ils ont finalement compris que l'ennemi est souvent vaincu par des combattants qui savaient mieux se camoufler pour éviter les balles adverses et viser à leur aise sans crainte d'être atteints. Le combattant sécurisé maîtrise ses émotions telles que la peur, l'étourdissement etc. qui assaillent naturellement tout homme en adversité. Celui qui maîtrise ses émotions pendant la guerre est un combattant lucide. L'expérience des combattants pendant les longues années de guerre au Tchad a montré que ce sont ces combattants aguerris, sachant garder toute leur lucidité pendant les combats, qui déterminent l'issue d'une guerre.

Mais, tout cela est acquis après quel gâchis ! Quel sacrifice humain ! Quelle perte !

Mon frère Mahamat Anakazanga, muni des recommandations de mon père, alla pour la seconde fois à Mourtcha[82] avec nos chameaux de bât pour troquer le sel contre le mil et les autres condiments sur les marchés ouaddaïens. Il est revenu après la mort de son père. Au lieu de revenir à Gouro, il est allé chez les combattants à qui il donna trois chameaux chargés de mil et s'y intégra. Mais, on le libéra très vite. Il vint à Gouro pour célébrer les sacrifices qui se déroulaient généralement une année après le décès.

La célébration des sacrifices grandioses était encore obligatoire en milieu toubou dans les années soixante. Tout survivant se devait d'apaiser l'âme de son parent défunt. Si de tels sacrifices n'étaient pas célébrés, la conscience populaire attribuait tout fait maléfique survenu à l'actif de l'âme non apaisée du défunt.

On découvre par la suite le caractère désuet de toutes ces pratiques lorsque par manque de moyens, les familles touboues se sont trouvées dans l'impossibilité matérielle d'apaiser leurs

---

[82] Dans l'Ouaddaï.

morts, leurs multiples morts tués, massacrés et par l'Armée tchadienne et par l'Armée et les mercenaires français qui ont assailli le B.E.T dès 1968. Les âmes non apaisées étaient tellement nombreuses que l'on ne pouvait pas identifier les auteurs des actes ignobles parmi les morts. On oublia très vite toutes ces croyances traditionnelles bannies d'ailleurs par la religion musulmane mais pratiquées jusque-là.

Lors des sacrifices de mon père, on tua un chameau[83] et des chèvres. Toutes les femmes parentes ou liées par des relations de mariage, résidentes à Gouro, préparèrent chacune chez elle, un plat et le transportèrent à la maison du défunt où on ne préparait pas de plats sinon la viande. La cuisson de la viande était laissée aux soins des hommes. Il était d'usage que chaque femme assaisonnait bien son plat afin que la préférence tombât sur ses mets. On ne parlait pas de compétition culinaire pendant ces moments de recueillement mais chacun voulait manger le plat de la femme qui savait cuisiner le mieux. On entreposait tous ces plats dans la cour de la concession.

En ces temps, la distribution des plats[84] aux différents groupes d'hommes, de femmes et d'enfants, était l'affaire des hommes. En général, les groupes se formaient par classe d'âge.

De nos jours, ces usages disparaissent ainsi que la manière de célébrer les sacrifices. C'est aussi l'effet de la guerre.

A la mort de mon père, j'étais très jeune : je n'avais pas encore compris ce que mourir signifiait ; Je n'avais pas non plus mémorisé l'image de mon père mais je me rappelle pourtant de

---

[83] En réalité, il s'agit de dromadaire. Le français parlé au Tchad est le terme chameau. Je continue dans cette appellation erronée.

[84] Que l'on faisait accompagner de viande.

ses sacrifices et de bien d'autres choses passées avant le décès de mon père. Je connais le goût délicieux des dattes cuites dans le lait de chamelle, que nous préparaient mes sœurs pendant les premiers jours de l'arrivée de la caravane de Gouro[85]. Je sais qu'un jour, lorsque notre famille était encore dans la dépression de Mourdi, un enfant de mon âge et moi avions cassé les œufs d'une poule de notre voisin, une poule ramenée de Mourtcha[86]. Bien que je ne me rappelle plus de l'enfant ni de la famille voisine, je n'ai pas oublié l'acte et les fessées dont nous avions fait l'objet.

Aux temps des sacrifices de mon père, il me manquait la première dent[87].

Mon frère s'en alla rejoindre ses camarades combattants après la fin des rites des funérailles. Je ne le revis plus jamais. Pourtant, il revenait de temps en temps mais c'était toujours la nuit aux heures de sommeil pour l'enfant que j'étais.

Il est mort vers 1971 à Moyonga à soixante kilomètres au nord de Gouro. Il était déjà connu pour son adresse au tir, son endurance dans la marche et sa bravoure au combat. Il faisait partie du cercle restreint des combattants sur qui comptaient leurs camarades pour affronter les situations extrêmes et les missions périlleuses. Son surnom de Mahamat Anakazanga était déjà une référence d'exploit. Mes sœurs étaient fières de lui. Son nom apparaissait déjà dans presque toutes les chansons des jeunes filles de la région. Pour montrer que leurs frères, leurs pères avaient du courage, de l'endurance ou de la bravoure au

---

[85] Les membres de la famille qui y avaient passé la saison de la récolte des dattes.
[86] Appellation locale de la région d'Ouaddaï.
[87] Dite "dent de lait" en gorane.

combat, les chanteuses n'hésitaient pas à clamer que leur parent avait accompagné Anakazanga dans tel ou tel combat pour la réalisation de tel exploit.

Sa mort est survenue elle aussi suite à un exploit : les combattants ont été surpris par des troupes françaises héliportées qui se déversèrent dans le poste de contrôle en plein jour. Elles étaient guidées par un combattant fait prisonnier et contraint à accepter n'importe quoi, par la torture à l'extrême. Plus d'une dizaine d'hélicoptères déversèrent les troupes françaises aux quatre coins du poste de contrôle. Les combattants du Frolinat n'étaient pas nombreux lors de cette attaque. Et, leurs meilleures armes étaient des Mass 36 récupérées sur l'ennemi. Plusieurs d'entre eux n'ont pas pu prendre les armes. Il y eut un combat au corps-à-corps avec les Français qui bénéficiaient du mitraillage des hélicoptères en position de stationnement aérien.

Anakazanga s'empara de son arme et blessa le pilote d'un appareil stationnaire qui se posa en catastrophe. Il tua alors le tireur et pénétra dans l'avion où il prit les armes légères qui y étaient. Mais, au moment où il tentait de rejoindre ses camarades, il fut abattu par un autre hélicoptère venu au secours. Mon frère mourut.

Les combattants sont restés maîtres de leur poste de contrôle de Moyonga. Les Français avaient fait quelques prisonniers parmi les combattants trouvés au puits[88] situé à deux kilomètres du champ de bataille et en avaient tué d'autres mais finalement ils évacuèrent en catastrophe en laissant sur place des armes et des

---

[88] Mon cousin Koligué Lony qui était un garçonnet fit partie de ceux qui étaient pris au puits.

cadavres.

Depuis lors, ils n'ont plus jamais réitéré ces attaques surprises héliportées, sans apport de troupes au sol dans un poste de contrôle de la deuxième Armée du Frolinat.

Nous n'avons pas fait de sacrifices à la maison. Personne ne nous le reprocha. Mes sœurs n'ont pas pleuré sa mort. En tout cas, elles n'ont rien manifesté publiquement. Elles pensaient que les exploits de mon frère suffisaient à les accompagner pendant toute leur vie. Il était admis dans la communauté que l'ombre d'un héros défunt valait mieux qu'un médiocre vivant.

En réalité, notre communauté acceptait la mort ou le sacrifice de soi. Ce qui comptait pour elle, c'était la manière de mourir. Pour mes sœurs, Anakazanga était bien mort, une mort dans l'honneur et dans l'exploit ! Tout le monde était fier de lui et l'honneur de la famille était sauf.

Je devins, depuis lors, le seul mâle de la famille. Ma mère était morte quand j'étais encore un bébé[89] et je ne l'ai pas connue : j'étais donc un orphelin de père et de mère mais un orphelin choyé par des sœurs attentives.

Le stock d'aliments que notre frère avait entreposé pour nous et les produits alimentaires mandés de la Libye sur recommandation de mon père ont été pillés par les mercenaires français. Ces derniers étaient venus parmi nous au petit matin d'un hiver. Ils étaient à pied[90]. Toutes les concessions voisines furent assaillies et encerclées. Munis de baïonnettes et de couteaux militaires, ils éventrèrent tout : le mil s'épandait sur le

---

[89] On me l'a dit.
[90] Pour surprendre les habitants, ils ont laissé leurs véhicules loin de Gouro.

sable, imbibé d'huile dont les bidons étaient systématiquement percés ; la farine était déversée dessus et les boîtes de tomates, nos seules conserves, ils en mangeaient le contenu cru à la surprise des femmes et des enfants. Les ustensiles de cuisine étaient percés. Ils utilisaient des piquets métalliques pour inspecter la cour. De cette manière, tout ce qui pouvait être enfoui dans le sol sablonneux était détecté.

A côté de notre concession, j'avais caché dans un trou les douilles de la mitraillette A52 de l'Armée française, montées sur leur chaîne : c'était toute ma richesse ! À la découverte de mon objet préféré, j'ai poussé un cri de désarroi et accouru pour le récupérer. Un mercenaire, ce n'était pas celui qui détenait mon objet de valeur et vers qui je faisais quelques pas mais un autre dont la position était à ma droite, m'assena un coup à la nuque. Je fus projeté telle une masse inerte, le front à terre ! J'ai perdu connaissance.

Quand j'ai repris connaissance, j'étais entouré de femmes. Je n'arrivais pas à bien ouvrir les yeux. Le visage était tuméfié et le sable était dans tous les orifices : les yeux, le nez et la bouche. Je ressentais une brûlure insupportable au front. J'ai esquissé quelques pleurs dans l'inconscience et la douleur ! Une de mes sœurs m'assena une claque : un coup assez fort pour que je retrouve ma sérénité.

Il n'était pas permis aux hommes de pleurer dans la douleur. Pour devenir un homme, je devais commencer dès le jeune âge à me comporter comme tel, autant que possible. J'ai compris plus tard que même les femmes de chez moi ne pleuraient pas dans la douleur physique. Quand j'ai connu les hôpitaux, je voyais certaines femmes pleurer pendant l'accouchement. Comparées avec les femmes touboues, ce fait fut pour moi une découverte extraordinaire ! Je n'avais jamais entendu une femme de chez moi pleurer à l'accouchement pendant toute ma jeunesse à Gouro !

On me fit redresser le cou par de vieilles femmes connaisseuses : la technique consistait à me faire asseoir, à m'attraper la tête au niveau des mâchoires et de la nuque et à tirer la tête vers le haut pendant que les deux aides me maintenaient en position assise en poussant les épaules vers le bas et en respectant la simultanéité des poussées de la soignante. Ensuite, on me fit vomir en enfonçant le pouce dans la gorge pour voir la couleur des rejets. Tous ces exercices douloureux ont conduit la praticienne à conclure que mon cou n'était pas cassé.

Je me tordais de douleur et de frisson mais, conscient, sous le regard torve de ma sœur, je ne fis aucun signe extérieur.

Pendant près de deux semaines, mon visage restait gonflé. L'enflure du front, des arcades sourcilières et des pommettes était telle que je voyais difficilement devant moi. On appliquait sur les plaies une concoction de jus de gouour[91] qui me faisait drôlement mal. Mais, il n'était ni permis de dire ses sensations ni de manifester sa douleur. Je devais garder tout mon sang-froid pour subir et attendre impatiemment la fin. Le matin dans le froid, l'épreuve de mes soins était la plus dure à supporter.

J'étais guéri mais une cicatrice qui, par la suite devenait de plus en plus petite, resta indélébile pour me rappeler l'épreuve que les mercenaires[92] français m'avaient fait subir dans ma tendre

---

[91] Acacia destiné à soigner les plaies et à tanner les peaux.
[92] Corps de l'Armée française.

jeunesse.

Notre concession n'a pas été incendiée. C'était une chance comparé au sort de plusieurs de nos voisins. Mais, que nous restait-il ? En bon état, rien. On mangea pendant longtemps dans des vanneries faites des rainures des feuilles de palmier dattier.

Le seul homme présent au quartier fut torturé à mort. Quel sort ! Car, disait-on, il avait été le seul à avoir refusé de prendre les armes pour combattre le pouvoir établi. Tout le monde lui attribuait la faute : le fait de rester avec les femmes et les enfants pendant que les autres hommes mouraient les armes à la main… C'était un homme pieux et lettré qui avait puisé son argument et forgé son caractère dans les préceptes coraniques : il est dit dans ces versets que l'on ne doit pas s'opposer à l'autorité du pays. Il s'en était tenu à cela. Peut-être, était-il au courant qu'il y avait un gouvernement tchadien et que le pays avait acquis son indépendance ? Cependant, il est dit dans ce même Coran que l'une des justifications de la guerre sainte[93] est la sauvegarde de sa liberté, de sa famille et de ses biens devant tout usurpateur qu'il soit une autorité ou pas. Tout cela fait partie des argumentations religieuses. Un domaine qui ne gérait pas la société touboue des années soixante-dix.

C'était ainsi que des mercenaires et des soldats français tuèrent notre marabout philosophe dans la torture la plus atroce et la plus inhumaine. On ne lui avait pas permis d'expliquer la raison de sa présence parmi les femmes. Si on sait le mépris des siens qui voyaient dans son attitude une peur qu'il cherchait à maquiller par des subterfuges et des préceptes religieux, si on

---

[93] Djihad en langue arabe.

connait la vie d'un Toubou méprisé par son milieu où le poids de la honte est un fardeau très pesant, notre marabout mourut avec beaucoup de regrets s'il avait eu le temps d'y penser! Comble de supplice, il fut enterré par les femmes avec celles qui avaient succombé en voulant s'opposer aux viols.

Pendant des années, l'arrivée des troupes, les combats et les bombardements étaient quasi quotidiens. On vivait avec. Les combattants n'abandonnaient jamais Gouro pour longtemps. Ils revenaient après chaque défaite. Pourtant, l'Armée française d'abord puis l'Armée tchadienne par la suite ne cessaient pas de harceler Gouro.

Quand nous étions encore enfants, à chaque mouvement des troupes ou survol des avions, tout le monde courait vers la palmeraie. Une matinée bien dégagée d'une saison de récoltes des dattes, des bombardiers vrombissants étaient venus. Ils tournoyèrent pendant longtemps autour de la palmeraie! Attendaient-ils que tout le monde regagnât la palmeraie ? Finalement, ils larguèrent leurs bombes dont les éclats étaient des braises incandescentes.

La grande palmeraie avait brûlé. Les blessés voyaient le feu pénétrer dans la chair jusqu'à blanchir l'os. Les blessés de ces bombes n'avaient pas survécu. Le seul médicament de Gouro pour soigner les blessures et les plaies ouvertes, était la concoction de gouour qui n'avait pas eu d'effet sur elles.

Plus tard, nous avons compris que l'Armée française avait utilisé le napalm pour incendier Gouro. Depuis lors, les maladies paralysantes autrefois inconnues qu'on appelle communément "chalal" avaient commencé à apparaitre dans la zone. Une zone où l'accouchement était devenu un grand danger : les jeunes mamans meurent plus que partout ailleurs au Tchad et la survie des nouveau-nés est aléatoire.

Durant cette année-là, nous avions manqué de dattes à Gouro ! Chose impensable !

Avant l'incendie, la production était supérieure aux besoins de la population locale. Le transport étant bloqué par l'Armée qui interceptait les caravanes ou les bombardait, les dattes se trouvaient toujours en abondance. Des arbres fruitiers dont les espèces avaient été introduites pendant le dix-neuvième siècle[94] par la confrérie Sénoussia, étaient brûlés et avaient disparu : c'étaient des oliviers, des citronniers et d'autres arbres méditerranéens qui s'étaient bien adaptés au microclimat de l'oasis.

Les herbes qui servaient de fourrage aux petits ruminants avaient également disparu. Il s'agissait de : l'éhiri, l'awaï, le yalou, le birchim… Les noms comme oloubo, éhiri, moguini, segghir, awaï, guinchi, moyogou, yalou …[95] s'étaient retrouvés banalement dans les expressions courantes bien qu'elles n'avaient plus d'existence physique. Ainsi, plusieurs endroits de l'oasis portent encore le nom de ces espèces disparues.

Notre petit troupeau de chèvres qui nous donnaient du lait avaient tellement souffert que mes sœurs qui les nourrissaient d'herbes de la palmeraie avaient décidé de les faire paître. Au début, c'était ma sœur qui s'en chargeait. Mais, par la suite, je la remplaçai avec plaisir.

Paître les chèvres à Gouro était une activité saisonnière. Car, il y

---

[94] Vers 1860.
[95] Variétés d'herbes qui poussaient à Gouro.

avait une période[96] où on interdisait la divagation des animaux domestiques dans la palmeraie. Pendant cette période la surveillance des chèvres était difficile. Pendant les autres périodes, une présence humaine permanente dans la palmeraie faisait éloigner les chacals et les hyènes, les seuls prédateurs des années soixante-dix qui s'attaquaient aux animaux domestiques.

Avant l'incendie des palmeraies de Gouro, il y avait des vaches, des chevaux et beaucoup d'ânes, des ânes sauvages. Il y avait des lapins, des porcs-épics, des tortues, des fennecs, etc. Le napalm avait fait disparaître tout ce microcosme sauvage.

Après l'incendie, nous avons cessé de courir vers la palmeraie, à chaque alerte. Le refuge était devenu la grotte. Pour se réfugier là-bas, il fallut être armé. Un seul homme armé qui se réfugiait dans la grotte pouvait sauver sa tête car son poursuivant s'exposait à ses tirs embusqués.

Les femmes avaient procédé au dépôt des provisions et surtout de l'eau dans des caches des différentes grottes qui servaient désormais de nouveau refuge, tout autour de Gouro.

Comme tout enfant toubou en général et teda en particulier, je n'ai pas reçu une éducation formelle. En général, on exige de l'enfant teda d'être brave. Il ne doit pas avoir peur des garçons de son âge. Un enfant qui manifeste sa peur est généralement puni par les siens. L'enfant peut être tapé, terrassé par un enfant plus fort, plus grand ou plus vif, mais, le jeune teda est tenu d'encaisser stoïquement les coups. On exige de lui une réplique. Le vice, la honte, c'est la couardise et non la faiblesse du corps.

Le passage de l'enfance à l'âge adulte est consacré par la

---

[96] La floraison des dattiers.

circoncision[97]. Une fois circoncis, l'enfant est regardé comme un homme à part entière, un membre de la communauté ; et à ce titre, doit se garder de toute bassesse ou comportement indigne (vol, mensonge, inceste…). Il est le responsable de ses actes et endosse seul les conséquences. L'inceste, ici, a un spectre plus large que le cercle restreint de la famille : les descendants d'un même aïeul ou d'une même aïeule sont considérés comme des frères et sœurs. Le champ de parenté va parfois au-delà de la cinquième génération et cela, de tout côté[98] : soit la mère, ses frères et sœurs, ses grands-parents, leurs frères et sœurs et toute leur filiation, ses arrière-grands-parents et toute leur filiation ainsi que celle de toute leur fratrie... Il en est de même du côté paternel.

Dès qu'il y a un mariage entre les descendants d'un aïeul, la tradition le conçoit comme une rupture de lien de parenté et cela n'est jamais gai.

---

[97] La communauté touboue ne pratique pas d'excision aux filles. Et la circoncision se fait pour les garçons entre la huitième et la quinzième année.

[98] Exemple : côté paternel Salah Bodou Woï Bogou… de clan Ehida

La mère de Salah est Hanna Tourkido de clan Tega, Bodou a pour mère Wourta Djangaïdo de clan Arna, cette dernière a pour mère Mehenou Bordjaïdo de clan Elicheda (bideyat), Woï a pour mère Yikeï Guettindo (magazana), la mère de Bogou s'appelle Zaraï Tchaïdo de clan Groua (Anakaza).

Du côté de ma mère, Nogui Bougar Djiliwor Erezé Kougou…, de clan Arna. Sa mère Hadi Bedeïdo est de clan Magazana, sa grand-mère maternelle est Braï Hilido est de clan Houctya, son arrière-grand-mère maternelle s'appelle Goumchi Bechirdo, de clan Delan du Kirdimi. Son arrière-grand-mère paternelle est Weddeï Djiddido (Anakaza)

Ce qui fait que, bien que je sois Ehidi, je reste parent des clans tels qu'Arna, Tega, Magazana, Houctya, Elicheda, Delan, Groua… qui ont autant d'obligation à mon vis-à-vis que les Ehida.

Dans la plupart des cas, les fautifs s'exilent pour échapper à l'opprobre des membres de la lignée. Dans un premier temps, les autres se considèrent comme parents. Mais, la rupture consommée occasionne d'autres mariages qui rendent caduques les relations parentales. Car, dès lors que les jeunes ont la possibilité traditionnellement légale de se regarder en amoureux, les liens de parenté cèdent rapidement et des nouvelles relations d'alliance se renouent. La tradition garde cependant certains liens privilégiés entre les descendants des aïeux mâles, entre ceux qui ont en commun la même marque. Mais, il n'est pas interdit que ceux-là se marient entre eux.

Les interdits sont nombreux pour l'homme toubou. Il est tenu de les respecter. Ailleurs, dans d'autres sociétés humaines, la loi régule la société. Son inobservation entraîne à une peine : la prison. Chez les Toubou, c'est la honte.

Qui ose commettre un acte honteux sait qu'il ne pourra plus vivre dans ce milieu. De plus, quand on connait la facilité avec laquelle l'information circule dans le milieu toubou, on comprend combien il sera difficile au fautif de vivre mieux dans le milieu d'accueil. Ses actes le suivent partout où il va.

Le jeune homme apprend donc tous les jours les interdits et les obligations. Pour cela, il n'y a ni une formation formelle ni de rites particuliers. Il doit apprendre dans le tas et en regardant les autres faire. Ainsi, s'adapte-t-il rapidement à chaque milieu social. Il ne revient pas forcément au père de former son fils. C'est au milieu dans lequel le jeune évolue et où il observe les manières locales, de s'en occuper. La tâche d'éduquer les enfants n'est pas exclusive aux géniteurs. Elle appartient à la communauté toute entière. Ceci étant qu'il appartient à tout membre de corriger un enfant en faute.

Plus tard, quand je me suis retrouvé dans les grandes villes, je suis étonné par le comportement des enfants d'origine touboue. Après analyse, je comprends que la famille touboue, conformément à son rôle traditionnel, n'a pas éduqué particulièrement ses enfants. Elle a laissé cette fonction à la société. Or, la ville n'était pas le milieu toubou. Et, voilà les dégâts comportementaux de nos enfants en ville !

A Gouro, ma vie d'orphelin n'avait pas une influence négative sur mon évolution d'enfant teda. Parfois, je bénéficiais plus que les autres enfants de mon âge, de la magnanimité et de la compréhension de grandes personnes qui évoquaient très souvent le nom de mon père, toujours en bien. La très grande compassion à mon égard m'avait rendu un peu timide au début mais par la suite, beaucoup d'évènements influencèrent mon ego et firent de moi ce que je suis aujourd'hui.

Ma jeunesse d'enfant teda des années soixante-dix se passa dans la guerre quasi quotidienne : les avions de chasse, les hélicoptères, les soldats français, les explosions, les éclairages nocturnes, les tirs de mortiers, les tortures, les cris de détresse, la mort... Toujours la mort. Voilà les banalités de ma jeunesse. On parlait de la bravoure, du sacrifice de soi et des exploits des combattants. C'étaient les faits hautement appréciés par ma communauté pour sa survie. Une société qui acceptait avec dignité la mort.

J'ai oublié depuis quand je n'avais pas entendu des femmes pleurer à cause de la mort de quelqu'un ! Pourtant, il y avait peu, il était d'usage que les femmes pleurent les morts. C'était un devoir de la gent féminine que de pleurer un mort, de chanter ses actes mémorables dans des chansons funèbres qui faisaient parfois date. Une guerre peut vite faire changer les habitudes.

Comme la foi de notre communauté en la justesse du combat contre le pouvoir établi et contre l'injustice était forte ! Le refus de l'humiliation des Toubous par le pouvoir établi était catégorique ! Mourir pour cela était accepté de tous. Combattre était l'affaire de toute la communauté : les femmes participaient elles aussi à la guerre.

Notre communauté se battait juste pour sa liberté car le Toubou commun ne comptait pas renverser le pouvoir établi. Il ne percevait pas ce que pouvait signifier un gouvernement dans un pays puisque pour lui, le pays n'avait pas d'existence en dehors du Borkou-Ennedi-Tibesti natal.

Puisque telle était la perception générale du combat, il était inutile d'attendre du combattant ordinaire une idée pour la substitution du pouvoir existant ou la gestion du pays après le régime, plutôt le système maudit. Une telle question n'était pas encore posée dans le subconscient collectif. Elle n'était pas d'actualité. Elle était du domaine d'une minorité produite par le système établi... ceux qui avaient côtoyé le système sanguinaire ou bénéficié de sa formation.

C'est là qu'il faut voir et comprendre les difficultés affrontées par les jeunes cadres ou élèves qui avaient rejoint le Frolinat et qui avaient voulu donner une ligne de conduite, fixer des objectifs politiques et imposer des règles de conduite, des règlements... faire des révoltés que furent nos parents, des combattants du Frolinat et les mener comme bras-armé pour renverser le pouvoir établi, maintenu et soutenu par la puissance française. Cela n'a pas été une chose facile. Ce n'était pas la même chose que ce que font tous ces opportunistes de nos jours qui regroupent leurs parents dans le but de se faire parrainer par un pays tiers. Dans les années soixante et les débuts des années soixante-dix, il n'était pas pensable d'obtenir une aide quelconque d'un pays tiers pour une rébellion touboue.

Nos jouets étaient des douilles, des éclats, des balles, des obus non explosés et des mines. A bas âge déjà, nous extrayions le phosphate et le TNT[99] nécessaires pour fabriquer nos explosifs à nous pour jouer ou de l'étain pour façonner nos objets. Nous extrayions tout cela des engins dangereux. J'ai connu des copains d'enfance blessés, mutilés ou tués par la mauvaise manipulation de ces engins de mort !

Mes années de jeunesse avaient été émaillées par une suite inhabituelle d'épidémies : la coqueluche, les rhumes, la varicelle, la rougeole ... maladies généralement mortelles dans notre monde sans vaccin ni remède.

C'était une chance pour un enfant de mon âge de survivre à toutes ces maladies sans perdre ni la vue ni l'ouïe. Pourtant, j'avais été terrassé d'abord par la coqueluche ensuite la varicelle. Elles m'avaient obligé à garder le lit[100]. Chaque fois que la température montait, on égorgeait une chèvre pour me couvrir le corps chaud de sa peau fraichement dépecée. Généralement, le malade était inconscient au moment de l'opération et cette épreuve devenait insupportable quand on laissait la peau collée sur lui pendant longtemps. Je crois qu'en ce qui me concerne, il a fallu quelque quinze peaux de chèvre pour me sauver après plus d'un mois.

Je commençai à guérir : au début, j'avais des vertiges quand je me tenais debout mais petit à petit, je récupérai mes forces et enfin je pus finalement marcher. A ma grande surprise, plusieurs

---

[99] Trinitrotoluène, un puissant explosif.
[100] On n'utilisait pas de lit en ces temps-là.

de mes camarades n'étaient plus là. On m'avait fait savoir qu'ils étaient morts ! D'autres n'entendaient plus quand on leur parlait. Ils étaient devenus sourds. Deux de mes amis ne pouvaient plus sortir de chez eux. Ils avaient perdu la vue.

Les causeries des femmes allaient bon train sur l'origine de ces maladies survenues simultanément. Certaines disaient que toutes ces maladies autrefois rares et jamais simultanées, étaient amenées par les mercenaires français. D'autres pensaient que ces maladies étaient produites par leurs bombes qui éclataient partout. Cette dernière thèse ne paraissait pas crédible pour beaucoup d'entre elles. Car, les maladies ne s'étaient pas déclarées chez les plus exposés aux bombes des Blancs : les postes des combattants.

On consulta la doyenne d'âge de Gouro qui raconta à l'assistance que dans l'histoire touboue, un certain Dagaï de Tigui[101] avait assassiné les mandataires du sultan ouaddaïen. Mais, il avait eu de ce dernier un colis comme un gage de nouvelles relations amicales avec ce souverain. Le colis était un grand boubou bien brodé. Dagaï l'avait accepté et porté. Or, le tissu était imbibé de germes d'une maladie incurable. Il en mourut avec les autres membres de la famille contaminée. La doyenne de Gouro en tira comme conclusion que le prix de la liberté est toujours cher, et que la mort n'est pas un vice comparé à l'humiliation et la honte.

Ces épidémies venues simultanément dans notre contrée ont fait des ravages. Leur bilan était plus lourd que l'ensemble des guerres qui étaient menées. Les victimes, souvent des enfants, des femmes et des personnes âgées n'étaient pas parmi les héros

---

[101] Dans le Borkou-Yala.

de la Deuxième Armée du Frolinat dont les exploits constituaient la substance de chansons des jeunes filles, ces héros dont la seule évocation de leurs noms galvanisaient les indécis et les découragés ! Mais, les victimes de ces maladies étaient celles de la guerre pour la liberté. Elles constituaient elles aussi le prix à payer aux puissants de ce monde pour le refus de la servitude et de la honte !

En 1972, une nouvelle organisation politique fut créée au sein de la révolution tchadienne avec une partie de combattants qui composaient la Deuxième Armée du Frolinat.

Depuis mars 1968, la Deuxième Armée était de fait dirigée par Mahamat Ali Taher alias Abadi. En 1969, ce dernier fut tué par les mercenaires français à Boudo[102]. Il revenait alors à l'adjoint Ali Sougoudou[103] de le succéder.

Jusque-là, les combattants de la Deuxième Armée n'avaient reçu aucune aide extérieure sauf quelques abouachira[104] fournies par la Direction du Frolinat. Les combattants étaient pris en charge par la population de la zone rebelle. En plus, ils prélevaient leurs besoins sur les biens des gouvernementaux et de tous ceux qui avaient un rapport quelconque avec eux.

Abba Siddick était devenu Secrétaire Général du Frolinat après la mort d'Ibrahim Abatcha. Choisi à l'extérieur du Tchad, il restait à l'étranger, d'abord au Soudan puis en Libye. Depuis son installation en Libye, pays frontalier avec la zone contrôlée par

---

[102] Dans le Borkou-yala.

[103] J'ai écrit dans la première édition que le successeur était Goukouni Weddeye : c'est une erreur de ma part.

[104] Père de dix balles en langue arabe. C'est un fusil de fabrication anglaise appelé 303.

la Deuxième Armée, les aides en armes, en munitions et en vivres, reçues de ce pays étaient envoyées vers l'Est du Tchad où siégeait théoriquement l'État-major Général du Frolinat. Selon lui, il revenait ensuite à cette dernière instance de donner une part à la Deuxième Armée qui dépendait d'elle.

Les responsables de la Deuxième Armée n'avaient pas accepté cette procédure qui rendait presque impossible l'accès aux aides reçues en raison des distances et des difficultés de convoyage. Le Secrétaire Général, le Docteur Abba Siddick resta cependant insensible aux doléances de la Deuxième Armée et mit les contestataires aux arrêts. Les germes de la discorde étaient ainsi semés par la question de la destination des aides reçues de la Libye par le Secrétaire Général pour le compte du Frolinat.

Les combattants de la Deuxième Armée étaient déterminés à obtenir leur indépendance vis-à-vis de la direction du Frolinat représentée par Abba Siddick et ce, malgré la répression, l'emprisonnement et l'expulsion organisés par le pouvoir libyen pour le compte du Secrétaire Général du Frolinat, l'unique interlocuteur du régime de Kadhafi.

La dissidence de certains combattants de la Deuxième Armé coïncida avec l'arrivée de Hissein Habré en Libye. Ce dernier était en contact avec Goukouni Weddeye. Les combattants contestataires, les rescapés de la répression libyenne regagnèrent les grottes du Tibesti malgré les mille et une embûches dressées par une Libye déterminée à mettre toute la rébellion tchadienne sous l'unique autorité du Docteur Abba Siddick. Goukouni Weddeye et Hissein Habré faisaient partie de ceux qui avaient pu rejoindre le Tibesti. Ils créèrent le Conseil de Commandement des Forces Armées du Nord[105] en 1972 à

Gomour au Borkou. Cette organisation issue du Frolinat était indépendante de la direction de celui-ci, une direction basée en Libye et dirigée par Abba Siddick.

Hissein Habré était désigné président du CCFAN et Ali Sougoudou[106], vice-président.

À ce moment-là, la Deuxième Armée du Frolinat[107] se composait de trois détachements : le détachement du Tibesti, celui du Borkou et le détachement de l'Ennedi dont la base principale était sur le mont Ennedi.

Les combattants des détachements du Borkou et ceux du Tibesti avaient accepté immédiatement la scission proposée et reconnurent l'autorité des nouveaux responsables désignés. Par contre, les combattants du détachement de l'Ennedi s'étaient divisés, partagés entre ceux qui voulaient rester fidèles à Abba Siddick et ceux qui optaient pour le CCFAN. Une guerre éclata alors entre eux à Ouro[108]. Cette guerre fratricide entre les enfants de la même région, entre des Toubous fut très coûteuse en vies humaines parce qu'elle avait emporté la plupart des bons éléments.

Les éléments fidèles à Abba Siddick étaient restés maîtres des postes de contrôle du mont Ennedi qui était une région boisée, riche en gibiers et en points d'eau et où la plupart des arbres étaient des fruitiers. Cette région était propice à la vie de guérilla que menaient les combattants du Frolinat. C'était un bon repaire qui avait permis aux combattants de résister aux assauts

---

[105] CCF.A.N
[106] Dans la première édition c'était Goukouni Weddeye. C'est une erreur.
[107] Les éléments sont des Toubous ressortissants du B.E.T.
[108] Versant-Nord de l'Ennedi, tout près de Mourdi Djouna.

des mercenaires français pendant trois années de suite. Contrairement à ce qui se passait au Tibesti dont l'aridité était beaucoup plus prononcée, l'action des hélicoptères français était là, atténuée par les arbres perchés sur les montagnes, arbres sous lesquels les combattants avaient eu la possibilité de se cacher pour se protéger.

Les combattants qui avaient adhéré au CCFAN s'étaient repliés à Gouro. Ce repli s'était fait dans des conditions particulièrement difficiles. Les gouvernementaux, informés de la fuite du contingent rebelle dissident dans lequel se trouvaient Hissein Habré et Goukouni Weddeye, avait tendu une embuscade à Onouwo[109]. Cette embuscade avait entraîné la mort de bons combattants, mais elle était contrée et les rescapés avaient pu regagner Gouro.

Depuis lors, le CCFAN en plus de la résistance et la guérilla, s'était attelé à mettre en place une administration dans la zone sous son contrôle. C'était ainsi qu'en 1973, il avait créé la première école à Gouro. Il n'y avait jamais eu d'école là-bas auparavant. Pendant la colonisation, les militaires français n'avaient pas jugé utile d'en créer à Gouro et on entendait souvent dire comme une vérité immuable que les musulmans du Tchad avaient refusé l'école française pendant la période coloniale. Mais en fait, les Français n'avaient pas voulu, non plus, former les peuples qui les avaient combattus comme ce fut le cas des Teda-Gouroa. Ces derniers s'étaient battus jusqu'en 1930 et leurs "bandits" n'avaient jamais été éliminés des grottes.

Je faisais partie des cent-cinquante premiers inscrits de l'école. C'étaient des enfants de tous les âges. Il y avait des enfants de 7,

---

[109] Le puits situé non loin de Birkoran entre Fada et Touwo.

8, 9, 10, 11…. 15 ans. Je fus l'un des plus jeunes bien qu'il y avait des tout petits. Les jeunes filles n'étaient pas nombreuses.

C'était une école bilingue. Notre premier maître en français, Monsieur Abdoulaye Djouho était un jeune fonctionnaire qui avait abandonné ses charges. Il était venu se sacrifier pour la cause commune, pour le Frolinat. Notre premier maître en arabe[110], Monsieur Séby Khamis était lui aussi un combattant du Frolinat. Il n'était pas un fils du BET. Sollicités par leur hiérarchie, les deux combattants avaient accepté de nous enseigner. Plus tard, nous avons compris le sacré courage de ces braves combattants.

Notre premier tableau était une tranche de caisse de thé "rouge" amenée de Koufra en Libye, à dos de chameau. Le thé rouge était une denrée de grande consommation et, faute de sucre, on le préparait le plus souvent avec des dattes. De nos jours, le thé vert remplace ce thé rouge.

Nos maîtres nous avaient appris à fabriquer nos ardoises avec les ailerons de ces caisses. Le noir des piles alcalines communément appelées les "piles de torche" tenait lieu de l'encre.

Sur les montagnes, les combattants s'étaient mis à la recherche de roches tendres et colorées pour être utilisées en guise de craie. Il y en avait de toutes les couleurs mais l'adhésion sur nos ardoises de fortune posait quelques difficultés au début : le grattage des surfaces, la difficulté de les effacer, la salissure de nos habits et la nocivité de certaines roches qui provoquaient des allergies chez certains enfants. Toutes ces difficultés

---

[110] Oustaz en langue arabe.

s'étaient corrigées au fur et à mesure.

Au début, il n'y avait pas de livre à Gouro. Nous, les enfants, nous ne connaissions pas encore le papier ! Je ne me rappelle pas d'avoir vu un livre ou une feuille blanche pendant toute la première année ! Nous avions déjà appris l'alphabet en arabe et en français et nous savions compter et faire les premières opérations quand notre maître Monsieur Abdoulaye reçut une lettre ! Il l'apporta en classe. Quelle découverte ! Du papier blanc ! Les lettres de notre alphabet y étaient écrites ! C'était pendant une leçon de syllabes. Il nous informait de l'écriture de la lettre avec un stylo et bien d'autres choses merveilleuses pour nous autres enfants de Gouro ! Dans la lettre, le maître nous relevait le mot "chez" et l'écrivait au tableau. C'était l'un des plus petits qui avait déchiffré et lu l'apposé au tableau. "Formidable" ! s'exclama notre maître. Et c'était ainsi que notre jeune collègue avait gardé pour longtemps ce sobriquet "Ali petit formidable".

Les premiers livres étaient amenés de Koufra : des livres d'images d'animaux. Ils étaient en langue arabe. Ils ne servaient pas à la lecture mais c'étaient des preuves physiques de l'écriture sur papier et des supports d'images avec des animaux imaginaires pour des enfants du Sahara ! Des éléphants, des poissons, des loups, des girafes, etc.

Le CCFAN n'avait pas tardé à nous apporter des livres[111], des cahiers, des crayons et des stylos[112]. Nous étions alors des écoliers familiarisés au matériel didactique. Cependant, nous étions tout de même une école spéciale puisque cible des avions

---

[111] Collection Matin d'Afrique.
[112] Bic.

de chasse et des hélicoptères de combat. Nous avions appris à faire l'école à l'ombre des palmiers.

La création de notre école avait coïncidé avec le recul des troupes françaises. Celles-ci avaient déjà constaté leur incapacité à exterminer les rebelles toubous de leur repaire. Elles étaient harcelées par une certaine opinion qui ne comprenait pas la raison de la mort des enfants français au Tchad. En effet, quelques hommes politiques français se permettaient de critiquer la gestion des ex-colonies africaines dites indépendantes mais d'une indépendance toute relative puisque le bras armé était encore l'Armée française. Au Tchad, c'était cette armée qui s'adonnait au massacre des Toubous rebelles ou de simples innocents. Car, c'était la même chose pour elle qui voyait en tout Toubou un rebelle potentiel.

De De Gaulle à Pompidou en passant par Giscard d'Estaing, tous ces criminels de l'ombre ont mené la politique de la terre brûlée au B.E.T dans le seul but d'exterminer les Toubous révoltés pour asseoir le régime soumis de Tombalbaye.

Dans les années cinquante, la France avait déjà adopté l'idée d'exterminer les Toubous du BET pour faire peupler ces montagnes par d'autres peuples. Elle n'avait pas pu mettre en exécution ce projet diabolique. C'était la raison de l'étonnement des ex-colons alertés par la presse des années soixante et soixante-dix des faits d'arme de la rébellion touboue. Ils considéraient ce peuple comme exterminé ! Si on sait que ces colons, pour leurs possessions en Afrique au sud du Sahara, avaient amené le parlement français à faire voter une loi dont le but ultime était l'extermination du peuple toubou ! Une loi votée en 1956, au même moment que la "loi Defferre" relative à la création des territoires autonomes susceptibles d'être indépendants !

Mais, la guerre a ses règles qui exposent le fort à la mort si le faible accepte le sacrifice. C'était ainsi qu'au début des années soixante-dix, l'Armée française cessa de mener des assauts terrestres dans le BET. Et, comme le Tchad n'avait pas d'armée qui pouvait venir jusqu'à Gouro sans se faire accompagner par l'Armée française, nous étions un peu libres[113].

Toutefois, la menace de l'aviation était quasi-quotidienne pour les élèves de notre école. Serait-ce une peur ? La nuit, mes rêves de jeune enfant comportaient souvent des hélicoptères, des bombardiers ou des soldats qui débarquaient ou qui torturaient, des Blancs qui fouillaient les maisons, etc. Les enfants qui avaient grandi ailleurs et que j'ai côtoyés plus tard, n'avaient jamais eu de tels rêves. Il semble que les engins de guerre et les soldats ne font pas partie des rêves des enfants des villes. Faut-il là, voir une réalité dans les rêves ?

Plusieurs fois, nos collègues écoliers avaient été l'objet de bombardements ou de mitraillages qui occasionnaient des blessés et des morts. Mais, les membres déchiquetés ou les enfants éventrés n'empêchèrent guère notre école d'exister.

Quand je m'étais retrouvé dans les écoles du pays, je me rendis compte que la nôtre avait été la meilleure pour l'alphabétisation, la lecture et les calculs. Mais, je ne savais pas ce qu'étaient des congés ou des vacances annuelles. Chez nous, la périodicité des journées libres était liée à la disponibilité des combattants et à la sécurité. Les matières enseignées ici ne respectaient pas un programme pédagogique qui prenait en compte le culturel. La

---

[113] Surtout le soir et la nuit car le jour, la menace était permanente dans la matinée.

culture ! Le culturel au Tchad ! Voilà un aspect des choses qui n'est pas apparu dans notre cursus scolaire. Dans notre école, nous n'avions pas appris l'hymne National du Tchad ! Pas plus que les autres symboles de la République ! Nous ne les avions pas non plus substitués ! On les avait ignorés. Nous n'avions pas connu non plus le programme politique du Frolinat. J'ai appris l'existence de ses huit points beaucoup plus tard.

Je pense que notre école avait visé l'essentiel : le combat contre l'illettrisme et l'analphabétisme. Ce fut une réussite car, en 1979 lorsque le Frolinat organisa à Faya, pour tous les écoliers du BET, le concours d'entrée en sixième et les examens pour le certificat d'études primaires élémentaires[114] dont les résultats furent publiés le lendemain par classement de mérite, du deuxième au vingtième rang, il n'y eut que les élèves de l'école de Gouro ! Une école dont tous les candidats furent admis. Pourtant, les épreuves avaient été amenées par le Comité International de la Croix Rouge[115] et corrigées par les enseignants de Faya qui furent mobilisés par cette Institution Internationale qui parrainait l'organisation desdits examens et concours. Il n'y avait aucune participation de combattants qui avaient servi comme maîtres dans la préparation de ces épreuves. D'ailleurs à partir de 1977, date de la prise de Bardaï[116] et de l'arrestation des premiers prisonniers de guerre gouvernementaux, la fonction d'enseignant revint à ces prisonniers. Les combattants qui avaient joué le rôle de maître furent appelés ailleurs, pour d'autres fonctions. Par ailleurs, comme les prisonniers n'étaient pas autorisés à faire des

---

[114] Avec tous les élèves y compris les élèves des écoles officielles tenues par des enseignants du métier, du BET conquis entre temps.
[115] CICR.
[116] Par le CCF.A.N aile Goukouni Weddeye.

voyages, leurs élèves de l'école de Gouro furent amenés seuls à Faya pour passer les examens et concours.

A partir de la fin de l'année 1974, le CCFAN commença à faire assez souvent des meetings populaires. C'étaient des contacts directs des responsables avec la masse populaire. Au début, je ne saisissais pas le contenu des discours mais la population se mobilisait massivement pour écouter. C'était le cérémonial qui primait : les élèves venaient en rangs droits et ils chantaient en chœur des chansons révolutionnaires qui justifiaient la lutte populaire, le devoir de sacrifice, etc. Ces réunions se tenaient toujours le soir pour éviter que l'attroupement ne soit bombardé. Les avions venaient souvent entre le matin et 15 heures pour des raisons d'éloignement et de problème d'éclairage de l'aéroport de Faya où il leur fallait rentrer avant le coucher du soleil. Ces meetings étaient toujours suivis de danses populaires[117].

Par la suite, la tenue des meetings devint très importante pour les responsables[118] car c'était là que l'adhésion populaire était sollicitée et acquise pour leur manière de gérer et leur politique dans tous les domaines de la vie : l'agriculture, le commerce, le transport… C'était pendant les meetings que les responsables demandaient des contributions, des aides, des dons ou l'exécution des travaux collectifs. Alors toute occasion était bonne pour organiser des meetings. Lors des rassemblements, nous, les écoliers chantions à gorge déployée, toute sorte de chansons révolutionnaires, nostalgiques, militaires…

Les combattants intellectuels qui avaient rejoint le maquis du

---

[117] Kidi, Nangara, Himmi…
[118] Du CCFAN.

Frolinat étaient venus dans les grottes du Sahara tchadien dans des conditions extrêmement difficiles : ils venaient à pied et étaient exposés à des dangers et à des menaces des hélicoptères, des gardes de surveillance et des militaires motorisés. Ils faisaient des voyages nocturnes en transportant sur leur dos l'eau et leurs provisions. Donc, il leur était impossible d'amener d'autres gadgets superflus tels que les livres, les cahiers...

Comme il manquait le support didactique, à la création de notre école, les combattants firent appel à leur mémoire pour composer des chants dans lesquels ils exprimaient des idées révolutionnaires mais aussi de la nostalgie, des regrets... Certains ayant fait carrière d'enseignant[119] ou de militaire, se remémoraient des chants bien connus dans les écoles du Tchad ou dans les casernes de l'Armée tandis que d'autres en composaient eux-mêmes.

Mon cousin Mahamat Yahya, bien connu sous le surnom d'Oki Dagache, nous faisait chanter ceci à chaque fois qu'il passait par notre école :

*(C'est)[120] l'indépendance que nous cherchons (bis).*

*(C'est) la liberté que nous cherchons (bis).*

*Vive le Frolinat (bis),*

*La révolution tchadienne (bis).*

---

[119] Moniteur ou instituteur.
[120] Les mots entre parenthèses ne sont pas prononcés dans les chants.

*Nous sommes les frères des martyrs (bis).*

*Nous sommes les fils des martyrs (bis).*

A la fin du chant, il tenait toujours à venir à mes côtés pour rappeler à l'assistance : « Ahmat est un fils et en même temps un frère des martyrs ! » Pourtant, je n'étais pas le seul à être un fils et un frère des martyrs dans notre salle de classe ! Oki lui-même est un fils de martyr : son père Yahya Kebirmi qui avait été un gradé et qui avait eu un commandement dans la Garde Nomade du Tchad, fut également un martyr. Pourquoi Dagache faisait-il de moi un cas particulier ? Parce que, me disait-il assez souvent : « Mon père Yahya n'a pas accepté le décès de ton père Salah survenu en 1969! C'est à cause de cela qu'il a quitté alors la Garde, son commandement et la légalité ! »

Je sentais ces dires dans toute la profondeur : je savais déjà qu'Oki lui-même n'avait pas accepté la mort de son père Yahya et il avait abandonné un cycle d'études bien prometteuses pour venir rejoindre le Frolinat et s'opposer au système criminel.

Depuis sa rébellion, son père Yahya avait dirigé les combattants de la deuxième Armée du Frolinat dans l'Ennedi jusqu'à sa mort survenue à Kènèbè sur le mont Ennedi par un commando de mercenaires français spécifiquement entraînés et guidés contre lui. Car, il avait été un chef bien connu des Français[121] pour son adresse au tir, sa bravoure au combat et surtout son sens du commandement.

Certains combattants nous apprenaient des chants révolutionnaires tels :

---

[121] Qui furent ses chefs.

*Tchad socialiste de demain !*

*Notre jeune Etat socialiste qui verra le jour au bout du fusil : Paysan fermera la porte, une fois pour toute, aux loups impérialistes et aux régimes antipopulaires...*

Que veut dire socialiste ? Ni les élèves ni la population de Gouro ne pouvaient comprendre en ces temps-là ces idéologies propres aux jeunes intellectuels des années soixante-dix.

D'autres composaient des chants liés à nos conditions de vie, à la regrettable marche du Tchad, notre beau pays qui était dirigé par un Gouvernement fantoche et sous les ordres de la France, pays colonial qui s'était donné de la conscience en octroyant une indépendance toute fictive à des peuples qui continuaient à être détruits dans leur existence sociale par l'injustice, l'insécurité, la sous-alimentation, les maladies et surtout par le combat que menait le système français contre toute initiative locale qui tendait vers l'amélioration des conditions de vie ou de la gouvernance du pays en dehors du schéma dressé par la France ; Une France qui maintenait sous la haute garde de son Armée des pouvoirs marionnettes lui garantissant l'exploitation des ressources nationales de leurs Etats au seul profit des Français et de la France.

Les jeunes intellectuels de ces années-là étaient désenchantés par la mauvaise gouvernance des dirigeants et aussi par les injustices subies par la population tchadienne. Alors, ils avaient pris les armes pour aller au maquis. Mais, la vie dans les grottes était un enfer. Les années passaient en emportant une radieuse jeunesse, des projets d'avenir, des carrières, de la vie en famille... alors, ils composaient des chants qui reflétaient toutes ces choses et parfois l'effort que les combattants déterminés fournissaient pour résister à la déprime :

*… vagues, (les) nouvelles qu(i) arrivent (sont) vagues mais nous arrivons…*

En 1976, à la fin programmée de notre année scolaire, nos résultats furent présentés dans un meeting populaire organisé à cet effet. Toute la population de Gouro était là ! Femmes, hommes, vieux, jeunes… Les combattants venaient à pas cadencés sous le rythme d'un sifflet. Les femmes poussaient des youyous stridents. Nous, les écoliers, nous étions en rang. Nous ignorions notre classement et avions le cœur serré. C'était pour la première fois que nos résultats scolaires et notre classement devaient être annoncés en public. En plus, il y avait des cadeaux : des rouleaux de tissu en tergal amenés dans le lot de la livraison de Monsieur Claustre dont l'épouse était l'un des otages du CCFAN.

En effet, Madame Claustre faisait partie des otages pris à Bardaï par le CCFAN en 1974. Devant les exactions commises par le gouvernement français sur le peuple tchadien en général et sur les Toubous en particulier, le CCFAN dirigé par Hissein Habré au fait des jeux politiques et du poids de l'opinion publique en France, avait enlevé trois otages dont deux de nationalité française et un allemand. Ce dernier fut rapidement libéré contre une rançon payée par les Allemands pour leur compatriote, le Docteur Staewen.

Du côté français, les choses avaient piétiné. Le gouvernement français d'alors avait hésité devant le dilemme imposé par les difficiles conditions du CCFAN et la gestion politique des affaires de ses anciennes colonies. Il avait envoyé comme négociateur le commandant Galopin, l'un des tortionnaires au service du gouvernement de Tombalbaye bien connu par les combattants victimes de ses exactions. Ce dernier fut pendu[122] au début du mois d'avril 1975 juste quelques jours avant la mort de Tombalbaye. Par contre, monsieur Claustre[123] se fit l'obligé du CCFAN pour sauver son épouse virtuellement menacée par les rebelles. Avec la rançon payée par le gouvernement allemand, ce monsieur fut mandé à maintes reprises pour faire des achats selon les besoins du CCFAN. Parmi les produits amenés par ce mandataire de la circonstance, il y avait le tissu tergal, meilleur objet des lots destinés aux écoliers les plus méritants. Les lots contenaient également des cahiers et des stylos.

Le présentateur du meeting haranguait la foule impatiente et désireuse de connaître les meilleurs élèves. Je n'écoutais pas le discours introductif qui présentait l'école et son parcours ! J'étais pressé d'en finir ! Chaque strophe et chaque arrêt m'excitaient. Finalement, on donna les résultats : mon nom fut appelé le premier. Les youyous des femmes suivirent. J'étais le premier de la classe du CE II[124]. C'était le top niveau de l'école. On me donna le premier lot : dix mètres de tissu tergal. C'était une fortune ! Tous les parents étaient fiers de moi ! J'en étais aux anges.

---

[122] Par le CCFAN après un ultimatum pris à la légère par les gouvernements français et tchadien.

[123] Le responsable de la mise en place de la politique française qui avait pour but de pérenniser la mainmise de la France sur notre pays : Mission Administrative de Réforme ou MRA dont le budget servait aux villégiatures inadmissibles des Français. Son épouse se trouva à Bardaï en vacance sur le compte de ce budget. C'est çà ce qu'ont servi une partie des dettes que la France réclame à notre peuple.

[124] Cours élémentaire deuxième année.

Beaucoup avaient souhaité voir leur fils à ma place. La jalousie de certains de mes camarades ne faisait pas de mystère. Pour la masse populaire, je connaissais tout. Je n'étais pas égal aux autres élèves. Pour les combattants illettrés, il n'y avait pas de comparaison à faire entre mes camarades et moi.

Comment un peuple aussi éloigné du pouvoir pendant les années de colonisation qu'ont connues les Tchadiens, a-t-il parvenu à se mobiliser de la sorte contre le pouvoir établi ? Comment les Toubous enclins à se révolter à titre individuel ou familial pour l'honneur et souvent pour éviter la honte, se sont-ils mobilisés à une échelle plus large qui toucha presque toute la communauté ?

Pour comprendre ces questions, il y a lieu de jeter un regard rétrospectif sur les éléments constitutifs du pouvoir à savoir l'Armée, l'Administration publique ou le politique[125].

La colonie française du Tchad avait recruté de gré ou de force les jeunes dans l'Armée. Ces jeunes avaient été envoyés sur tous les fronts de l'Armée française de par le monde.

Des milliers de colonisés du Tchad avaient été tués pendant la Première Guerre Mondiale. D'autres milliers les avaient suivis en passant de vie à trépas pendant la Deuxième Guerre Mondiale. Les guerres d'Indochine et d'Algérie avaient aussi broyé les têtes des Tchadiens soumis au régime de la colonisation.

Le maintien de l'ordre colonial et l'exécution des travaux forcés

---

[125] Les hommes et les partis.

au Tchad ou dans les autres colonies[126] avaient été l'objet de recrutement des jeunes tchadiens. Les recrues étaient formées pour garder les intérêts exclusifs des colons, pour être le bras armé du système établi, la colonisation, un système basé sur la domination des peuples par la répression, la déportation, les travaux forcés, l'introduction de lois incomprises, l'assujettissement à des chefs imposés, l'élimination physique, le massacre des groupes insoumis, etc.

Le soldat colonial, le goumier ou tout autre partisan étaient doté d'une arme et d'une tenue distinctive. L'arme qu'ils détenaient leur servait à maltraiter, à punir, à déposséder de leurs biens ou à tuer les colonisés, leurs semblables.

Pendant la période coloniale, posséder une arme était synonyme d'autorisation d'agir à volonté sur le peuple. De ce fait, le soldat colonial n'avait pas la vocation de protéger le peuple. Il était recruté et formé pour protéger les intérêts de ce système dans lequel le colonisé n'avait que des devoirs et pas de droits. Le soldat ne connaissait pas les droits des peuples colonisés. Par exemple : les droits élémentaires tels que se marier à une belle femme, avoir de belles babouches ou un cabri gras étaient ignorés par ceux qui avaient l'arme ou le pouvoir du colon. Les tenants du pouvoir ou de l'arme du colon pouvaient agir sur ordre de leurs maîtres mais ils étaient aussi tolérés et autorisés à malmener le peuple à leur profit.

A l'accession à l'Indépendance en 1960, le Tchad qui avait évolué dans une démocratie sous garantie française, sous protection française en laissant une chance quasi-égale aux produits du système, avait besoin d'une armée. L'ossature de

---

[126] Chemin de fer Congo-Océan…

cette armée était faite des éléments de l'armée coloniale. Des chefs français, devenus des conseillers, continuaient à tenir les rênes de la nouvelle armée. Ces derniers dépendaient dès l'indépendance, de l'Ambassade de France au Tchad. De 1960 à 1972, le Chef d'État-major de l'Armée Tchadienne était un officier de l'Armée française qui était aux ordres de son pays et tel était le cas aussi de tous les officiers de grandes formations[127].

De 1960, date de l'indépendance du pays, à 1964 la région du BET[128] resta sous commandement militaire français. Cela fait dire à certains que l'Indépendance n'a atteint le BET que quatre années après le reste du pays.

La première Constitution du Tchad indépendant donna de nouvelles missions à l'Armée tchadienne. Celle-ci devait être une armée au service du peuple et gardienne du territoire national et des institutions de la République. Mais, quel effort a-t-on fait pour que la possession de l'arme ne soit pas synonyme de droit de vie ou de mort sur le peuple ?

Les premiers gouvernants du Tchad indépendant péchèrent en laissant la tutelle et la direction de l'Armée tchadienne naissante aux conseillers français. Tous les chefs titulaires étaient des Français. Ceux-là mêmes qui avaient géré la colonie. Les soldats tchadiens jouaient le rôle d'adjoints et, c'était resté ainsi jusqu'à 1972. La France forma la charpente de la nouvelle armée en puisant dans le lot des soldats coloniaux les originaires des régions du Tchad.

---

[127] L'Armée de l'air, l'Armée de terre, la Gendarmerie Nationale ainsi les forces paramilitaires telles que la Police nationale…
[128] Borkou-Ennedi-Tibesti, région sous administration militaire pendant toute la période coloniale.

En fait, les soldats de la nouvelle armée ne faisaient que ce qu'ils avaient appris à faire depuis leur recrutement dans l'armée coloniale. Leurs chefs français n'avaient rien à voir avec les missions nouvelles. Ces missions rédigées par les démocrates de Fort-Lamy n'atteignaient pas les camps militaires à la création de la nouvelle armée.

Voilà comment la France conserva la main mise sur l'Armée Tchadienne comme elle le fit aussi pour l'Administration territoriale. Elle rendit ainsi fictives l'indépendance du pays et les nouvelles lois votées par les institutions tchadiennes. Seul l'ancien système demeurait.

Pourtant, le contexte avait totalement changé. Il y avait eu une démocratie au moment de l'Indépendance entre les produits du système. L'avènement de l'Indépendance avait fait au tchadien averti un homme qui exigeait des droits et des libertés et qui exprimait un amour-propre et une dignité humaine. Dans la vie courante, on assista au fait que le soldat était "brut", de "mœurs coloniales", et que l'Administration territoriale répressive. Cependant, l'absence du colon en tant qu'autorité morale faisait que l'Administration n'avait ni les moyens ni la détermination ou la capacité de traquer jusqu'au bout ceux qui se rebellaient contre elle.

Dès les premières semaines de l'indépendance, la démocratie parrainée par le pouvoir français et mise sous sa garantie passa sous la tutelle des autorités de la nouvelle République. Le nouveau gardien du territoire et des institutions de la République était théoriquement les Forces Armées Tchadiennes mais en réalité ce rôle incombait à l'Armée française à travers ses officiers en exercice au Tchad. Le Président de la République du Tchad devint le gardien de la nouvelle

Constitution. C'était à lui de réguler et d'arbitrer le fonctionnement des pouvoirs publics aux fins d'assurer la continuité de l'Etat. Il prit ainsi l'ascendant avec son parti politique le PPT-RDA[129] sur ses concurrents et les autres partis politiques. Il eut tous les pouvoirs qu'offrait la République y compris la possibilité de verrouiller ou d'annihiler la démocratie, système laissé par la colonisation.

Ce furent ces acquis du pouvoir qui permirent au premier Président Tombalbaye de décréter la mort de la démocratie par une suite d'actes et d'attitudes. La dernière qui enterra tout espoir de parvenir un jour au pouvoir par des luttes pacifiques et démocratiques fut la dissolution des partis politiques autres que le PPT-RDA et l'instauration du parti unique au Tchad, le 19 janvier 1962.

L'Armée tchadienne continuait à remplir sa mission primaire, la seule que la colonisation lui avait enseignée lors du recrutement de chaque soldat pour les besoins du système : le soldat devait se servir de son arme pour sévir sur le peuple et ramener à l'ordre un peuple qui n'avait que des devoirs vis-à-vis du pouvoir établi et point de droits.

Les partis politiques qui avaient osé affronter le nouveau régime par les voies légales et pacifiques en mobilisant la population, étaient vite écrasés dès 1963 par une armée au service du pouvoir établi. Celle-ci n'avait pas hésité à faire un véritable carnage à Fort-Lamy[130] le 16 septembre 1963. Les chefs de partis auteurs des manifestations politiques[131] étaient exécutés

---

[129] Parti Progressiste Tchadien section du Rassemblement Démocratique Africain.
[130] Capitale de République du Tchad qui devint N'Djamena sous Tombalbaye.
[131] Qui étaient pacifiques.

ou emprisonnés sans ménagement.

Aux premières ères du Tchad indépendant, l'Armée se servait de simples orientations des Sous-préfets pour sévir jusqu'à la mort, sur des citoyens tchadiens qui avaient refusé de suivre des ordres, parfois par méconnaissance, par ignorance ou par manque de moyens.

Cependant, le contexte national était tel que les luttes pour le pouvoir laissaient hors jeu politique beaucoup de mécontents parmi les produits du système. Ainsi, des intellectuels découragés par l'impossibilité de participer à la vie publique et déçus par le verrouillage des règles et des mécanismes de lutte pour le pouvoir commencèrent par infiltrer des idées nouvelles dans la masse des paysans lésés par une administration de maintien de l'ordre calqué sur le modèle colonial.

L'espoir créé par l'avènement de l'indépendance du pays était mis à mal dans la vie quotidienne par une armée et une administration qui ignoraient les droits des peuples qu'elles administraient. Les peuples offensés commencèrent à se révolter et à se rebeller. L'Administration et l'Armée procédèrent au massacre des révoltés, des lésés et des mécontents. Elles se sont aliénées dans la logique d'extinction de toute forme de revendication au point de rompre tout dialogue entre l'administrateur et l'administré.

L'exode massif vers les pays voisins fut la première réaction. Il fut suivi par la récupération des joutes, des jacqueries et des rébellions par des intellectuels mécontents.

La France conserva la plénitude de l'Administration du territoire à travers les lauréats de l'Ecole Nationale d'Administration, une école dont les élèves étaient choisis en grande partie parmi les fils des chefs surtout au Nord. Quand on sait que la chefferie était la composante la plus conservatrice du système établi, la manière coloniale de gestion du pays continua telle qu'elle était faite sous le régime colonial, avec toutes ses injustices. Le résultat fut que l'homme tchadien resta un "non citoyen" car on maintint l'esprit colonial dans lequel « la chose publique ne concerne pas le peuple mais seulement une affaire de l'élite, de Hakouma[132] donc, il n'y a pas de compte à rendre ».

Le pouvoir politique affaibli par l'éloignement forcé de la classe politique à l'exception du cercle restreint des inconditionnels du Président Tombalbaye, se trouva obligé de se confier à la France. L'Armée tchadienne qui était encore peu nombreuse a été débordée par la recrudescence de foyers de rebellions. Alors, la France mobilisa ses propres forces et ses mercenaires pour continuer le massacre des rebelles pour le compte du président Tombalbaye.

Les massacres des populations révoltées, les bombardements dès 1968 des zones de rébellion par l'Armée française ont continué jusqu'en 1972. Toutes sortes d'atrocités imaginables furent appliquées au peuple tchadien par l'Armée française[133].

Bien que ces massacres n'aient pas pu exterminer les rebelles, elles ont tout au moins empêché le renversement du pouvoir de Tombalbaye : elles ont permis au Président d'asseoir son régime en organisant son administration, sa police, son armée, la garde nationale et nomade et ses gardes prétoriennes[134] ; Le régime a

---

[132] Hakouma est le pouvoir régnant en langue arabe.
[133] Des bilans existent mais ce n'est pas le lieu ici.
[134] La Compagnie Tchadienne de Sécurité ou C.T.S et les polices secrètes de répression.

pu éliminer ses opposants vrais ou supposés ; Il a formé ses cadres, recruté ses soldats parmi ses frères du Sud et étendu son parti unique sur l'ensemble du territoire ; Il a ainsi pu asseoir une clientèle[135] dans les différentes régions du pays.

Tout son programme se réalisait grâce à l'action souterraine des conseillers français qui agissaient dans tous les rouages de l'Etat. C'étaient eux qui montaient les programmes, proposaient les hommes et les formaient de sorte que les intérêts stratégiques de la France étaient sauvegardés.

Malgré l'existence du Frolinat, les années soixante-dix commencèrent au Tchad avec un Président Tombalbaye tout puissant. Il avait les pleins pouvoirs. Il pouvait décider de tout dans un pays qui était sous-développé. Son souci majeur devint le "développement du pays". Il lui fallait pour cela exploiter les ressources. Il commença à prendre des initiatives. Mais jour après jour, Tombalbaye constata que ses initiatives pour le développement du pays, l'exploitation des ressources et l'orientation culturelle se trouvaient bloquées par la volonté française[136] exprimée par les siens[137]. Le Président apprit à ses dépens que la France s'opposât à l'exploitation du pétrole tchadien. Ce pays considérait que le pétrole tchadien était sa réserve stratégique car ses besoins énergétiques étaient suffisamment comblés par ses champs pétroliers au golfe du Congo[138]. Contrairement aux autres pays industrialisés, la France n'avait pas alors de problèmes de ravitaillement en ressources pétrolières. C'était pourquoi, elle avait caché au Président Tombalbaye les résultats de recherches pétrolières

---

[135] Troupe de fidèles à Tombalbaye.
[136] Une volonté étrangère.
[137] Ses cadres, ses frères du Sud.
[138] Surtout le pétrole gabonais et congolais.

faites[139] au Tchad à la fin des années Cinquante.

A partir du moment où le Président Tombalbaye supposa que la rébellion était laminée, que ses opposants politiques étaient neutralisés et que lui même était bien assis sur le plan politique, il commença à agir enfin en Président d'un Etat indépendant. Il signa des contrats de recherche et d'exploitation pétrolière avec des entreprises non françaises et rompit ainsi le diktat français. Il refusa de se plier aux ordres du gouvernement français et renvoya ses conseillers. Il mit en prison des cadres civils et militaires tchadiens les plus francophiles ou supposés comme tels. Comble d'autonomie, le président lança un enracinement culturel nouveau qui s'opposait à l'assimilation culturelle française par la création du Mouvement National pour la Révolution Culturelle et Sociale[140].

Par réaction, la France commença à affaiblir le régime de Tombalbaye. Pour cela, tout l'arsenal médiatique, humanitaire ou des Droits de l'Homme de la France se réveilla enfin. On découvrit que le régime de Tombalbaye était une dictature! Alors même que cette dictature avait été installée depuis quelques années par ce pays. Les faits reprochés à la dictature de Tombalbaye par la France humanitaire et médiatique avaient été l'œuvre de la France officielle : les massacres, les tortures, les bombardements et les éliminations physiques avaient été faits par des Français sur les ordres express des plus hautes autorités de la République française pour le compte de Tombalbaye.

La France avait cru que ce régime faible et harcelé par le Nord musulman, un régime qui trouvait son salut sous le parapluie

---

[139] Faites par la société ORSTOM.
[140] MNRCS.

français, allait conserver en l'état ce vaste et riche territoire du Tchad. C'était la raison pour laquelle la France avait massacré ceux qui avaient osé s'opposer à la mise en place de cette dictature ! Elle avait même créé un département entier pour gérer le "cas Tchad"[141] à la rue Monsieur, siège du Ministère de la Coopération, ancien Ministère des Colonies ! Le Tchad qu'il fallait garder en l'état pour les besoins stratégiques de la France ! Pour ce faire, l'ethnie, la religion, la région, le canton, la tribu... étaient utilisés pour créer toute forme de zizanie et entretenir des conflits entre les différentes composantes de la société tchadienne.

Cette France s'était trompée sur la personne de Tombalbaye qui, en homme de l'époque des indépendances, imbu des idéaux de grandeur, dès lors qu'il en a eu la possibilité, n'a plus accepté de rester confiné dans la coquille où ont voulu le garder les stratèges français. Les menaces n'avaient pas suffi à le ramener à l'ordre. C'est alors que commençait la période de méfiance. Le parapluie français s'était envolé, emporté par le vent de la disgrâce. Ainsi, le régime de Tombalbaye perdit la sérénité dans son fonctionnement.

Défiée dans sa chasse gardée, la France avait mis en branle l'Armée pour exiger la tête du Président rebelle. C'était l'Armée tchadienne qui était chargée d'exécuter la "sale besogne"[142], pour le compte de la France.

Le Président Tombalbaye, en homme téméraire et conscient du

---

[141] Le reste de l'Afrique francophone était géré par un département sauf le Gabon dont la gestion était confiée à un Département entier comme le cas Tchad.
[142] Elimination physique de Tombalbaye pour préserver les intérêts français au Tchad.

danger qui le guettait, arrêtait des civils et des militaires pour contrer des complots vrais ou imaginaires. Il avait fini tout de même par se faire avoir le 13 Avril 1975 : il avait été tué par ses frères du Sud[143] parce qu'il s'était opposé aux intérêts stratégiques de la France. Il doit regretter outre-tombe d'avoir laissé la formation de l'Armée Tchadienne aux seuls soins de conseillers Blancs[144].

Pour son exécution, les soldats tchadiens avaient tout simplement obéi aux ordres de leurs chefs, des officiers coloniaux qui étaient également leurs conseillers et auxquels ils devaient leurs promotions et leurs grades. Pour les soldats tchadiens, sudistes de surcroît, Tombalbaye était un frère sudiste mais parmi ceux qui étaient en prison il y avait aussi des frères sudistes. Ceux-là étaient en plus, des frères d'arme. Donc, ils n'avaient aucun regret.

De ce coup d'Etat militaire, la leçon à tirer était l'épée de Damoclès que la France brandissait vis-à-vis de tout président africain qui osait lever la tête et faire échec à l'ordre établi selon le schéma de la décolonisation et aux intérêts stratégiques de la France.

En 1994, Soulth, spécialiste américain dans le domaine militaire, présenta des données statistiques lors d'une conférence-débat organisée à l'ambassade américaine de N'Djamena : il montra que soixante-quatorze coups d'Etat avaient réussi entre 1960 et 1994 en Afrique au sud du Sahara.

La démocratie ne peut être qu'un jeu interne dans un espace social sécurisé avec des citoyens qui jouissent des mêmes droits

---

[143] Les militaires du Sud du Tchad.
[144] Français.

et vivent dans un pays dont les frontières et les institutions sont garanties par une armée sous les ordres exclusifs des autorités politiques du pays[145]. Les pays qui se sont constitués d'armée extravertie, sous les ordres de l'extérieur, sont tombés dans les travers d'une dictature soumise au diktat de la puissance influente sur l'armée. Dans de tels pays, les chefs d'Etat sont devenus des jouets, des marionnettes à la merci de la puissance étrangère. Alors, dès qu'un tel président commence à prendre des libertés ou des initiatives, il risque de perdre le pouvoir. C'était ce qui était arrivé à Tombalbaye qui avait voulu faire autre chose au Tchad que l'exécution de la volonté française. Seuls les pays qui sont passés par des troubles et qui ont bouleversé les schémas laissés par les colons ont pu dépasser cette étape et se sont réellement libérés de la mainmise extérieure. Dans ces pays, il y a souvent des armées tribales, des rébellions interminables, des accords et des désaccords mais les tenants du pouvoir sont obligés de composer avec les acteurs internes, car pour ces pays, le système des valeurs devient de plus en plus local.

En 1975, Tombalbaye a laissé en héritage aux Tchadiens, une armée composée en majorité de Sudistes : les officiers, du général au capitaine, étaient dans leur quasi totalité des Sudistes, et ce, dans tous les corps : l'Armée de Terre, de l'Air, la Gendarmerie ainsi que la Compagnie Tchadienne de Sécurité. L'Administration publique, parapublique et les sociétés d'Etat étaient elles aussi en grande partie dirigées par des cadres du Sud. Un travail d'envergure avait été fait pendant près de quinze ans pour que les seuls ressortissants du Sud bénéficient des formations. Les postes qui exigeaient des quotas régionaux

---

[145] Une armée intravertie.

avaient été occupés par des Sudistes ayant changé de prénom pour la circonstance. Des prénoms musulmans étaient ainsi ajoutés pour rebaptiser des adultes chrétiens ou animistes !

En 1975, l'Armée a pris un pouvoir presqu'entièrement sudiste, dans un environnement national politiquement vide. Il n'y avait pas de parti politique en dehors du parti unique banni, le MNRCS. Il n'y avait aucune entité tchadienne nordiste capable de réclamer le partage du pouvoir si ce n'étaient des rebellions antagonistes et affaiblies. De plus, celles-ci ne constituaient pas une menace réelle du fait de leur sous-armement.

Depuis la mort d'Ibrahim Abatcha et jusqu'aux années soixante-dix, Abba Siddick qui était le secrétaire général proclamé du Frolinat n'avait pas de liens évidents avec les combattants de l'Intérieur. Il vivait depuis sa nomination contestée à l'étranger profitant des aides destinées au Mouvement.

La Deuxième Armée, devenue depuis 1972 le Conseil de Commandement des Forces Armées du Nord[146] dirigé par Hissein Habré, occupait des positions dans le BET. Isolé, le CCFAN avait pris des otages français, Madame Claustre et Marc Combes mais n'était pas en 1975, une force capable de prétendre au partage du pouvoir.

Depuis 1968, date de l'éclatement des hostilités dans la région du Borkou-Ennedi-Tibesti jusqu'en 1975, cette région était mise sous embargo de toute part : la frontière de la Libye était fermée pour la zone sous-contrôle du CCFAN. Le régime libyen de Kadhafi au pouvoir depuis 1969 considérait cette rébellion touboue comme un ennemi à abattre, sinon à soumettre sous la

---

[146] CCFAN.

coupe du Docteur Abba Siddick, le leader proclamé du Frolinat et reconnu par la Libye et par tous ceux qui aidaient le Frolinat.

De 1968 à 1972, l'Armée française avait conduit la guerre contre les Toubous au BET et elle avait détruit systématiquement les oasis par des incendies et des bombardements au napalm. Elle avait détruit aussi les troupeaux et les puits et avait massacré la population civile.

En 1972, la zone contrôlée par la rébellion avait connu des guerres inter-rebelles, inter-Toubous qui eurent pour conséquence la division au sein du Frolinat et la séparation du CCFAN avec les forces de la Première Armée, fidèles à Abba Siddick.

Depuis lors, le CCFAN qui contrôlait le massif du Tibesti, une partie importante du Borkou[147] et une partie de l'Ennedi, résistait aux attaques quasi quotidiennes de l'Armée tchadienne appuyée par l'Armée et les mercenaires français. Les avions, les hélicoptères et les bombardiers sillonnaient la région pour intercepter tout ce qui bougeait ; car le CCFAN n'avait aucun moyen de défense anti-aérienne.

Les populations des zones rebelles vivaient dans des conditions extrêmement difficiles : l'Armée tchadienne, appuyée par les forces et l'aviation françaises, incapable d'exterminer les rebelles, bloquait les voies de ravitaillement en vivres ; elle détruisait les cultures dans les oasis et massacrait les troupeaux et les caravanes.

La Libye avait des visées d'occupation de la bande d'Aouzou, une bande étalée sur toute la frontière libyenne soit un peu plus

---

[147] Borkou-Yala.

de mille kilomètres de longueur sur cent kilomètres de largeur : cette bande avait été l'objet d'accords[148] de cession à l'Italie par la France mais ces accords n'avaient pas abouti à cause du déclenchement de la Deuxième Guerre Mondiale.

En 1973, cette Libye de Kadhafi avait annexé la localité d'Aouzou alors sous contrôle rebelle. Cet acte libyen n'avait pas choqué Tombalbaye. Son régime s'allia davantage à Kadhafi, l'expansionniste, dans le but de laminer les rebelles toubous. Le reste de la bande était restée sous contrôle rebelle. Depuis lors, la Libye cherchait par le blocage des vivres et d'autres besoins de première nécessité, l'alignement du CCFAN derrière Abba Siddick d'une part et d'autre part, la libération des otages français[149].

La Première Armée basée dans le massif de l'Ennedi était constituée de combattants ressortissants du B.E.T, fidèles à Abba Siddick. Avec eux, le CCFAN avait mené des guerres fratricides. Ces éléments constituaient une barrière qui empêchait l'accès au massif de l'Ennedi plus riche en subsides de survie et où la vie était plus agréable.

La disette et la faim étaient une réalité dans la zone. Elles étaient la contrainte la plus difficile à supporter. C'étaient elles qui avaient poussé les combattants mariés et les pères de famille à faire réagir les chefs de la Deuxième Armée. Ces chefs étaient souvent célibataires ou éloignés de leur famille. Alors, la majorité des combattants originaires des zones contrôlées pensaient que leurs chefs intransigeants ne cherchaient pas des issues parce qu'ils n'avaient pas de parents qui mouraient de

---

[148] Accords Laval-Mussolini (7 janvier 1935, Rome).

[149] Madame Claustre et Marc Combes.

LA VICTOIRE DES REVOLTES

faim. Sinon, pensaient-ils, une issue quelle qu'elle fût n'eusse pas été impossible avec la Libye, le régime de Tombalbaye ou la France qui avait des ressortissants pris en otage.

La direction du CCFAN était inflexible. Elle ne voulait choisir ni la Libye qui avait des visées d'occupation du territoire national ni la France massacreuse des innocents et auteur des bombardements au napalm. Cette France qui avait brûlé les oasis du BET et dont les mercenaires s'étaient excellés dans la chasse des troupeaux et des éleveurs. Mais, la direction du CCFAN savait aussi que la situation de ses combattants était critique et que leur point de vue ne pouvait être négligé même si cela allait avoir pour conséquence la disparition du CCFAN.

C'était pendant cette période que le pouvoir de Tombalbaye était renversé. Ce fut un réel soulagement pour la direction du CCFAN. Il y eut une fête grandiose à Gouro, lieu où se trouvaient certains responsables. Tout le monde pensait que ça allait être la fin de la rébellion au Tchad, le moment de la réconciliation des cœurs et des esprits : ce moment tant attendu était enfin venu. Quelle délivrance inattendue ! Rien ne pouvait dès lors contraindre les responsables du CCFAN à traiter avec la Libye expansionniste de Kadhafi pour échapper à la faim.

Après les périodes festives, la Direction du CCFAN s'était vite réunie à Yebibou, son quartier général[150]. Elle avait dépêché une délégation composée de Mahamat Borno et de Mahamat Chidi[151]

---

[150] Q.G
[151] C'était une erreur de citer Moumine Togoï Hamidi comme délégué du CCFAN pour rencontrer le C.S.M juste après la mort de Tombalbaye en 1975. Il s'agit plutôt de Mahamat Chidi et de Mahamat Borno. Moumine a été désigné pour la mission mais comme il était à Yebibou donc loin, la Direction a voulu gagner du temps en envoyant ces deux derniers, plus proches d'un centre où ils pouvaient prendre l'avion pour N'Djamena, la capitale tchadienne.

sur N'Djamena. Quelques jours après, la délégation était revenue toute déçue. Elle avait eu, pour toute réponse : « Il faut que les égarés rentrent au bercail. »

C'était une grande déception. Encore une occasion ratée ! Tombalbaye avait eu une grande opportunité pour unir le peuple tchadien à l'indépendance mais il avait choisi son ethnie et son Sud. Il avait instauré un régime régionaliste, tribaliste, sectaire, injuste et liberticide. Il avait enterré la démocratie. Il avait échoué. Il était tué par ceux-là mêmes qu'il avait favorisés et ce, pour le compte de l'étranger.

En 1975, l'Armée au pouvoir, de composition régionale sudiste et puissante, ayant obtenu un pouvoir absolu, choisit de le conserver pour le Sud. Elle minimisa la force de la rébellion. Il n'y avait pas une autre force politique d'opposition. Le parti unique du Tchad sous Tombalbaye[152] était déjà banni par les militaires putschistes. D'ailleurs, le Lieutenant Gouara Lassou dépêché à Faya par le Conseil Supérieur Militaire[153] juste après le coup d'Etat, avait prévenu la population de cette ville réunie à la Place Blanche[154] pour la circonstance :

« L'Armée ne joue pas. Que la population de Faya aille vers les rebelles pour leur dire de déposer les armes dans un délai d'un mois. Sinon, l'Armée va se fâcher ! L'Armée n'est pas le régime civil avec lequel ils ont assez joué. »

La déception était très grande et c'était si choquant pour les combattants du CCFAN, surtout ceux-là qui avaient une certaine idée du Tchad et des Tchadiens. Cette déception avait

---

[152] Le MNRCS.

[153] Le C.S.M.

[154] C'est la place publique de la ville de Faya, chef-lieu de la région du Borkou.

déterminé la rébellion du Nord à faire la guerre au régime militaire qui avait opté à faire du "tombalbayisme sans Tombalbaye". C'était l'expression utilisée pour qualifier la position du C.S.M.

Devant la misère et la famine imposées de toutes parts, la problématique des combattants était toujours : que faire pour trouver un allié ? Mais, les évènements imposés par le C.S.M n'allaient pas permettre de tergiverser longtemps. La guerre se préparait et il fallait vite agir pour ne pas laisser le temps à l'ennemi. Le camp de Kirdimi[155] était ainsi attaqué par des combattants démunis, affamés mais déterminés. Ils étaient dirigés par Adoum Togoï. C'était une attaque suicidaire. Elle avait pour but de contraindre les militaires à un casernement forcé.

L'Armée de son côté, en guise des représailles, avait aligné toute la population de Zoui[156] et l'avait mitraillée sans discernement. Cette population martyre de Zoui était la première victime du nouveau schéma de guerre des militaires au pouvoir. Ce schéma consistait à procéder au massacre de toute la population des zones contrôlées par la rébellion, une population qui servait de lit et qui nourrissait les rebelles.

Les combattants du Tibesti sous la conduite de Goukouni Weddeye s'étaient interposés. Les troupes de l'Armée étaient mises en déroute. Elles avaient abandonné du matériel et des armes. C'était la première débâcle de l'Armée tchadienne depuis la mort de Tombalbaye.

---

[155] Dans le Borkou.
[156] Localité situé non loin de Bardaï, chef-lieu de la région du Tibesti.

Sur le coup, les combattants avaient organisé une attaque suicidaire dans le camp militaire de Faya, la plus grande garnison militaire de la région[157]. Après le repli des combattants du CCFAN, les militaires avaient aligné les civils et les avaient massacrés à la mitraillette, là encore sans discernement.

Prise de panique, la population des localités environnantes de Faya avait fui, qui pour regagner la zone rebelle ou sortir du BET. Car, en ces temps-là, il y avait beaucoup de ressortissants du BET encore fidèles au pouvoir établi et opposés à toute forme de rébellion. Cette population avait constitué la principale cause des échecs de la rébellion. Etant touboue, cette population fut massacrée sans ménagement, par l'Armée. Comme ils étaient l'ennemie des rebelles, les rescapés qui s'étaient trouvés entre deux feux, s'étaient exilés en catastrophe et dans des conditions extrêmement difficiles vers le Kanem, le Lac, l'Ouaddaï…

Le nombre de combattants du CCFAN avait triplé en cette année 1976 mais l'arrivée massive de la population citadine apeurée dans les zones rebelles y avait accentué la misère : la pénurie de vivres qui existait déjà dans la zone rebelle s'était amplifiée et la famine se déclarait partout. Les attaques suicidaires des combattants du CCFAN n'avaient pas changé le rapport de forces : leurs meilleures armes n'étaient que des pistolets mitrailleurs[158] obtenus par chantage, en menaçant d'exécuter Madame Claustre, ou d'autres achetées avec la rançon versée par le gouvernement allemand pour la libération du Docteur Staewen.

---

[157] Du Borkou-Ennedi-Tibesti, alors unie.
[158] P.M.

La Libye avait fait une incursion dans la bande d'Aouzou, zone entièrement sous contrôle du CCFAN à l'exception de la seule localité d'Aouzou. La patrouille libyenne était interceptée et désarmée à Omchi, localité située à mi-chemin entre Aouzou et Yebibou. L'incursion libyenne opérait lorsqu'une délégation du CCFAN était envoyée en Libye, à la demande du régime de Kadhafi.

Par le jeu de réciprocité diplomatique, un échange de prisonniers était organisé pour faire revenir au BET la délégation du CCFAN contre les intrus Libyens. Pour la direction du CCFAN, s'allier à la Libye n'augurait rien de bon mais le combattant n'obtempérait pas aux ordres de missions parce que sa famille était malmenée par la famine. Qu'avait fait la direction du Mouvement devant un tel dilemme ?

Le congrès de Gouro était convoqué : pour la direction du CCFAN, il n'y avait pas d'alternative. Les combattants affamés avaient choisi leur camp : celui de s'allier à la Libye pour bénéficier des aides surtout alimentaires afin de sauver leurs familles de la famine. C'était le court terme qui était visé, quitte à ce que les principes aient été oubliés.

En 1976, les leaders avaient eu à choisir entre partir ou rester pour attendre les conséquences prévisibles. Hissein Habré[159] avait quitté les régions et les zones contrôlées par le CCFAN. Entouré de ses fidèles, il avait rejoint le Djourab, sa région d'origine pour faire un recrutement parmi ses parents Anakaza. Malgré les attaques répétées et successives lancées par l'Armée

---

[159] Alors président du CCFAN.

tchadienne, épaulée par des mercenaires français, surtout à Wadi-djedid, il avait réussi son périlleux périple pour rejoindre la région rocheuse de Kapka[160]. Pendant quelques mois, il dut subir le siège des militaires avant de les déloger et de les mettre en déroute.

Le Conseil Supérieur Militaire[161], devant l'impossibilité de chasser cette nouvelle rébellion de la région de Biltine, avait décidé d'utiliser les Arabes nomades. Les chefs de canton, les chefs de tribus arabes étaient mis à contribution sous peine, en cas de refus, de perdre leur titre. Les Arabes avait accepté de faire la guerre aux rebelles goranes parce qu'il y avait eu une guerre tribale entre les Arabes et les Goranes en 1967. Une guerre déclenchée à cause d'un veau tué par un voleur gorane à Kalaït où la section nomade dirigée par un Français n'avait pas jugé utile de résoudre l'infraction. Une guerre intercommunautaire qui avait fait des centaines de morts, de part et d'autre. Le gouvernement d'alors avait laissé les deux ethnies s'entretuer pendant plus d'une année jusqu'à l'éclatement du Frolinat dans le BET, dont les conséquences avaient été les répressions qui avaient fini par éloigner les Toubous de la zone.

En 1977, les Arabes nomades qui voyaient venir dans leurs zones des Goranes armés, avaient accepté de leur faire la guerre sur les conseils et avec les moyens du gouvernement du C.S.M.

Les nomades arabes avaient formé rapidement des meutes de cavaliers et lancèrent des assauts successifs sur Hissein Habré et ses combattants. Ces derniers se terrèrent dans les gorges

---

[160] Dans la région de Biltine.
[161] Le C.S.M.

d' "Aramkolé"[162], la région montagneuse de Biltine. C'était dans ce lieu que les combattants de Hissein Habré avaient eu la vie sauve en mettant en déroute l'Armée du C.S.M et les cavaliers arabes. En guise de butin de guerre, Hissein Habré avait récupéré des armes, des munitions et de la logistique nécessaire pour reconstituer une armée qui lui était fidèle.

A Gouro, un évènement venait perturber notre camaraderie d'écoliers. Le CCFAN avait une masse importante d'argent en billets de banque conservés dans des valises. Il craignait une dévalorisation de ces billets. Alors, avait-il décidé de donner une petite somme à chaque combattant. En prévision de cette généreuse opération, certains de mes collègues étaient appelés à recevoir des armes[163]. Les écoliers choisis étaient les plus grands parmi nous, ceux qui étaient capables de porter une arme. Ils étaient recrutés pour augmenter la part du détachement de l'Ennedi dans le partage prévu. Les écoliers armés n'étaient pas directement intégrés au poste de contrôle des combattants. Une maisonnette jadis destinée aux maîtres-combattants leur était assignée. Et pourtant, ils portaient l'uniforme des combattants et avaient l'autorisation de porter leur arme en ville.

C'était déjà une grande frustration pour nous autres encore "petits"! On maudissait le Ciel de nous avoir gardés encore petits! Nous avions hâte de grandir. Devenir combattant était à tout temps notre rêve ; puis, une obsession après que nos camarades de classe avaient eu des armes.

Mais, lors du départ de Hissein Habré de Gouro et de toute la

---

[162] Coin des arabes en langue gorane.
[163] Des P.M appelés "Madame Claustre".

zone sous contrôle du CCFAN, mes camarades écoliers-combattants qui, quelques jours auparavant, avaient été désarmés après avoir rempli leur part du contrat par les combattants illettrés du détachement, contrairement aux intellectuels indécis, avaient décidé de suivre Hissein Habré. Ils avaient réquisitionné la nuit, des chameaux qui étaient en divagation dans la palmeraie et avaient quitté Gouro. Ils étaient quinze. Leur inexpérience de voyage avait failli être fatale. Ils n'avaient pas pris suffisamment d'eau et de provisions pour ce voyage pénible. C'était pendant la période la plus chaude de l'année : la tradition l'appelle "ooula Erichin"[164].

Mes camarades "combattants" avaient été des éleveurs, des marcheurs invétérés avant de venir s'inscrire à l'école quatre ans plutôt. Ils avaient marché toute la nuit sur la piste caillouteuse de Gouring dont ils ne maîtrisaient pas l'itinéraire. Le lendemain, les pieds en sang, faute de chaussures adéquates, ils n'avaient pas pu continuer, sous le soleil. Ils avaient passé la journée sous la canicule sans eau ni ombre. La nuit suivante, ils avaient marché jusqu'au petit matin. Heureusement pour eux, ils avaient trouvé un voyageur qui leur avait donné à boire et à manger et ce voyageur magnanime leur avait indiqué l'itinéraire. Ils étaient à quelques kilomètres de Gouring. Mes amis lui avaient confié les deux chameaux réquisitionnés et ils étaient arrivés à destination le troisième jour. C'était en soi un exploit pour des jeunes dont la moyenne d'âge tournait autour de 16 ans et ce, en une telle période de l'année !

Tout Gouro surpris par le coup de tête de jeunes écoliers, avait

---

[164] Pendant la période où les fous voyagent : qui veut dire qu'il faut être fou pour voyager à la période correspondant, dans la zone de Gouro, aux mois d'août-septembre et octobre pour la canicule et aux mois de décembre et janvier pour le froid.

songé au pire : la mort par la soif. Une section entière était mobilisée pour aller à leur recherche. Les poursuivants étaient à dos de chameaux car il n'y avait pas de véhicule à Gouro : aucun des trois détachements du CCFAN n'avaient de véhicule en 1976. Les trois véhicules de marque Land Rover que détenait le mouvement étaient à la disposition du commandement dont les deux avaient été emportés par Hissein Habré qui était parti au Borkou tandis que le troisième avait été emmené au Tibesti avec Goukouni Weddeye.

La section du détachement qui avait quitté Gouro un jour après les écoliers-combattants, était arrivé à Gouring une demi-heure après les "fugueurs".

Hissein Habré, avec ses Land-Rover, n'avait pas perdu beaucoup de temps à Gouring. Lorsque les écoliers étaient arrivés, Hissein Habré était déjà parti à Kouni[165]. Mes amis étaient aussitôt ramenés à Gouro. Ils avaient souffert et bien plus d'avoir enduré les affres d'un voyage improbable, ils s'étaient retrouvés punis pour cette bravade : chacun avait subi une correction physique infligée par un de ses parents combattants.

Pour les combattants illettrés de Gouro, il était inadmissible que leurs fils ou leurs frères les fuient pour des idées, pour suivre quelqu'un d'autre. Fuir ses parents pour aller vers quelqu'un d'autre était un parjure. C'était une entorse aux valeurs de la communauté teda où on pouvait être en désaccord avec les siens mais où on ne pouvait pas admettre que quelqu'un pactise avec d'autres contre ses parents.

---

[165] Le Poste de Contrôle du détachement du Borkou.

En réalité, nos camarades, encore trop jeunes et mécontents du désarmement qui leur avait été infligé à cause de leur comportement en ville et de leur manque de respect à l'égard du jeune maître qui avait accepté de tenir toutes les classes de notre école, avaient pensé trouver chez Hissein Habré la possibilité d'être combattants, de garder une arme et de vivre au poste de contrôle. Mais, les combattants du détachement avaient surtout exploité le maillon faible de leur acte, la partie la plus sensible qui désarmait mes camarades devant l'opinion de Gouro : ils avaient utilisé l'une des conséquences de la fugue des enfants, juste pour les punir. Ne dit-on pas que qui veut noyer son chien l'accuse de rage ?

Mes camarades avaient été prisonniers pendant un mois. En ces temps-ci, les prisonniers transportaient l'eau des combattants : le poste de contrôle était sur le rocher à Gouro et l'eau dans la palmeraie. La corvée la plus difficile était le transport de l'eau dans des outres en peau de chèvre. Tout prisonnier était astreint à cette corvée et les combattants ne s'en chargeaient eux-mêmes que lorsqu'il n'y avait pas de prisonnier.

Pendant les heures de classe, des gardes armés conduisaient les prisonniers les plus dociles en classe où ces derniers allaient suivre les cours. Nous autres enfants, nous étions intimidés et compatissions à leurs souffrances.

J'étais encore immature pour me permettre des aventures pareilles mais j'étais soulagé de n'avoir pas fait partie des fautifs. Mais, une de mes tantes me fit ce reproche : « Il n'y a pas d'honneur dans la lâcheté et de meilleure vie en dehors de celle qu'on partage avec ses semblables. »

Je n'avais pas saisi le sens de ce reproche. Pourtant, je

comprenais le devoir de tenir mon rang dans notre classe d'âge. D'ailleurs, mes camarades prisonniers n'avaient-ils pas tenté de réaliser notre vœu à tous ? Tous les jeunes de Gouro rêvaient de devenir combattants. Quand mes camarades peinaient sous le poids des outres et encaissaient la brûlure des fouets pendant que nous autres vaquions tout naturellement à nos occupations, il y avait effectivement une lâcheté.

Le départ de Hissein Habré avait créé un vide. Il n'y avait pas de maître digne de ce nom à notre école de Gouro. Le seul jeune combattant qui pouvait prétendre nous enseigner était un écolier de CM2 ! Il avait fui l'école du Centre de Faya pour rejoindre le CCFAN. Son séjour au poste de contrôle au milieu des combattants et ses voyages avec des intellectuels lui avaient permis quelques ouvertures mais il n'avait pas la capacité de tenir les cinq niveaux de notre école, répartis en trois classes.

La peur au ventre, sous l'œil vigilant de combattants du détachement de l'Ennedi, chaque matin nous étions en classe, disciplinés. Nous faisions la lecture à tour de rôle et à haute voix et ce, pendant presque toutes les heures de classe. Parfois, on faisait des dictées. Là encore, c'étaient des écoliers de notre classe qui lisaient le texte. Les calculs, la deuxième matière importante de notre programme indicatif, n'étaient pas le point fort de notre maître de circonstance.

Plus tard, nous avons compris que la bonne marche de l'école était un défi du détachement de Gouro. Tous les intellectuels n'avaient pas accompagné Hissein Habré. Ce dernier était parti avec un petit nombre d'entre eux mais le plus grand nombre était découragé par la tournure des évènements et la montée des illettrés au-devant de la scène pour définir l'option de la lutte armée. La vision à court terme qui guidait ces derniers était un facteur démobilisateur. Les intellectuels partaient à Yebibou ou en Libye, unique voie de sortie du BET. Ceux qui restaient gardaient le profil bas pour se préparer à affronter la situation nouvelle : la présence du partenaire libyen et la montée de combattants illettrés au sein du CCFAN.

Notre école avait ressenti très rapidement les conséquences néfastes du désordre créé par le congrès de Gouro : une année de lecture et de dictées !

Goukouni Weddeye était resté avec les combattants des zones libérées du BET. Après le départ de Hissein Habré, il était devenu tacitement le président. Les otages français étaient libérés et livrés à la Libye de Kadhafi. Celui-ci avait fourni en contrepartie des armes, des munitions et des vivres au CCFAN[166] aile Goukouni. La zone reprenait vie. Les combattants armés de kalachnikovs libyens, de mortiers 81, de canons de 106mm et surtout de bazookas, constituaient rapidement une force redoutable. Ils avaient eu en même temps des moyens de communication et des véhicules Toyota flambant neufs. Ils s'étaient organisés et avaient attaqué simultanément Bardaï dans le Tibesti et Ounianga Kébir dans l'Ennedi en juin 1977. La localité de Bardaï était libérée et tous les militaires gouvernementaux étaient faits prisonniers de guerre.

Des blindés conduits par des mercenaires avaient repoussé l'assaut d'Ounianga Kébir. Mais, ce n'était que partie remise car l'usage du bazooka n'était pas encore maîtrisé d'une part et d'autre part, les libyens n'avait donné que deux obus de bazooka pour tout le détachement de l'Ennedi.

---

[166] Après le départ de Hissen Habré, le CCFAN était resté en tant que rébellion. Goukouni Weddeye devint Président, Youssouf Seid vice-président et Adoum Togoï le chef d'Etat-major…

Toutefois, le C.S.M était acculé : il n'avait pas la maîtrise des combats dans le BET ; il avait perdu la possibilité de faire des offensives ; il subissait la menace des combattants qui avaient l'initiative et la mobilité. L'armée du C.S.M qui s'était séparée des guides, des goumiers et d'autres supplétifs natifs du BET, s'était casernée. Depuis que le C.S.M avait rayé de ses rangs les supplétifs natifs du BET, la peur avait changé de camp.

L'avantage majeur des forces gouvernementales était l'aviation composée d'avions de chasse et d'hélicoptères de combat. Cette aviation empêchait le mouvement des véhicules et des caravanes pendant le jour : ainsi, les caravaniers ne savaient jamais s'ils allaient pouvoir finir le voyage.

A partir de mai 1977, un évènement avait changé la donne. Il s'agissait de l'arrivée des rescapés du coup avorté du premier avril 1977. Ce coup lancé contre le C.S.M était tenté par des dissidents musulmans de l'Armée régulière. Dirigés par des officiers subalternes, les lieutenants Brahim Koumbo et Youssouf Annadif, ils cherchèrent à renverser le C.S.M qui restait à leurs yeux un régime des Sudistes au même titre que le régime de Tombalbaye. En tant que soldats nordistes, ils n'avaient pas d'espoir de promotion. Tout était pour leur collègue sudiste.

Les soldats dissidents étaient exécutés et leurs corps enfouis dans une fosse commune. Leur exécution avait fait fuir beaucoup d'autres. Les élèves et les étudiants musulmans, choqués par ces exactions avaient emboîté le pas.

Parmi les cadres militaires qui avaient rejoint le camp du CCFAN, aile Goukouni, il y avait un certain Abdelaziz Izzo Miskine, un spécialiste des transmissions. Dès son arrivée, il mit en place un système d'écoute de toutes les communications des réseaux militaires du C.S.M. En langages codés ou en alphabet morse, rien n'échappait à Abdel-Aziz. Donc, depuis son arrivée, le CCFAN, aile Goukouni était au courant de tout décollage d'avion du C.S.M avec force détail : matricule de l'avion, son type, le nom du pilote, sa destination, etc.

L'arrivée du combattant Abdel-Aziz avait soutenu la rébellion en sauvant beaucoup de vies humaines et de biens matériels autrefois exposés à l'acharnement des mercenaires sanguinaires qui ne faisaient pas cas des civils innocents, des femmes ou des enfants. Toute patrouille militaire de l'aviation du C.S.M était depuis lors, attendue et les dispositions de camouflage prises autant que possible.

La France, vers laquelle s'était tourné le C.S.M pour contrer les offensives rebelles, n'était pas prête à affronter des Toubous armés : elle qui n'avait pas pu déloger ces rebelles du B.E.T de 1968 à 1972, période au cours de laquelle l'Armée française était massivement engagée dans le but de les exterminer alors que ces derniers n'avaient eu ni d'armes automatiques ni moyens de communications ni Toyota pour leur mobilité ; la France, pour aider Tombalbaye son protégé, avait déjà utilisé pour le massacre des rebelles toubous, son aviation et ses armes les plus dangereuses et les plus destructrices[167] ; Ses mercenaires avaient brûlé les oasis, mitraillé les troupeaux et empoisonné les puits !

En 1977, la France qui venait de récupérer ses ressortissants, otages des Toubous depuis 1974, grâce à la Libye, n'était pas raisonnablement prête à s'aventurer dans une nouvelle guerre contre ces Toubous dans leur terroir, le BET.

---

[167] Tel le napalm.

C'était pendant cette période que les stratèges français avaient imaginé la ligne du seizième parallèle[168]. Le gouvernement français conseilla au C.S.M de se réconcilier avec la rébellion et de partager le pouvoir avec les Nordistes, les musulmans. Mais le C.S.M, surtout les cadres sudistes n'étaient pas prêts à partager avec des rebelles nordistes les acquis de dix-sept années de pouvoir. Pendant toute cette période, l'Armée était une affaire du Sud. Il en était de même pour la Gendarmerie, la Compagnie Tchadienne de Sécurité qui était la garde prétorienne de Tombalbaye et la Police Nationale. Les Nordistes, les musulmans, quand on faisait appel à eux, c'était seulement pour faire jouer des rôles d'exécutants. Donc, pour pérenniser la marginalisation des Nordistes, pour conserver le pouvoir exclusivement au Sud tout en répondant favorablement à la nouvelle sollicitation de son partenaire[169], le C.S.M devait choisir une aile faible au sein de la rébellion dans le but de l'utiliser contre le reste de la rébellion. Une aile représentative et capable de créer des failles dans le camp toubou. Celle qui semblait disposée à se rallier était le CCFAN de Hissein Habré. Ce dernier avait déjà acquis sa renommée en créant le CCFAN et en l'organisant en une entité qui avait tenu tête au pouvoir de Tombalbaye et au C.S.M pendant plus de six ans et qui avait géré la rébellion la plus radicale en occupant de façon permanente la zone du territoire dans laquelle étaient détenus des otages de grandes puissances telles que la France et l'Allemagne. Ennemi farouche des Libyens qui avaient annexé la localité d'Aouzou, et, introduit par les Soudanais, Hissein Habré se présentait alors comme la partie la plus indiquée pour faire une réconciliation à l'avantage du régime du C.S.M et du Sud.

---

[168] Ligne au-delà de laquelle la France ne serait pas en mesure de protéger ses pré-carrés d'Afrique Centrale.
[169] La France.

Compte tenu des forces modestes de Hissein Habré, les militaires du C.S.M avaient pensé qu'il ne pouvait que servir à la réussite de leur lutte contre la rébellion du Nord, représentée par Goukouni Weddeye.

La France, qui avait connu tous les déboires notamment la pendaison du Commandant Galopin et la prise d'otages de Madame Claustre et de Marc Combe par Hissein Habré, avait beaucoup de difficultés à le faire accepter comme allié à son opinion publique. Mais le réalisme politique avait tout de même prévalu sur les considérations antérieures. Ainsi, en septembre 1977, le C.S.M et le CCFAN avaient signé les accords de Khartoum. Ces accords étaient restés en veilleuse jusqu'en août 1978. Pendant ce temps, le CCFAN, aile de Goukouni Weddeye, fort de moyens logistiques[170] mis à sa disposition, libérait tout le Tibesti. Il entamait le rapprochement avec les combattants de la Première Armée basée à Mourdi dans le massif de l'Ennedi.

Mes amis écoliers-combattants qui avaient déjà goûté à la vie combattante et porté l'arme "magique" et l'uniforme, avaient refusé de se morfondre à nous autres, écoliers résignés. Pendant que le détachement de l'Ennedi basé à Gouro attaquait Ounianga, ils avaient trouvé l'occasion de fuir. Ils étaient partis à Koufra en Libye. Mais, le détachement avait mobilisé ses nouvelles relations avec les autorités de cette ville libyenne pour les arrêter. Ils étaient ramenés à Gouro dans un convoi de quatre gros camions[171]. Ils étaient menottés. On les avait fait descendre au poste de contrôle[172]. Deux des quatre camions

---

[170] Une dizaine de Toyota, des armes, des obus, des munissions, du carburant, des vivres, des moyens de communication…
[171] Loués par les voyageurs civils.
[172] PC.

devaient continuer sur Yarda[173] au petit matin. Les passagers étaient des femmes, des enfants et des civils qui revenaient de Libye. Les deux autres camions devaient être déchargés à Gouro. Pendant ce temps, il n'y avait pas de radio au Poste de Contrôle de Gouro : les deux postes radios du détachement étaient en mission.

Malheur ! Des hélicoptères étaient arrivés et avaient trouvé les deux camions qui étaient déjà hors de Gouro, en plein désert et les avaient brûlés. Les camions stationnés à Gouro n'avaient constitué que des dégâts matériels. Par contre, il eut un carnage sur les deux camions repérés dans le désert : des blessés, des brûlés, des morts par dizaines…Les blessés et les brûlés étaient restés au soleil, sous la canicule pendant la journée entière. Plusieurs d'entre eux étaient morts à cause des conditions climatiques difficiles.

Pendant le bombardement, le bruit avait couru que des soldats gouvernementaux arrivaient par voie terrestre à partir d'Ounianga Kébir[174]. Dans la précipitation, on avait donné des armes à mes collègues prisonniers : des kalachnikovs toutes neuves. Une fois le calme revenu, on ne les avait plus remis en prison. Ils avaient gardé leurs armes et ils étaient même intégrés au poste de contrôle : ils étaient enfin engagés et leur entêtement avait porté ses fruits. Ils avaient réalisé ainsi leur rêve d'enfance. Ils se donnaient le droit de nous narguer, nous les autres écoliers. La gêne allait être dorénavant dans notre classe d'âge.

A la même période, des maîtres d'école furent amenés de

---

[173] Une localité du Borkou-Yala.
[174] Localité située à 120 kilomètres au sud de Gouro et tenue par l'armée du C.S.M.

Bardaï. Il s'agissait des prisonniers de guerre, des lettrés. C'en était fini avec l'unique lecture ! On reprit les calculs, la grammaire, la morale, etc. On apprenait petit à petit à s'exprimer en français, langue qui s'imposa comme l'unique lien avec nos nouveaux maîtres qui ne savaient pas parler notre langue[175] alors que les élèves de Gouro ne s'exprimaient pas encore en arabe, langue de liaison entre tchadiens de différents horizons.

Nos maîtres logeaient à l'école. Le maître était respecté, obéi et craint en ces temps à Gouro. Devant nous, il n'était pas le prisonnier de guerre. Il nous faisait faire toutes les tâches et nous nous pliions avec respect. L'image du prisonnier des années quatre-vingt, contraint d'améliorer sa pitance quotidienne en s'adonnant aux tâches réservées, n'était pas encore banalisée. Pour nous[176], nos maîtres étaient des prisonniers comme certains de nos grands-frères combattants qui étaient prisonniers quand ils tiraient une balle ou agressaient quelqu'un. Ces combattants-prisonniers étaient contraints de faire le transport d'eau et astreints à faire la cuisine de la troupe. Par contre, nos maîtres étaient épargnés de ces corvées. Pour nous, leur état de prisonnier n'était qu'une appellation. Ils étaient nos maîtres.

Ma classe était tenue par Monsieur Hissein Saroual : un maître qui méritait notre respect et qui tenait valablement la place jadis tenue par nos maîtres combattants : Abdoulaye Djouho, Ahmat Abdelrassoul dit "Dongolong", Abakar Aouni dit "encore", Keleï Abdallah Lebine dit "le grand", Mahamat Yaya dit "Oki Dagache", Allabahani Guirki, Oustaz Séby Khamis, Ahmat

---

[175] Toubou : le dazaga
[176] Elèves.

Mabrouk, Adoum Togoï dit "Godio", Issa Souleyman, Souleyman dit "Amboukou", Orchei Ali, etc. Sans oublier les maîtres occasionnels qui avaient passé quelques heures, quelques jours...dont Ali Tahar, Ahmat Djemil, Mahamat Nouri, Ahmat Allatchi, Youssouf Seid, Orozi Lony, Sougui Bié, Hissein Habré, Goukouni Weddeye, Dilo Adoum, Togui Hassan, Mahamat Bolou...

Cependant, on manquait des lettrés au poste de contrôle du détachement de l'Ennedi. Or, pour faire marcher l'administration ou l'ordinaire du poste de contrôle, il fallait des écrits. Les numéros des armes des combattants devaient être enregistrés, les balles données aux combattants en mission devaient être consignées, la liste nominative des combattants pour une mission devait être établie, etc. Gouro se trouvait à un carrefour et à une frontière. Le détachement avait besoin d'une administration pour accompagner la reprise des activités à cause des récentes facilités d'entrée et de sortie de Libye. Le détachement avait aussi eu des véhicules Toyota flambant neufs, ce qui faisait que ses patrouilles et ses missions étaient nombreuses et souvent rapides. Chaque mission devait contenir un de nos collègues écoliers-combattants.

Rapidement, la multiplicité de telles missions avait créé une pénurie de secrétaires. On n'hésitait pas alors à puiser parmi nous autres écoliers, pour ce service. Les chefs de missions venaient directement à l'école. Ils demandaient au maître d'appeler tel enfant. Et, hop ! On était sur la Toyota. Où allait-t-

---

[177] C'est la période de la journée où il y avait plus de risque à cause des survols des avions de chasse et des hélicoptères de combat.

on ? Pour quelle durée ? Des questions d'adulte responsable de ses actes. On nous faisait voyager souvent sans tenir informée la famille. Généralement, nous emportions nos cartables pour réviser nos leçons pendant les arrêts obligatoires de la matinée[177]
.

Au début, grâce à mon statut de meilleur élève de l'école, statut acquis devant le public de Gouro, j'étais le premier choix des chefs de patrouille, parmi les élèves. Pourtant, mes écrits n'étaient pas fameux mais l'objectif n'était ni le style ni le bon langage en français. Il fallait prendre des noms, des numéros exacts ou des nombres précis. Il nous arrivait d'ailleurs très souvent de ne pas connaître le nom en français d'une chose. Je le transcrivais en gorane. Nos chefs illettrés appréciaient nos écrits car il leur était suffisant si nous leur restituions l'essentiel de tout ce qui nous avait été demandé de faire en gorane. Chose à laquelle j'en étais bien capable.

Au retour de mission, je restituais aux responsables du poste de contrôle le contenu du rapport de notre mission en présence de mon chef. Puis, on me déposait selon la période de la journée à la maison ou à l'école. Il n'y avait ni rémunération ni avantage pécuniaire. Considérait-on cela comme une contribution à la lutte avant l'âge ? Pour moi, c'était des expériences enrichissantes : côtoyer les hommes dans l'action, la souffrance, la peine, la peur et la soif, vivre leurs émotions et supporter les risques du voyage. L'épreuve de rédaction des idées ou des assertions pour tirer des conclusions était une formation avant l'heure, imposée à l'écolier que j'étais. Vivre en dehors du cercle familial dans le milieu des hommes et manger leur cuisine étaient des étapes de formation de l'enfant toubou.

En ces temps de voyage, je me familiarisais avec les hommes

sans gêne. Je franchissais des étapes qui, naguère, nécessitaient aux jeunes d'acquérir plus de qualité et plus de maturité.

Par mon travail de secrétaire, j'étais vite adopté au poste de contrôle central du détachement de l'Ennedi basé à Gouro. A la fin des classes, j'allais là-bas. On me faisait prendre les numéros des armes, leurs qualités et le nombre de cartouches disponibles. C'était le moment du stockage des anciennes armes détenues par les combattants avant la livraison des kalachnikovs par la Libye pour obtenir la libération des otages français.

Il y avait encore de la rigueur et une bonne gestion de rares ressources du CCFAN. Il était courant qu'un combattant qui avait perdu ou tiré par inadvertance une balle se trouvait sanctionné pendant des jours, astreint à faire la cuisine des combattants et obligé à porter l'outre remplie d'eau de la palmeraie au rocher et ceci, au vu et au su du public curieux de savoir la raison de la sanction.

L'inventaire de vieilles armes du détachement était la première étape de ma familiarisation avec le poste de contrôle et les responsables du détachement. Elle coïncidait avec un temps d'abondance : des armes, des munitions, du carburant et des vivres étaient apportés de Libye par de gros camions ; Le poste de contrôle du détachement de l'Ennedi basé à Gouro avait eu des véhicules tout terrain. C'étaient des Toyota peintes en vert, couleur du drapeau libyen et de la philosophie de Kadhafi. Ces véhicules qui avaient fini par prendre le nom de "air macaroni"[178] étaient bien adaptés au Sahara. Ils supportaient tout et étaient efficaces, rapides et légers.

---

[178] La pâte macaroni vient dans le pays toubou par la voie libyenne, souvent par Toyota.

Si par la suite, le Frolinat avait gagné des batailles décisives sur tous ses ennemis y compris les Libyens, c'était en grande partie grâce à ces Toyota. Elles finissaient par faire partie du décor du combattant du Frolinat tout autant que l'arme et les munitions. Les soldats du gouvernement, souvent vaincus grâce à la mobilité de ces véhicules, les avaient débaptisés : "Kirdi ma yarkab", autrement dit, "Un Kirdi n'y monte pas"[179]. Les Libyens comme les Français, à des degrés divers, avaient eu à éprouver l'efficacité de ces combattants devenus spécialistes en Toyota.

En novembre 1977, lors de mes premiers pas au poste de contrôle de Gouro, il y avait déjà des tentes installées, des fûts pleins d'essence, des caisses entières de munitions et des armes. Les bazookas, les 12,7mm et les mortiers de 60 et de 81 faisaient déjà partie de l'arsenal de guerre. Le détachement venait d'avoir des caisses d'obus de bazooka, les munitions qui avaient manqué à Ounianga et occasionné le repli des combattants du détachement devant les blindés de l'armée gouvernementale.

Tout ce matériel, le carburant et les vivres étaient entreposés dans des caches sur le rocher de Gouro. Les tentes restaient fixées. Seuls les véhicules étaient cachés dans la palmeraie. Les avions de chasse et les hélicoptères les prenaient pour cibles. Ils venaient à Gouro presque chaque matin et chaque rotation occasionnait des dégâts, surtout matériels. Les tirs de 12,7mm utilisé comme arme anti-aérienne, n'avaient pas d'effet sur des bombardiers[180] et des hélicoptères à hélices. Les combattants

---

[179] Le terme « Kirdi » est un nom péjoratif qui désigne au Nord du pays, le non-musulman, le Sudiste chrétien ou animiste, en opposition au terme « Doum » qui désigne le musulman au Sud pendant les moments de déchirure et des guerres au Tchad.

hâtivement formés par des Libyens qui n'avaient eu aucune expérience pratique, n'avaient pas encore la maîtrise de ces armes "lourdes".

Un jour, un officier libyen, un formateur chargé de faire faire des essais à la roquette multitube, procédait par des calculs complexes pour la formation des combattants analphabètes. Il avait constaté finalement qu'il n'était absolument pas compris par les apprenants. Outré, il avait essayé lui-même les tirs. Aucune cible n'avait pu être atteinte. L'officier était resté honteux devant des combattants qu'ils croyaient ignorants. Alors, mon cousin Abdoulaye Youssoubo Erdikoudi avait demandé l'autorisation de faire l'essai sans faire de calculs. Il localisait les cibles à travers les canons de la roquette et faisait mouche ! Les autres combattants s'y étaient mis avec le même succès ; excepté l'officier libyen, confus et indisposé devant des agents libyens de renseignement. La formation était immédiatement stoppée ; suivait aussitôt un refus de doter la rébellion[181] de ces armes.

A Gouro, nos armes anti-aériennes tiraient quotidiennement sur les avions. On voyait à l'œil nu la dispersion des cartouches incendiaires, les balles traçantes à l'approche du champ créé par l'hélice de l'avion. C'était bien plus tard que la technique de tir par derrière était maîtrisée. C'était ainsi que les jaguars français, avions de chasse pourtant plus performants, étaient abattus par les combattants avec les mêmes armes.

Gouro vivait à l'ombre de la fumée du matériel et du carburant brûlés par l'aviation du C.S.M pilotée par des Français[182]. Les

---

[180] AD4.

[181] Ces armes seront reçues beaucoup plus tard.

dégâts matériels et parfois humains n'avaient toutefois pas empêché les combattants de se préparer à l'offensive "Ibrahim Abatcha"[183]. Toutes les activités commençaient le soir pour finir avant l'aube. Mon efficacité était drastiquement amoindrie par le sommeil. Car, à quatorze ans, j'étais incapable de passer la nuit sans m'endormir.

Un matin, une Toyota bâchée, peinte en gris, couleur des rochers de Gouro, était venue se garer à côté du poste de contrôle central. Il était interdit aux combattants de s'approcher des locataires de la Toyota. Une tente aux couleurs de la bâche de leur camionnette était dressée. Un mystère entourait la venue des visiteurs, rien ou presque ne filtrait de leur entretien. La rumeur parlait d'une arme pouvant abattre tout avion, et suffisamment grand pour occuper tout le chargement d'une Toyota. Pendant plus d'un mois, leur présence à Gouro était le sujet de toutes les conversations.

Depuis l'arrivée de cette mystérieuse équipe, l'aviation gouvernementale avait cessé ses raids sur Gouro. Mais, ni la population ni d'ailleurs les combattants n'étaient assurés de l'efficacité des armes libyennes ou de la théorie des entraîneurs libyens. Car, les combattants envoyés en Libye pour bénéficier d'une formation revenaient sans grande assurance : leurs entraînements avaient été théoriques. Leurs entraineurs avaient eu tendance à mettre en exergue la capacité d'un obus à tuer un nombre précis de personnes ou à détruire une quantité définie de matériel. Ainsi, ces théoriciens avaient fait sourire les

---

[182] Jusqu'à l'arrivée des combattants du Frolinat à N'Djamena en 1979, les avions de chasse et les hélicoptères de combats qui ont fait tant de crimes au nord tchadien étaient pilotés par des Français.
[183] Nom de code de l'opération lancée simultanément sur Faya et Fada en fin janvier 1978 et qui fut couronnée de succès.

combattants qui étaient illettrés mais incrédules. Car, ils savaient mieux que leurs entraineurs ce qu'il fallait faire pendant les explosions de tels obus pour avoir été très souvent objets de bombardements.

Un aspect inquiétait les combattants : les mystérieux amis n'avaient qu'un seul obus anti-aérien. Or, les avions de l'Armée tchadienne venaient généralement nombreux. Selon les combattants, Gouro n'était donc pas encore à l'abri des bombardements. Et pourtant, comme par enchantement, pendant des jours, aucun survol ! Auraient-ils été informés de la présence de la défense anti-aérienne à Gouro ? Tant mieux ! On pouvait enfin sortir dans la matinée, faire quelques attroupements près des abris…

J'étais l'unique enfant qui venait au poste de contrôle central. J'avais encore l'apparence d'un petit de moins de douze ans : je n'avais ni la taille ni la corpulence d'un homme, peut-être à cause des conditions de vie difficiles qui avaient émaillé mon enfance à Gouro. Non. En fait, c'était général, pendant cette période de rébellion : les enfants de quatorze ans n'avaient pas la taille de leur âge ! Je paraissais plus enfant qu'homme.

Le séjour de nos mystérieux amis ne leur était pas du tout gai : il leur était interdit de sortir de leur isolement ; ils ne pouvaient pas aller en ville et n'avaient qu'un seul interlocuteur au poste de contrôle. Pourtant, ils avaient autant besoin de s'ouvrir aux autres que nous de découvrir leur cachette !

Un jour, l'intermédiaire occupé, voulant ravitailler nos amis, m'avait demandé ce service. J'acceptais volontiers et depuis lors, il me faisait faire des commissions. Une complicité se nouait très vite entre les deux libyens et moi. Me retenir ne leur était pas difficile : il leur suffisait de me montrer leur Sam-7[184], sa jumelle rotative… C'était une sorte de bazooka muni d'une ampoule ! C'était tout le mystère. Mais, je ne pouvais pas démystifier l'opinion déjà faite sans me faire traiter de menteur. Je décidai de taire ma découverte car la culture touboue nous avait appris dès notre bas âge à retenir notre langue pour éviter d'être source de fausses informations ou des informations contestables exigeant des vérifications mal venues.

Mes deux amis étaient des jeunes hommes noirs. En fait, pas tout à fait. Le premier était un Touareg originaire de la région de Ghadamès[185]. Il avait le teint et la stature d'un jeune Toubou. Si on faisait abstraction de la couleur des cheveux, il aurait passé inaperçu dans nos sections de combattants toubous. Il était un enfant de Sébah où il avait grandi. C'était un citadin enlevé de son école pour subir l'entraînement militaire et la formation obligatoire appelée sous d'autres cieux, le passage sous le drapeau. Il s'appelait Radwane. Bien que Touareg, il ne portait pas un nom de chez lui. Son père, militaire de son état dans l'Armée libyenne, avait préféré lui donner le nom de son meilleur ami pour laisser grandir son fils dans l'anonymat. Un nom targui aurait rappelé à tout instant qu'il n'était pas un Arabe et c'était difficile à le porter dans cette Libye de Kadhafi !

Son compagnon était un noir lui aussi. Il avait un teint plus foncé. Il était issu d'une famille dont l'aïeul était venu d'Afrique au sud du Sahara. Son grand-père aurait été un esclave vendu aux Libyens par des Toubous. Par adoption culturelle, c'était un Arabe noir. Il était plus libyen[186] que son ami touareg. Il

---

[184] Missile anti-aérien de fabrication URSS.
[185] Ville libyenne à la frontière algérienne où habitent les touaregs.
[186] Selon la politique de Kadhafi.

s'appelait Tofik. Il vivait très mal l'isolement. Son compagnon Radwane le consolait en lui promettant un radieux retour dans son Fezzan natal.

Pour armer le grand poste de contrôle de la Première Armée basée à Mourdi, une armée qui avait déjà fait la fusion aux environs de Fada avec les éléments du détachement du CCFAN de l'Ennedi basé à Gouro, il manquait des armes et des uniformes. Les responsables du détachement avaient décidé de les chercher à Zouar[187] où il y avait un surplus.

Le 10 janvier 1978, une mission composée de Djimi Orozé et de Barkaï Abdraman était désignée. Ils m'avaient choisi comme secrétaire. Nous avions quitté Gouro vers 16 heures et roulé toute la nuit. Le lendemain matin, nous étions à Horom[188]. Le réflexe de sécurité et la peur de l'avion faisaient encore partie des contraintes de tout voyage bien que les avions eussent cessé de faire des patrouilles depuis plus d'un mois.

Nous avions passé la journée cachés dans la palmeraie pour ne la quitter que le soir. Nous étions arrivés à Kirdimi la nuit tombée. La force du vent réduisait la visibilité. On nous avait conseillé de passer la nuit dans cette localité nouvellement abandonnée par le C.S.M. Le brouillard et le vent nous avaient donné plus d'assurance à la sécurité et nous avaient permis de quitter Kirdimi dans la matinée pour rouler toute la journée. Nous étions arrivés à Zouar à la nuit tombée. Nos deux Toyota étaient rapidement chargées des kalachnikovs toutes neuves et des tenues militaires. Le retour à Gouro était rapide.

Surprise ! Surprise ! À Gouro, la tente de mes amis était

---

[187] Ville située à l'Ouest du Tibesti.
[188] Oasis du Borkou-Yala.

démontée et leur camionnette chargée. Je me hâtais aux nouvelles : ils étaient sur le point de quitter Gouro, pour aller à Fada ; une imminente attaque se préparait : « Les villes ciblées sont Faya et Fada. Nous venons de l'apprendre des responsables du poste de contrôle. » Me disaient-ils. C'était l'attaque "Ibrahim Abatcha". Je savais que je ne devais pas être autorisé à accompagner la mission qui allait en guerre. Même mes amis qui avaient eu les armes avant moi, n'en pouvaient pas faire partie.

La guerre était une affaire sérieuse faite par des combattants piétons capables de porter leurs armes et leurs provisions et de supporter le froid matinal, la chaleur de midi, la soif, la faim et le manque de sommeil : des situations insupportables aux enfants et aux jeunes écoliers "citadins"[189]. Ce n'était pas la même chose avec ce qui se fait aujourd'hui. Le jeune homme sur son véhicule, peut participer à des guerres éclair ! Des guerres qui n'exigent pas des capacités physiques particulières. En ces temps-là, les patrouilles, les attaques, les offensives et les replis étaient encore faits par des combattants à pied et les quelques Toyota étaient encore insuffisantes au transport des troupes[190].

Je proposais à mes amis de les accompagner s'ils acceptaient de me cacher dans leur véhicule. Cela ne leur avait pas été bien difficile. J'avais mon couchage et mon cartable d'écolier déchargés pendant que je me renseignais sur la situation auprès de mes amis libyens. Mon couchage se composait de deux

---

[189] Gouro, localité des éleveurs, habitée pendant les trois mois, période de la récolte des dattes, devint une ville depuis le déclenchement de la rébellion dans les années soixante. Car, les animaux étaient décimés par les armées, les hommes, contraints à la rébellion et les femmes et les enfants s'étaient retrouvés dans les oasis. Ainsi, nous, les éleveurs, étions devenus des sédentaires, des citadins par la force des choses.

[190] Elles servaient seulement au ravitaillement et aux autres liaisons.

couvertures appelées Ziguirmi[191], couvertures qui faisaient partie de la dotation fournie par Monsieur Claustre pour la libération de son épouse. J'avais aussi un drap et un petit coussin amenés de la maison. Mon couchage n'était pas lourd et j'avais pu le transporter chez mes amis sans me faire remarquer.

Ils m'avaient mis en cabine, au milieu d'eux. Radwane était le chauffeur et Tofik le tireur de Sam-7. Nous avions quitté Gouro deux heures seulement après mon retour de Zouar. Mes sœurs allaient apprendre mon départ sur Fada beaucoup plus tard après des recherches. Elles avaient appris de mes compagnons que j'étais revenu de Zouar, mais personne à Gouro n'avait pensé à mon départ sur Fada. Je n'avais averti personne de peur de rater mon pèlerinage. C'était extraordinaire ce qui m'arrivait : le rêve fou qui animait tous les jeunes de Gouro, c'était d'aller en guerre et partager la souffrance des combattants, souffrance dont nous étions témoins depuis notre tendre enfance. A ma demande, mes amis ne se s'approchaient pas des véhicules de leurs compagnons de route. Ils étaient autorisés à camoufler leur identité et à garder le secret intact.

Le convoi, parti de Gouro la veille du déclenchement de l'attaque "Ibrahim Abatcha", devait arriver à Fada le lendemain matin, le jour J. Mais, lorsqu'il était arrivé à Touwo, la nuit tombait déjà et un vent violent soufflait. Il était impossible de trouver le chemin. Ce qui nous avait obligés de faire un arrêt. C'était là que j'avais fait ma première apparition devant le chef de convoi, le combattant Ousmane Allabodou. C'était un cousin. Il avait fait des reproches à mes "amis" et à moi mais l'évidence était là : nous étions à 175 kilomètres de Gouro. Il ne pouvait rien faire. Il devait continuer la mission pour sauver la

---

[191] Fils de l'hyène : à cause de la couleur grise semblable à celle de cet animal.

vie de tous les combattants en guerre. Il n'avait pas de temps à perdre. Son arrivée à temps était une condition nécessaire : le Sam-7, l'unique arme de défense antiaérienne était dans ce convoi ; La Première Armée de Mourdi qui avait mobilisé un effectif important de combattants attendait les armes de ce convoi. Pendant le reste du parcours, notre chef paraissait franchement amer vis-à-vis des Libyens. Après tout, ce n'étaient que des mercenaires. Par contre, moi, j'étais aux anges. Car, j'étais sur le point de réaliser un objectif, le but et le rêve de toute une jeunesse : être un vrai combattant, participer à la guerre et vivre avec les combattants.

Au crépuscule, nous arrivions à Bètèrè, la base arrière du contingent qui avait attaqué Fada le matin. Nous devions y être là dès le matin au tout début de l'attaque mais les combattants ne maîtrisaient pas encore les itinéraires et les pistes ; les chauffeurs étaient encore moyens et puis, il y avait eu le vent terrible au niveau de Touwo[192]. Tout ceci avait fait perdre beaucoup de temps au convoi. Ce qui était le plus craint et rendait urgente et impérative l'arrivée du convoi était l'aviation : les bombardiers et surtout les hélicoptères de combat.

Le premier jour, ces engins de mort n'avaient pas fait leur apparition à Fada. La dissuasion avait marché ! La peur était dans l'autre camp.

L'assaut lancé très tôt sur le camp des gardes de Fada avait été repoussé. Mais, les combattants maintenaient des positions stratégiques car ils assiégeaient la ville : le 12,7 mm de mon cousin Togui Moussa et un mortier de 81 mm avaient été installés sur le rocher Ing-tolounga d'où ils pilonnaient le camp.

---

[192] Touwo est célèbre par son vent saisonnier.

Pendant l'attaque du matin, Koligué Chidé, le chef d'Etat-major de guerre et responsable de l'attaque de Fada, Abakar Aouni[193], le chef du détachement du CCFAN de l'Ennedi basé à Gouro et tireur du seul canon de 106 mm monté sur la jeep, et Orozi Lony, membre du CCFAN aile Goukouni Weddeye, chauffeur de la jeep et opérateur-radio du contingent, étaient tous sur la même jeep. Tous les responsables de l'attaque de Fada ainsi que leur unique liaison avec Faya où se trouvaient les responsables du Mouvement, étaient sur ce même véhicule. Ah ! Quel drôle de stratégie militaire ! En plus, la jeep des responsables[194], tel un blindé devant une troupe sans défense antichar, était en première ligne. Elle venait s'arrêter à découvert devant le camp des gardes. Abakar avait pu tirer un premier obus qui s'était échappé dans le décor avant d'exploser au-delà de la ville. Les trois occupants de la jeep n'avaient pas eu le temps de faire autre chose. Car, pendant la première minute, ils étaient tous atteints : les gardes nomades positionnés sur les toits du camp visaient avec leurs armes semi-automatiques. Les trois responsables tombèrent tous blessés. Chacun d'eux eut plus de deux balles dans le corps. Les combattants qui suivaient la jeep avaient visé les gardes repérés et avaient tiré. Les plus chanceux d'entre eux avaient eu le temps d'évacuer les toits. Mais, la spectaculaire percée de la jeep avait permis aux combattants de découvrir le positionnement des éléments de la garde qui avaient préparé un guet-apens. Fallait-il pour cela perdre tous ses chefs au tout début d'une attaque pour le déjouer ? Parfois, le désordre, la témérité et l'action suicidaire pouvaient être à l'origine de certains exploits inattendus.

Les combattants récupéraient leurs blessés et leur jeep. Il n'y

---

[193] Il fut notre maître à l'école de Gouro. Il est un instituteur de formation.
[194] Les combattants l'appelaient ainsi.

avait pas eu de dégâts majeurs. Ils restaient autour du camp pendant la journée sans oser y pénétrer.

A mon arrivée à Bétéré, j'avais trouvé mon maître, le chef du détachement de l'Ennedi. Il avait le bras droit fracturé et une très vilaine blessure à la main gauche. Son collègue lettré Orozi Lony avait des blessures assez graves. Il était couché et très agité. Il n'y avait pas de soignant. Il n'y avait pas de médicament. Mon arrivée était accueillie comme un cadeau du ciel. Mon maître était content de me voir là. Son problème majeur était la communication avec Faya. Il devait donner les informations de Fada et s'enquérir de la situation de là-bas mais il ne pouvait pas prendre de notes à cause de ses blessures. Or, il n'y avait pas de lettré au poste de contrôle pour l'aider. Alors, il m'avait réquisitionné sur le champ pour écrire des nombres, toujours des nombres à deux chiffres séparés par des virgules et des stops. Après avoir relevé des pages entières de nombres, il m'avait fait faire la transcription des correspondants avec des lettres de l'alphabet. Il avait obtenu sous l'éclairage d'une torche, un texte. Ah ! Il fallait voir sa joie. Lui qui se tordait de douleur, était tellement satisfait qu'il avait trouvé la prodigieuse force de s'asseoir. Il m'avait fait faire son message chiffré qu'il avait envoyé immédiatement.

J'avais compris plus tard que l'usage excessif des nombres est un système de codage servant à camoufler le message.

Avant mon arrivée, mon maître blessé, n'était pas en mesure de communiquer avec Faya où se trouvait la Direction[195]. J'étais

---

[195] Du CCFAN aile Goukouni Weddeye.

donc bloqué à côté de lui, à la base arrière. Je faisais le robot de l'opérateur-radio, un robot transcripteur de chiffres et compositeur de nombres. J'étais à côté du malade qui gisait dans son sang sans remède ni pansement. Il avait refusé de se faire évacuer vers Gouro avec les autres blessés. Car, son départ était synonyme d'une rupture de contact radio avec Faya. Conscient, il devait attendre la venue d'un autre intellectuel mais son état empirait. D'un physique frêle, il ne récupérait pas le sang perdu. Il me laissait me débrouiller seul, intervenant de temps en temps pour corriger mes multiples erreurs. Au bout du fil, il y avait Abdelaziz Izzo Miskine, l'homme qui organisait les moyens de communications du Frolinat, le contrôleur grâce à qui le CCFAN aile Goukouni était dans les secrets du mouvement aérien du C.S.M.

Mon maître me confiait à ce connaisseur et spécialiste des communications. Je tenais la liaison radio : je n'y comprenais pas grand-chose et c'était stressant de travailler dans un domaine ultra-sensible sans rien y comprendre.

Des intellectuels n'avaient pas tardé à venir. Ils étaient attendus avec autant d'impatience que les obus de notre canon de 106 mm. Il faut rappeler que notre arme lourde n'avait eu que trois obus pour attaquer Fada. Un obus fut tiré le matin de l'attaque. Un autre fut troué par les balles des gardes nomades. Il ne nous en restait qu'un seul. Le radiateur de la jeep fut également troué mais les combattants avaient colmaté les trous avec de la gomme arabique et cela pouvait encore tenir pour des mouvements à Fada. Il n'y avait pas de risque de surchauffe.

La Direction du CCFAN aile Goukouni Weddeye avait fait confiance aux instructeurs libyens. Ces derniers avaient dit qu'un seul obus de 106 mm pouvait détruire un camp entier de

Fada, camp dont les maisons étaient construites en terre battue. A ce propos, les libyens avaient dit : « Un obus sert à mettre à terre le camp des gardes, un autre obus devait détruire le camp militaire et il en resterait un autre pour toute éventualité. »

Le comble de l'ironie, c'était la bonne foi de nos instructeurs qui croyaient à ce qu'ils disaient. Avaient-ils été formés ainsi ? Lisaient-ils dans les prospectus des producteurs ou des marchands d'armes ?

C'est une des raisons qui expliquent l'inefficacité de l'armée libyenne quand elle avait eu à faire à des combattants toubous : nos combattants, bien qu'illettrés, avaient une expérience forgée par une longue période de guerre avec une armée moderne : l'Armée française ou l'Armée tchadienne dont les officiers et les soldats avaient été utilisés dans leur majorité, comme chair à canon pour le massacre des Algériens, des Cambodgiens... Plus tard, quand la presse s'était mise à titrer que « l'armée de Kadhafi est un tigre en carton », j'ai pensé automatiquement à ces instructeurs de 1977.

Avec le recul, on voit que la Libye se préparait déjà à affronter dans un futur proche les combattants toubous. C'est pourquoi, il y avait eu la rupture d'obus de bazooka à Ounianga en juin 1977, de canon de 106mm à Fada en janvier 1978. Pourtant, lors de la préparation de l'offensive "Ibrahim Abatcha", la Libye de Kadhafi s'était montrée généreuse : elle aidait toutes les forces combattantes à se coaliser autour de Goukouni. Leur victoire était capitale pour la politique verte de Kadhafi qui voulait devenir incontournable. C'était ainsi que les forces de Baghalani, l'Armée "Volcan" étaient venues avec les armes et la logistique par l'ouest du Tibesti, sous la direction d'Açyl Ahmat Akhbach, un des cadres qui avaient fui le régime du C.S.M après le coup manqué d'avril 1977. C'étaient des forces d'origines diverses regroupées à partir de la Libye. Parmi elles, il y avait des éléments de la Première Armée de Mahamat Abba Seid. La Libye avait également amené quelques éléments dotés de SAM-7.

Cette coalition des forces autour du CCFAN aile Goukouni Weddeye avais permis la préparation minutieuse de l'opération. Les détachements du Borkou et du Tibesti du CCFAN aile Goukouni Weddeye, s'étaient proposés pour attaquer Faya. Ils étaient appuyés par les forces Volcan et les éléments sans appartenance à une tendance précise, regroupés et formés par les Libyens. Le détachement de l'Ennedi du CCFAN basé à Gouro et les éléments de la Première Armée aile Mourdi étaient mobilisés pour attaquer Fada dans l'Ennedi.

Pour l'attaque de Fada, la force rebelle avait réussi à maintenir un siège contraignant. Elle avait essayé les nouvelles armes fournies par la Libye et expérimenté aussi leurs failles et carences. Elle avait attendu des renforts et des obus.

Ces renforts étaient apportés par Allafoza Kébir. Il avait emmené les obus de 106 mm et des combattants intellectuels dont Allabahani Guirki à qui je cédai immédiatement la radio. Du poste de contrôle de Mourdi étaient venus aussi des combattants lettrés, des cadres tels que Mahamat Ali Younous et bien d'autres.

Notre chef de détachement, Abakar Aouni gravement malade et souffrant de blessures qui s'infectaient, avait finalement accepté l'évacuation.

Pour moi, l'arrivée d'Allafoza Kébir avait fait échouer mes

ambitions : mon objectif était de joindre une section et de participer à la guerre. Mais, lui, qui s'imposait en chef de tous les préparatifs, m'avait maintenu au poste de contrôle à la base arrière. Allafoza étant un cousin, un fils de mon oncle paternel, agissait en chef mais aussi en tuteur et je ne pouvais pas transgresser ses décisions. J'étais contraint d'accepter non sans amertume bien sûr !

Toutes les forces étaient réunies pour une nouvelle offensive visant cette fois-ci le camp militaire.

Depuis le premier jour, les combattants n'avaient pas cessé de harceler les camps pendant la nuit. Ils s'en approchaient, y jetaient des grenades, tiraient au bazooka ou mitraillaient l'intérieur. Pendant la journée, c'était le 12,7 mm qui empêchait les mouvements dans la ville. Les combattants tireurs étaient sur la hauteur et regardaient dans la ville de Fada comme sur un plateau. La ville était à la portée de leur unique arme lourde. Pendant tous ces jours de siège, l'armée du C.S.M vivait un calvaire mais elle ne se rendait pas. Elle avait tenu jusque-là parce qu'elle attendait un renfort.

Le premier jour de l'attaque, seule la garde nomade avait énergiquement riposté. Ses pertes étaient lourdes : le commandant en charge, un sous-lieutenant teda sorti de l'Ecole des Officiers Interarmes, un jeune bachelier qui venait d'obtenir son baccalauréat en tant que candidat libre, était l'un des victimes.

En fait, les combattants avaient plus peur de la garde que de l'armée car, ici, à Fada, se trouvaient presque tous les gardes originaires du BET relevés du Tibesti et du Borkou suite à la politique du C.S.M qui consistait à exterminer la population civile. Les soldats et les gardes natifs du B.E.T avaient été envoyés à Fada pour les éloigner du champ du massacre programmé et prémédité des civils.

L'échec de leur première attaque sur la Garde avait confirmé les combattants dans leur crainte vis-à-vis de sa capacité à riposter.

Depuis lors, les combattants suivaient ce qui se passait à Fada, dans les deux camps : leurs points forts et leurs faiblesses.

L'attaque qui se préparait était déterminante à plus d'un titre. Le renfort du C.S.M annoncé était une nouvelle donne qu'il fallait en tenir compte. Car, c'était un facteur qui mettait du bémol à l'élan guerrier des combattants. La direction de la guerre était en effet, informée d'une colonne qui avait quitté N'Djamena pour venir à Fada. Une vive discussion s'était engagée entre les partisans d'un assaut rapide au camp pour libérer Fada avant l'arrivée du renfort de l'ennemi et, ceux d'une projection de conserver les forces en l'état dans le but d'intercepter les renforts dans une embuscade en terrain choisi. Pour ces derniers, il fallait affaiblir l'ennemi et pour cela, il fallait s'attaquer aux soldats fougueux et déterminés comme la colonne du renfort.

A Bétéré, la direction de guerre du Frolinat décidait en dernier ressort d'attendre l'arrivée du renfort de N'Djamena avant de lancer l'assaut sur le camp. Les entrées de Fada avaient été rapidement barricadées. On avait attendu un jour, deux jours, trois jours ! Tout ouïe, scrutant à l'horizon, des patrouilles avaient été envoyées partout pour savoir à temps par où l'entrée à Fada allait être forcée.

Pour les combattants, il était plus facile d'attaquer que

d'attendre : d'une part, ils étaient indisciplinés et d'autre part, aucun d'eux n'avait l'autorité d'un décideur unique qui aurait imposé une ligne de conduite à ne point violer.

De N'Djamena à Fada, le contingent de l'Armée tchadienne qui approchait, avait gardé, comme on dit dans le jargon militaire, "silence radio". Leur chef était un brave commandant de l'Armée tchadienne. Il s'appelait Mayoumbila. Il avait choisi lui-même sa troupe d'élite. Il voulait en découdre avec cette rébellion qui triomphait. Il avait juste pris une ration suffisante pour venir à Fada. Ses véhicules n'avaient pas de carburant pour le retour. Il venait pour gagner. L'avait-on poussé dans la gueule des rebelles pour le perdre ?

Pour son entrée à Fada, il s'était fait annoncer là où on l'attendait le moins : le nord, à travers les chaînes de grottes, sur les traces des combattants. C'était de ce côté que les combattants avaient leur base arrière : la zone la plus accidentée et la moins gardée.

Ce brave soldat pouvait secourir ses compagnons d'arme s'il avait mieux choisi le moment d'accès à la zone montagneuse ! Il avait abordé en effet la zone de Bodini[196] dans la soirée. Il lui était impossible de traverser cette zone avant la tombée de la nuit. Ses chauffeurs ne pouvaient pas conduire phares éteints, dans ces terrains qui leur étaient totalement étrangers.

Devant cette impasse, il avait décidé de camper pour passer la nuit. C'était une erreur fatale. Pourtant, pour ne pas se faire repérer, il avait mis aux arrêts les habitants d'un campement qu'il avait trouvés à l'entrée des montagnes : les hommes, les

---

[196] Une des premières difficultés routières quand on accède Fada par le nord.

femmes et les enfants étaient gardés à vue. Mais, l'intrusion était observée par un voyageur piéton qui venait pour passer la nuit chez ces éleveurs. Surpris par la présence de véhicules et d'hommes en arme, le voyageur prudent avait préféré rester dans sa montagne en attendant le départ de la troupe.

A l'époque, les civils de cette zone avaient tout autant peur des militaires de l'Armée tchadienne que des combattants du Frolinat : tous risquaient de les traiter d'espions et de les soumettre à la torture. Alors, les civils évitaient le contact avec tout homme en arme.

Un moment après, le guetteur avait entendu des cris de détresse des femmes. Il avait compris alors le danger qui planait et avait décampé sans chercher d'autres détails. Il avait continué son chemin dans la pénombre d'une nuit qui tombait. Il arrivait à un deuxième campement distant d'une quinzaine kilomètres dans la direction de Fada. Là, pendant quelques minutes, il restait avec ses hôtes sans rien leur annoncer. C'était le temps nécessaire d'hésitation avant de lâcher l'information incomplète qu'il détenait : « Il y a des hommes en arme et des véhicules dans le campement de Boloki. J'avais entendu des cris de femmes. Il y a, peut-être eu un malheur. »

Il hésitait à donner cette information parce qu'en temps normal, ce "peut-être" n'était pas toléré. Il était indigne d'un homme mûr de donner une information incomplète. Mais, la guerre, c'est aussi la dépravation des mœurs, la perte des valeurs, la peur...

Le campement ne pouvait pas dormir avec une telle information. Des hommes s'étaient proposé de se rapprocher du campement assiégé pour vérifier l'information. Par mesure de sécurité, il fallait informer Bétéré, la base des combattants. Mais, qui allait accepter d'amener à ce poste de contrôle une information incomplète ? Ils craignaient tous d'être déshonorés. Ils avaient décliné sciemment la mission de peur du "qu'en-dira-t-on". Ils avaient envoyé un jeune immature pour y souffler la situation de détresse vécue par leurs voisins. Ils avaient conseillé au jeune désigné d'ignorer le nom de celui qui avait regardé les scènes vécues par les voisins. L'intention était de couvrir leur parent qui avait porté l'information.

Bétéré était à 25 kilomètres ; le jeune éleveur y était arrivé au milieu de la nuit. Il pouvait amener l'information une heure plus tôt s'il n'avait pas eu une peur bleue des combattants et des hommes en arme. Pourtant, c'était une information capitale. Elle était largement suffisante. La présence des véhicules et des hommes en arme à Bodini, c'était le renfort venu de N'Djamena. Le "qu'en-dira-t-on" des Toubous avait failli faire rater cette unique occasion de tendre une embuscade  et de défaire la fière et brave troupe d'élite du C.S.M.

Les Toyota et l'Unimoc amenées par Allafoza Kébir étaient mises en route. Phares éteints, elles avaient circulé toute la nuit et regroupé la troupe nécessaire pour tenir l'embuscade.

Le choix du terrain était déterminant. C'était un terrain plat sur une descente. L'ennemi y était à découvert et les voitures s'exposaient dans un "Eneri", une sorte d'oued sablonneux. Elles n'étaient pas capables de reculer sous les tirs croisés de combattants à l'abri de buttes naturelles en pierre. Ah ! La maîtrise du terrain pour les enfants du terroir était un atout de grande valeur. L'embuscade était tendue sur le passage obligé vers Fada à partir de Bodini.

Touka Djamaimi et Diguim Gouni, deux des meilleurs chefs des combattants étaient retenus pour diriger les combats. Dès la levée du jour, tous les combattants étaient en position de tir. Aucun mouvement n'était admis. Tout geste ou toute action qui auraient trahi la présence humaine dans ces pierrailles isolées, étaient à éviter : la cigarette, ingrédient fort tentant pour des combattants excités, était retirée de toutes les poches par une fouille minutieuse et systématique. Car, dans ce milieu vide, l'odeur ou le feu pouvaient laisser suspecter la présence humaine à des kilomètres à la ronde.

Le froid matinal de ce mois de février rendait l'attente difficile. Mais, pour vaincre l'ennemi, il fallait tout supporter et dompter la peur en pensant toujours que nos difficultés étaient aussi celles de l'ennemi.

L'attente durait. Tout le monde en parlait désormais, mieux connaissant l'identité de l'informateur : une information en pays toubou est toujours suivie par le nom de la personne qui l'a faite venir.

Plus ça durait, plus le doute prenait de l'ampleur : « C'est un enfant immature ! » Murmurait-on. Du poste de contrôle de la base arrière, des sièges autour de Fada ou chez les combattants positionnés en embuscade, tout le monde était impatient, incrédule, douteux de la véracité de l'information et de la qualité de l'informateur.

Neuf-heures ! Dix-heures ! Toujours rien. Les combattants immobilisés depuis quatre heures du matin, s'impatientaient. Mais, les chefs préféraient faire supporter aux combattants les difficultés physiques d'une journée de jeûne plutôt que de rater l'embuscade.

Tout d'un coup, des reflets des miroirs ; il était dix heures trente minutes. Les Land-Rover du convoi étaient apparus. Les combattants naguère bavards, lancés dans la conjecture d'une incertitude, s'étaient tus. Le convoi était sur l'axe prévu. C'était une procession de vingt Land-Rover Pick-up, couleur gris âne. Elles étaient en partie équipées d'une antenne effilée. C'était impressionnant de voir arriver autant de véhicules pour des combattants qui n'avaient que six Toyota et une UNIMOC de fabrication allemande !

Les Land-Rover ennemies avaient mis une demi-heure pour parvenir jusqu'au lieu indiqué pour l'embuscade. Elles roulaient doucement car elles étaient bien organisées. Les soldats n'avaient pas soupçonné la présence de combattants. Le schéma de l'embuscade fonctionnait. On les avait laissées venir comme prévu dans le guet-apens.

Au premier tir, neuf des Land-Rover de tête étaient pratiquement brûlées par les tireurs de bazookas de première ligne. Les autres étaient embourbées dans le sable de l'Eneri. Les mitraillettes des sections de flanc obligeaient les militaires à mettre pied à terre. Les plus audacieux s'étaient repliés, sous les tirs croisés des combattants, sur les grottes qui se trouvaient à une centaine de mètres. Aucune Land-Rover n'avait pu reculer. Les piétons étaient poursuivis par les combattants postés de tous les côtés. Il y avait eu des morts, des blessés et beaucoup de prisonniers.

Dans la course-poursuite, Djamaimi s'était trouvé face à face avec chef Madi, un des militaires du contingent de Mayoumbila. Celui-ci avait refusé de se rendre et, tirait sur Djamaimi qui répliquait. Les deux étaient blessés et ramassés ensemble.

Chef Madi, une fois guéri et envoyé à Gouro, était devenu le responsable des prisonniers de guerre. Les combattants appréciaient les hommes braves. Ils parlaient toujours de ces soldats pour leur bravoure. Ils disaient que dans les mêmes conditions, aucun combattant n'aurait réagi de la sorte. Il fallait être des chefs comme Allafoza Kébir, Touka Ambi Djamaimi, Ousmane Kogri, Ousmane Allabodou, Djosbou Allabahani, Diguim Goni… pour défaire une troupe aussi brave que celle de Mayoumbila.

La défaite du renfort de Mayoumbila était complète et le lieu où elle s'était réalisée porte depuis lors, le nom de "Sara-Tchatou"[197] . C'était un lieu perdu et désolé, situé à quelques dizaines de kilomètres à l'ouest de Fada.

Le camp de Fada, assiégé, avait suivi les tirs nourris. Il était témoin de la défaite. Une défaite consommée. Le moral tombait au camp alors que les combattants ragaillardis et le moral haut, ayant récupéré des véhicules Land-Rover tout neufs, revenaient reprendre le siège de Fada.

Les prisonniers étaient amenés à Bétéré. Beaucoup d'entre eux étaient des blessés. L'essentiel du combat était fini vers 14 heures. Mais, certains militaires gardaient les grottes et y maintenaient des positions infranchissables pendant la journée entière. A la tombée de la nuit, ces militaires avaient pris le chemin du retour à pied.

La première ville où il y avait une présence de l'armée gouvernementale était Kalaït, à 220 km de là, en ligne directe. On ne pouvait pas s'y rendre à pied, surtout après avoir

---

[197] Les Saras sont morts en langue toubou.

participé à une bataille d'une journée entière sans boire ni manger. De plus, pour tenter l'exploit, il fallait connaître l'itinéraire et les zones habitées pour pouvoir se désaltérer. Téméraires, sans faire de calculs ni imaginer les risques, certains militaires avaient tenté ce retour périlleux. Pourquoi n'avaient-ils pas cherché à entrer dans le camp de Fada ? Ne connaissaient-ils pas la position de cette ville? Pourtant, c'était un risque à prendre, un risque humainement possible.

Les militaires du camp de Fada s'étaient tus pendant tout le temps qu'a nécessité la mise en déroute des renforts à la porte de la ville. Ils auraient dû réagir à partir du camp d'une façon ou d'une autre pour permettre ne serait-ce qu'une simple orientation au contingent qui était venu à leur secours et qui était tombé dans une embuscade. Mais, rien. C'était pourtant une des craintes des stratèges combattants qui avaient réservé un effectif important pour cette éventualité.

Parmi les braves rescapés, personne n'avait tenté de rentrer à Fada. Ils s'étaient tous dispersés par petit groupe de deux ou trois individus vers l'espace vide du Sahara. Les combattants étaient sûrs que ces soldats n'allaient aboutir à nulle part. Ils allaient finir par mourir dans l'errance totale. Car, à partir de février, la zone n'était pas habitée par les éleveurs et il n'y avait donc pas d'espoir que ces militaires rencontrent des personnes susceptibles de les aider à aboutir leur base.

Pour l'état-major de guerre, il fallait vite composer des patrouilles pour poursuivre les fuyards : « Il faut sauver la vie des braves soldats. Ils seront plus utiles vivants que morts ! Mais, évitez de prendre des risques inutiles ! Ne les attaquez jamais dans leur cavale. Laissez-les s'épuiser. Vous les aurez à l'usure. » C'étaient les consignes données aux chefs de missions.

Mais, il y avait eu des ratés. Certains combattants étaient morts et d'autres blessés par des soldats qui refusaient toute reddition. Beaucoup de fuyards étaient capturés. Mais le commandant Mayoumbila n'avait pas été retrouvé. Un bâton de commandement cassé en deux morceaux et un sac rouge en cuir très dur contenant un Béli 3 Watts, choses qui étaient identifiées comme des objets personnels du commandant, étaient retrouvées. Ses compagnons disaient qu'il était un homme surnaturel, capable de disparaître !

Sa capture était devenue très importante pour la Direction de la guerre car elle servait à saper le moral des troupes du C.S.M. C'était un élément de propagande de premier ordre pour la rébellion qui avait une radiodiffusion[198]. Enfin, sa capture allait être un démenti à la croyance presque superstitieuse de ses soldats sur les pouvoirs surnaturels de leur chef.

J'étais encore à la base arrière. Je recevais les prisonniers et les blessés combattants ou soldats prisonniers. Au début, on envoyait les combattants blessés vers Gouro. Il n'y avait pas d'hôpital là-bas mais c'était plus pour leur sécurité au cas où la guerre allait tourner vers une issue incertaine. Mais, cela ne continuait pas. Car, on manquait de moyens de transport. Il y avait pourtant des véhicules, même trop. Les Land-Rover étaient là mais il n'y avait pas assez de chauffeurs pour répondre aux exigences de la guerre.

Beaucoup de combattants prenaient le volant et arrivaient à démarrer le moteur. Ainsi, mon collègue du camp, un jeune homme fraîchement arrivé de Libye avec le contingent d'Allatoza Kébir, nommé Chidi Marda avait démarré une Land-

---

[198] Radio-Bardaï bien écoutée et installée à Sebha en Libye.

Rover toute neuve lorsque j'étais avec lui dans la cabine, au siège de chef de bord. Il avait passé la première vitesse pour faire avancer le véhicule. Il ne savait cependant ni freiner ni changer de vitesse. Nous avons eu mille et une difficultés pour nous arrêter après avoir évité de justesse plusieurs obstacles. Il en était de même pour beaucoup de combattants.

Deux semaines plus tard, la plupart de ces Land-Rover étaient endommagées, et parfois inutilisables. Pourtant, elles étaient des véhicules tout neufs, affichant six mille kilomètres au compteur.

Les prisonniers, éléments du renfort, étaient gardés juste à côté du poste de contrôle des responsables[199]. Ils étaient dans une grotte, à l'abri du soleil certes, mais le froid du soir était insupportable dans ce climat de montagne car il faisait chaud à midi et très frais la nuit.

Les responsables du poste de contrôle étaient très affairés et assez mobiles pour la coordination des sections, l'approvisionnement des combattants et le suivi nécessaire des renseignements dans la ville.

Moi, le petit, relégué à la base arrière, je me gênais énormément. L'arrivée des prisonniers me soulageait un peu. Ayant été l'élève des prisonniers de guerre, je trouvais en eux des semblables ou des amis potentiels. En fait, il n'y avait ni animosité ni antipathie vis-à-vis des prisonniers de l'Armée tchadienne. Seulement, les combattants étaient si démunis et habitués à une austérité telle que, amenés à mener une telle vie, les soldats prisonniers croyaient se retrouver en enfer. C'était compréhensible vu la vie à laquelle ils étaient habitués. C'étaient des gens qui avaient vécu

---

[199] Qui était également mon poste.

en ville. Là-bas, ils auraient bénéficié du minimum de soin pour un blessé. Il leur fallait plus d'eau pour se désaltérer que la ration ordinaire du combattant toubou. Quant à la nourriture, il y en avait mais de quoi s'agissait-il ? De la viande de chameau cuite à la hâte avec les inévitables grains de sable qui craquaient les dents à chaque bouchée, une viande cuite dans des demi-fûts d'essence rouillés et tout cela, avec du thé pour le petit déjeuner.

Quelques jours plus tard, mes amis prisonniers, surpris peut-être de la bienveillance, de la gentillesse et surtout de l'approche facile de combattants et très marqués par l'attention humaine dont ils étaient l'objet, manifestaient plus de peur vis-à-vis de l'indigestion et des maladies hydriques que vis-à-vis des combattants.

La première nuit avait été très dure pour nos prisonniers : bien que fatigués, ils se cramponnaient les uns aux autres pour supporter le froid. J'avais fourni toutes les couvertures du poste de contrôle des chefs pendant que ces derniers étaient en opération. Mais, c'était une goutte d'eau dans la mer.

Depuis mon arrivée à Bétéré, les chefs ne passaient jamais la nuit ici dans ces couvertures. S'ils n'étaient pas en opération, ils étaient avec les combattants dans les positions avancées. Les chefs combattants étaient souvent en première ligne. Ils donnaient l'exemple et non les ordres. C'était un peu le caractère toubou qui servait de ligne de conduite : le Toubou préfère imiter que d'exécuter un ordre. Il est porté vers le refus des directives qui vont parfois à l'encontre de sa volonté de réaliser des exploits personnels.

Pendant la guerre, le chef n'a pas besoin de demander à ses combattants de faire ceci ou cela. Il fait ce qu'il peut comme ses soldats. Chacun agit selon son tempérament. Le chef est tenu dès le début, d'arrêter avec les autres combattants, le moment de l'attaque, la manière de se comporter en cas d'échec, de réussite ou d'équilibre des forces. Chacun sait qu'il est constamment observé par ses camarades. Comme les faits sont vus, chacun est libre de se cacher ou de faire des exploits. Sous d'autres cieux, cette méthode peut donner l'apparence d'un désordre. Mais ici, entre Toubous, il y a un facteur social dans le subconscient de chaque combattant dont il faut tenir compte : il s'agit de la honte. C'est elle qui guide la réaction et l'action des combattants.

Le second jour après la défaite du renfort, les sacs à dos des militaires abandonnés sur le champ de bataille étaient collectés et distribués aux prisonniers démunis. Ce qui les avait soulagés quelque peu.

Plus tard, un élément m'avait frappé : la troupe devait avoir des médicaments et il devait y avoir un infirmier. Or, personne ne pensait aux soins médicaux ! Les combattants blessés n'avaient aucune idée des soins et évitaient même d'être soignés. Cet état d'esprit était le résultat d'une mauvaise expérience survenue à Kirdimi en 1975, lors de l'attaque suicide dirigée par Adoum Togoï dans le but de répondre à la suffisance et l'orgueil affichés par le C.S.M pour négliger la rébellion. Là, les combattants Hissein Hameta, Touka Ambou… avaient été blessés. Djimi Koreimi s'était improvisé docteur et il avait versé dans les plaies ouvertes de l'alcool à 90 degrés! Il fallait voir la souffrance de ces braves combattants qui se tordaient sous la brûlure. Depuis lors, les combattants préféraient attendre la mort ou la guérison que de souffrir des soins des profanes. Dès qu'un combattant se blessait, on l'éloignait du champ de combat. On le mettait à l'abri et c'était tout ! Si le blessé avait une fracture, on appelait un guérisseur traditionnel auprès de lui pour lui mettre une attelle.

Les prisonniers blessés avaient subi le même sort que les combattants. Ils étaient là, gisants dans leur sang. Ils devaient attendre comme eux, la guérison ou la mort. C'était commun chez les combattants mais pour les militaires, c'était le pire des supplices que de rester impuissants à côté de ses frères d'arme qui déliraient dans la douleur, faute de soins. Des plaies s'infectaient à vue d'œil ! Nos chefs n'avaient pas pensé à l'existence de soins. On avait laissé les blessés comme d'habitude. Comme pour nos combattants, les blessés chanceux guérissaient, ceux qui mouraient étaient enterrés.

Après avoir défait le renfort du C.S.M, l'état-major de guerre de la rébellion s'attelait à la préparation de l'assaut sur Fada. Le moral des combattants était très haut et chacun avait fait son exploit. Mais, les chefs avaient été surpris par la combativité des soldats de l'Armée venus en renfort. Quelle motivation ! Quelle témérité ! Quelle bravoure ! Si les soldats du camp avaient les mêmes qualités, il fallait bien préparer l'assaut, bien mesurer les risques et tenir compte de la présence des gardes, des Toubous comme eux, de vieux routiers aguerris, des hommes qui ne tiraient pas leurs balles dans le vide, des guerriers qui avaient eu à maintes reprises à affronter les combattants qu'ils appelaient péjorativement les "rebelles". On savait que les gardes étaient déterminés, dangereux et expérimentés. Ils étaient haineux vis-à-vis des combattants pour des exactions particulières liées à des faits privés. Mais la qualité des soldats du C.S.M avait surpris tout le monde.

Pendant que les combattants hésitaient à monter à l'assaut, la peur s'était installée dans le camp militaire. L'idée de se rendre couvait parmi les responsables, les officiers du C.S.M. Les gardes avaient compris l'attitude des responsables du camp et cette information était parvenue jusqu'à Bètèrè[200].

Parmi les gardes, il y avait des éléments catégoriques qui ne devaient jamais accepter une reddition. Ceux-là préféraient mourir plutôt que de se rendre aux mains des rebelles. Mais, il y avait aussi des modérés. Les entêtés avaient fui Fada tandis que les modérés s'étaient ralliés avec les militaires : la ville de Fada était tombée.

Les éléments du camp militaire de Fada étaient devenus ainsi prisonniers sur ordre de leur chef. Après avoir déposé au préalable les armes au camp, ils avaient commencé à sortir aux premières heures de la nuit. Ils sortaient de la ville en ordre et en rangs serrés pour Bakabi[201] à pied et chacun portait son sac à dos. La procession avait continué jusque très tard dans la nuit. De là, les chauffeurs les conduisaient à Bètèrè. Ainsi, tous les soldats étaient sortis.

Il n'y avait pas beaucoup d'officiers. Le capitaine Rhessa, plus connu sous le nom de capitaine Nguenan, chef militaire et également Sous-préfet[202] de l'Ennedi, restait au camp où il passait la nuit. L'Etat-major de guerre de la rébellion, les membres de notre poste de contrôle étaient venus s'installer à l'école du Centre de Fada pour passer la nuit de la libération.

Les autres combattants devaient garder leur position. Il leur était formellement interdit de venir en ville. La matinée était

---

[200] Base arrière des combattants.
[201] Sortie Est de Fada.
[202] Le B.E.T était encore commandé, comme il a toujours été, par l'Armée.

consacrée à l'inspection du camp par les responsables en présence du capitaine Rhessa Nguena. Dans tout Fada, dans les deux camps, seuls les responsables y passaient la première matinée.

A midi, nous déjeunions chez le capitaine. De la ville, on lui prépara son repas : c'étaient des plats de pâte de farine cuite, communément appelés "boule" à cause de la forme ronde. Le moule qui lui donne la forme ronde est un récipient en bois dur[203] localement appelé "éding". La pâte y est placée chaude et elle garde la chaleur pendant plus d'une demi-journée. La sauce est conservée dans un autre plat. Dans nos contrées de nomades ou de semi-nomades, on ne faisait pas de conservation de chaleur aux aliments cuits : la pâte et la sauce[204], le tout se servait dans le même plat.

Au camp chez le capitaine Rhessa Nguena, on nous servit de ces boules. Chaque plat se composait de deux récipients : l'un, Eding renversé et l'autre, une tasse fermée avec un couvercle. Cette dernière contenait la sauce assaisonnée de viande boucanée[205]. Pour moi, ce fut une découverte. Pour la première fois, je mangeai une boule séparée de la sauce ! Ce fut étrange de couper un morceau de pâte, de le tremper dans la sauce de l'autre tasse, puis, de l'amener à la bouche. A cause de tant d'exercices pour s'alimenter, trois d'entre nous avaient refusé de manger. C'étaient des exercices banals mais le changement brusque des pratiques alimentaires était la source de gêne.

Dans la convivialité digne des invités ordinaires, les responsables de la rébellion partageaient le repas du capitaine.

---

[203] Ebène
[204] Parfois la pâte et le lait en guise de sauce.
[205] Charmout en langue arabe.

C'était une façon d'accepter son amitié personnelle. Dans la tradition touboue, celui qui accepte le couvert de quelqu'un ne peut pas lui faire du mal de peur d'être maudit par la conscience collective. Alors, le capitaine n'allait pas être victime d'un mal qui venait de ses hôtes !

C'était à Oumar Abdallah Lebine, l'un des secrétaires du poste de contrôle de Mourdi qu'était revenue la charge de conditionner le responsable des lieux. C'était ainsi que le capitaine Rhessa bénéficia de tous les soins qui lui étaient dus : il garda tous ses effets personnels, son cuisinier et ses couverts, son lit pick-up, etc. Le capitaine était conduit à Bètèrè pour s'installer à côté du camp des prisonniers.

Plus tard, dans le livre « Tchad, la grande guerre pour le pouvoir, 1979-1980, silence rompu. » du Centre Al-Mouna, édition 2007, à la page 142, on a fait témoigner le colonel Rhessa Nguena Kagbé pour affirmer qu'il y avait eu à Fada des Cubains et des Ethiopiens dans une armée libyenne qui l'avait fait prisonnier en 1978 et l'avait remis au Frolinat.

Peut-on se fier à la crédibilité de tels auteurs ? Le capitaine, devenu colonel le jour de son témoignage, était-il capable de mentir autant ? Que diront ses compagnons d'arme devant de pareils mensonges ? Où est l'honneur d'un tel officier dans une armée tchadienne en construction ?

L'histoire du Tchad est encore trop récente pour se permettre de faire passer des contrevérités pareilles surtout que les acteurs sont encore vivants même s'ils n'écrivent pas ce qu'ils ont vécu. Il y a beaucoup de contrevérités dans les écrits sur le Tchad mais ce sont souvent des suppositions, des idées reçues et des informations glanées çà et là, des faits dont les rapporteurs n'en sont pas les acteurs. Dans ce cas là cependant, Rhessa Nguena était le Sous-préfet de l'Ennedi et commandant d'arme qui a choisi de se rendre pour se constituer prisonnier. Ses dires pouvaient constituer des témoignages directs s'il avait eu le courage de dire la vérité. S'il avait vu en février 1978 à Fada des cubains et des éthiopiens dans une armée libyenne !

Or, à Fada, les combattants qui avaient attaqué Fada et fait prisonniers le capitaine Nguena et ses troupes du C.S.M étaient les seuls ressortissants du BET. Il y avait eu certes les deux libyens du Sam-7, Radwane et Towfik. Mais, ceux-là n'avaient d'ailleurs pas fait usage de leur unique Sam-7. Car, les avions qui étaient venus n'avaient fait que survoler Fada, à une très haute altitude.

Le second officier prisonnier était Hissein Ramadan. Il était blessé. C'était un ressortissant du Kanem. Un Toubou. Il faisait partie de ceux que les combattants craignaient le plus. On l'avait laissé évoluer avec les autres blessés.

Ces deux officiers de Fada avaient été libérés plus tard. Ils étaient devenus tous les deux, des officiers supérieurs de l'Armée tchadienne dans les années quatre-vingt-dix et exercent encore.

La ville de Fada était libérée en février 1978 par des responsables analphabètes. Il n'y avait que quelques intellectuels, quelques cadres venus tardivement rejoindre l'offensive mais qui n'avaient pas eu des responsabilités de premier plan. Ces intellectuels étaient peu nombreux et assez sollicités. C'étaient souvent des jeunes citadins qui avaient vécu dans l'austérité de la rébellion. En revenant en ville, ils avaient besoin de s'épanouir, de se recréer, de rencontrer des amis, des parents, etc. C'étaient des jeunes qui avaient connu cette ville, autrefois le passage obligé de tout écolier de l'Ennedi.

Fada libérée, la première réaction des chefs rebelles avait été de préparer des troupes pour renforcer l'attaque de Faya. Là-bas, l'armée gouvernementale tenait encore. Un premier contingent était déjà parti lorsqu'on apprît que Faya était également libérée.

Un congrès extraordinaire du Frolinat avait été immédiatement convoqué à Faya. Presque tous les combattants lettrés partaient pour participer. Cependant, la plupart de nos chefs analphabètes partaient chez eux, dans leurs familles pour un repos bien mérité. En fait, ils devaient s'occuper des besoins primaires de leurs familles. Car, en ces temps, le combattant faisait un travail de bénévolat dans le Frolinat alors que sa famille tâchait de survivre.

Moi, j'avais pu joindre une section. C'était enfin la réalisation d'un rêve ! Un vieux rêve ! Un rêve d'enfance. Ma section était à l'intérieur du camp militaire. L'après-midi, nous sortions de la ville en petits groupes pour s'exercer au tir. Il y avait suffisamment de munitions. Car, il y avait dans le camp militaire, un magasin plein de cartouches de tout calibre. Nous nous servions à volonté parce que c'était notre butin de guerre.

Le matin, on faisait la marche cadencée des combattants sous les applaudissements du public. Ces exercices intéressaient les jeunes citadins. Ils venaient se faire enrôler en masse. Ils venaient pour prendre les armes. Il y avait même trop d'armes, de quoi armer toute la population de l'Ennedi : les armes que nous avions emmenées et celles que nous avions récupérées sur l'Armée tchadienne.

Un matin, un jeune homme de Fada qui avait reçu une kalachnikov la veille revenait au quartier. Il faisait escale chez un de ses parents, un notable de la ville. Après les salutations d'usage, il commençait à montrer sa trouvaille et à expliquer son engagement dans la rébellion. La beauté de l'arme poussait la recrue à vouloir la manipuler sous le regard de son parent. Le notable avait son fils à ses côtés. Comme le jeune engagé n'avait aucune maîtrise de cette arme automatique, il avait touché la gâchette qui fit partir une rafale. Le chargeur s'était évidé de ses trente balles. Le notable et son enfant étaient morts sur le champ. Suite aux éclats des balles ricochées aux murs, le malheureux tireur s'en était sorti avec quelques égratignures. Les femmes, prises de panique, poussaient des cris, réveillant le malchanceux criminel étourdi. Il s'était enfui vers la montagne, de peur d'être tué. Il était poursuivi par une sœur du défunt.

En ces temps-là, il n'y avait ni de brigade militaire ni de forces de police. Les sections se chargeaient de la surveillance de la ville, à tour de rôle. Chaque section de garde avait en alerte, des éléments destinés à aller vers toute sollicitation ou intervention. Le jour du crime, la section de garde était la nôtre. Je faisais partie des cinq éléments désignés quand ces coups de feu avaient été entendus. Les coups de feu étaient interdits en ville et la section de garde veillait à appliquer l'interdiction. Notre mission était d'aller arrêter l'auteur des tirs et de le ramener au camp pour une punition.

Pour aller du camp vers Hilé Saba[206], lieu des tirs nourris, il y avait deux chemins : l'un traversait le jardin public et l'autre passait par le marché de la ville. Notre chef d'équipe avait choisi la traversée du jardin public. Dans ce jardin, on avait rencontré

---

[206] Un quartier de Fada.

de jeunes filles. Un de nos compagnons avait accroché sa kalachnikov au cou de l'une d'elles et tiré quelques balles en l'air. Un autre l'avait accompagné également en tir. Après quelques remontrances, notre chef nous demandait de rebrousser chemin. Lorsque nous étions arrivés à la place de l'indépendance[207], nous avions rencontré une procession de femmes pleureuses qui venaient par le chemin du marché pour se diriger vers le camp. Nous nous étions mis au pas de course pour regagner notre section. Elle était déjà alertée de l'accident et une équipe véhiculée était sortie pour se mettre aux trousses du criminel. Quelques minutes après, ce dernier avait été arrêté et amené au camp. Il n'y avait pas de prison depuis notre arrivée à Fada. Pourtant, les chefs nous avaient recommandé de le garder. C'était très délicat parce que les parents de la victime pouvaient être des combattants et que dans ce milieu, la vengeance était la règle, parfois même un devoir des parents. Nous avions eu l'ordre de tirer sans sommation sur toute personne s'approchant du bâtiment où l'on gardait le criminel.

Par le passé, dans les postes de contrôle de la rébellion, les balles des combattants étaient comptées et il leur était impossible de trouver des balles supplémentaires. Il y avait des malins qui volaient les balles des autres mais il y avait toujours quelqu'un qui payait pour des tirs en ville. Si ce n'était pas l'auteur, le propriétaire payait à sa place. Ainsi, le voleur supportait doublement l'inconséquence de son forfait : la honte du vol et la punition de l'innocent. Il était doublement surveillé. Les amis et les proches du combattant injustement puni allaient mener des enquêtes pour découvrir l'auteur du forfait : Des dénonciations s'enchaînaient et on finissait souvent par attraper

---

[207] Place qui sépare le jardin public et le camp militaire.

l'auteur.

A Fada, l'abondance des balles faisait que ce moyen de contrôle devenait désuet. Les tirs en ville étaient un interdit constamment violé et difficile à éradiquer.

Un jour, par curiosité de jeunesse, je sautai sur une Land-Rover conduite par Allafouza Ababi, un jeune venu de Libye après la libération de Fada. Il s'était présenté comme chauffeur de tracteur dans ce pays. On lui avait confié une Land-Rover. Il avait eu toutes les difficultés pour sortir du camp et de la ville. Il roulait très lentement, peut-être à 20 kilomètres à l'heure : cette conduite au ralenti lui permettait de manœuvrer normalement. Arrivés dans l'Eneri Owoli où il y avait un terrain plat et vide, un ancien lit de mare appelé Iyi Kassara[208], les véhicules prenaient généralement de la vitesse. Allafouza avait voulu filer comme les autres chauffeurs : 30km/h[209] ! 40km/h ! 50km/h ! Nous qui étions sur la carrosserie, dans le porte-bagages, commencions à sentir de l'air frais ! Notre chauffeur avait viré à 180 degrés. C'était une fausse manœuvre. La Land-Rover s'était renversée. Elle avait fait un tonneau avant de se stabiliser. J'étais projeté loin devant. J'avais perdu connaissance. C'était mon premier accident de circulation. Onze autres avaient suivi entre 1978 et 1979, années au cours desquelles j'étais tout le temps en déplacement et années d'apprentissage difficile de la conduite des voitures par les combattants du Frolinat.

C'était un apprentissage dans le tas. On forçait le volant. On faisait des accidents pour un apprentissage empirique. Pourquoi n'avait-t-on pas procédé à l'enseignement de la conduite ? Il y

[208] Lieu où se gaspille l'eau de pluie- en langue dazaga
[209] Trente kilomètres à l'heure…

avait à cela, des raisons évidentes. Les premiers véhicules étaient souvent pris sur l'ennemi dans des conditions difficiles. Le peu de chauffeurs constamment sollicités, n'avaient pas le temps matériel de s'adonner à l'enseignement. Mais, la raison la plus importante était le manque de préparation de la rébellion qui n'espérait pas tant. Le recul des intellectuels organisateurs de la rébellion suite au départ de Hissein Habré, avait laissé la gestion et la marche de la rébellion à des combattants analphabètes. Ceux-là faisaient bien la guerre. Très doués pour les tactiques de guerre, ils n'ont pas excellé dans l'organisation ou la gestion matérielle. Dès la première victoire, ils pensaient à leurs familles qu'ils devaient faire vivre.

On m'avait fait revenir au camp où j'ouvrais les yeux. J'étais resté inconscient pendant deux jours. J'étais traumatisé. Localement, on dit que la personne traumatisée a le "crâne ouvert"[210] .

Fada était le lieu de résidence des frères de mon père, des enfants de ses demi-frères, des enfants de ses oncles paternels et de ses parents... On avait fait savoir en ville que le fils de Salah Sougoudougou connut un accident de circulation. Du coup, j'étais entouré : Moursali Edike Bodi, fils du grand frère de mon père, avait fait un feu à côté de moi au camp même. Il avait mis au feu une pointe en fer. Quand le bout du fer devenait rouge et incandescent, il l'appliquait sur ma tempe droite. J'étais inconscient. Il gardait le fer incandescent pendant quelques instants sans le faire pénétrer en profondeur. La plaie ainsi brûlée, mûrie[211] dit-on localement, ne s'infectait pas. Mais, si on faisait la brûlure à la hâte, il allait y avoir une ampoule sur la

---

[210] Yeguira landidé- en langue Dazaga
[211] Bahidè- en langue dazaga.

plaie. Ce qui était une occasion propice à une infection. Ici, dans notre monde sans antibiotiques, une telle infection aurait été une catastrophe. Mon cousin remit le fer au feu. Il me renversa sur le côté droit. Quand le fer redevint rouge, il procéda à la même opération sur ma tempe gauche. Lorsque je sentis la douleur atroce du feu, je retrouvai mes esprits et devenais conscient. Je regardai autour de moi. Je me rappelai enfin de mon départ sur Bètèrè ! J'étais guéri de facto. Je mangeai avec mes frères et bus de l'eau.

C'était la première fois que je voyais mes oncles et mes cousins. Je savais que j'avais des parents à Fada mais compte tenu de mon âge et surtout à cause de la nature du milieu des combattants au sein duquel j'évoluais jusque-là, un milieu dans lequel le jeune combattant n'avait pas la notion exacte du lien de parenté, surtout pas autant qu'il aurait dû avoir dans notre milieu culturel, je n'avais pas fait la recherche de mes frères. Leurs familles étaient éloignées de Fada pour des raisons de sécurité. Il y avait parmi eux des combattants mais chacun évoluait de son côté.

Dans la culture touboue, le jeune apprenait : « C'est dans les difficultés que les parents ont l'obligation de se secourir. » Ce qui fut fait et qui devait être une leçon pratique de société à un jeune dénaturé par l'ambiance nouvelle. Vu mon âge, il m'était encore tôt pour comprendre tout cela.

Mes plaies étaient deux trous dans les tempes. Petit à petit, la chair s'y remplissait. Il n'y avait pas eu d'infection. J'étais guéri. Mais, je gardais à vie ces marques de feu, ces marques indélébiles, sur mes tempes.

Etre un jeune combattant dans une section des rebelles n'était pas de tout repos : il y avait la garde à tenir à tour de rôle et la cuisine à préparer souvent en équipe de deux ou de trois ; il fallait nettoyer les tasses et les marmites et préparer le thé, toujours le thé et à tout moment tant qu'il y avait du sucre…

Très vite, les réserves de Fada s'étaient épuisées. Les magasins étaient vidés et le marché des denrées alimentaires avait vu les prix monter ! Les vivres n'arrivaient pas à Fada. La Libye, l'unique point de ravitaillement possible, avait commencé à bloquer toute sortie alimentaire vers le Tchad. Les fraudeurs n'atteignaient pas Fada, ville très éloignée, mais écoulaient leurs produits dans les localités frontalières[212].

La faim avait atteint nos sections dès mars. Souvent, on se contentait d'un morceau de viande par jour, morceau obtenu de haute lutte car chacun prenait sa part dans une marmite au feu. Les plus âgés ne touchaient à rien : ils préféraient mourir de faim que de piquer un morceau dans une marmite au feu. Oh ! La honte quand elle vous tient. La guerre changeait vite les valeurs sociales : il y avait déjà un fossé entre nous, les enfants de la révolution et nos aînés directs qui étaient encore nos guides.

L'attaque simultanée des deux villes principales du BET n'avait pas entrainé de farouche résistance. Les secours envoyés depuis N'Djamena sous la direction du Commandant Mayoumbila avaient été interceptés et écrasés aux portes de Fada. L'armée du C.S.M était tombée comme un château de cartes. Les soldats sudistes s'étaient rendus par milliers. Ils étaient des prisonniers de guerre. En février 1978, l'opération "Ibrahim Abatcha" avait réussi, et tout le BET s'était retrouvé entre les mains des

---

[212] Gouro, Ounianga…

rebelles.

Le régime libyen, l'unique fournisseur en moyens logistiques du mouvement insurrectionnel dans le BET en ce début d'année 1978, avait stoppé brusquement ses appuis en vivres, en armes, en munitions et surtout en carburant. L'arrêt de l'appui logistique libyen était une contrainte majeure qui avait handicapé la marche victorieuse de la rébellion tchadienne du Nord.

Kadhafi, avec sa politique d'assimilation des minorités ethniques de Libye dans la culture et l'identité arabe, lui qui refusait de reconnaître l'existence d'autres peuples, d'autres cultures et d'autres langues en Libye en dehors de la culture et de la langue arabes, avait monté plusieurs scénarii pour éliminer les langues autres que l'arabe en interdisant leur expression dans les grandes villes. Ce Kadhafi était stratégiquement opposé à l'avènement d'un leadership toubou au Tchad, surtout un leadership qui allait avoir un jour, la possibilité de gérer le pays. Un tel avènement aurait empêché le rêve le plus cher du Colonel Libyen : faire de la Libye un pays entièrement arabe et où les Berbères, les Touaregs et les Toubous allaient être sans langues ni cultures. Quand on sait que tout le Sud de la Libye est le pays toubou, on voit que la méfiance de Kadhafi vis-à-vis de la rébellion tchadienne aile touboue était justifiée. Par contre, l'aide logistique venait au profit du groupement arabe Volcan[213] stationné à Faya. En dehors de ce groupement des Tchadiens non ressortissants du B.E.T, tout le reste tournait autour du

---

[213] Au début, ce groupement n'était pas composé que des Arabes mais il l'était devenu par la suite.

CCFAN que dirigeait Goukouni Weddeye depuis octobre 1976, date du départ de son président Hissein Habré.

Au début du mois de mars 1978, le CCFAN aile Goukouni Weddeye, la Première Armée aile Mourdi, la Première Armée de Mahamat Abba Seid et l'Armée Volcan d'Abdoulaye Adoum Dana et d'Açyl Ahmat s'étaient retrouvés à Faya pour créer une instance politique et militaire dans le but d'unir l'ensemble des forces du Frolinat.

Il faut rappeler que la Première Armée aile Mourdi se composait des ressortissants du BET qui avaient refusé la création du CCFAN en 1972[214]. Ils étaient restés fidèles à Abba Siddick jusqu'à ce que ce dernier les laissât à leur triste sort comme il l'avait fait aux combattants de l'Intérieur[215]. Abba Siddick détournait à son profit la quasi-totalité d'aides collectées et reçues au nom du Frolinat. Il se contentait de faire des communiqués qui n'avaient rien à voir avec la réalité de la situation des combattants, éléments physiques qui attestaient l'existence de la rébellion tchadienne qu'il prétendait incarner.

A partir de 1976, les éléments de la Première Armée aile Mourdi, délaissés depuis 1973 et en pourparlers avec le CCFAN avant le départ de Hissein Habré, s'étaient rapprochés du CCFAN aile Goukouni. Avec le détachement du CCFAN aile Goukouni de l'Ennedi basé à Gouro, ils avaient accepté de faire la fusion des forces pour participer à l'opération "Ibrahim Abatcha". C'était ainsi que la force fusionnée qui regroupait

---

[214] Dans la première édition, la date était 1973. C'est une erreur.

[215] Les combattants de la première Armée du Frolinat qui étaient à l'Est et au Centre du Tchad. Ces combattants oubliés par la direction du Frolinat dirigée par Abba Siddick, avaient accepté comme Chef Mahamat Abba Seid lorsque ce dernier était sorti des prisons de Tombalbaye.

LA VICTOIRE DES REVOLTES

tous les fils de l'Ennedi, avait attaqué la ville de Fada sous la conduite de Koligué Chidé.

En mars 1978, lors de l'ouverture du congrès extraordinaire du Frolinat, le rapport de forces entre les ressortissants du BET[216] et les autres composantes ethniques était tel que tout le monde était amené à taire les considérations et les ambitions. C'était ainsi qu'à la création des Forces Armées Populaires[217] le 18 mars 1978, Goukouni Weddeye était acclamé président du Conseil de la Révolution et président des F.A.P ; Adoum Togoï, chef d'Etat-major Général des Forces Armées Populaires. Des postes étaient réservés à la Première Armée, aile Mourdi dont les tenants étaient Mahamat Ali Younous, Hassan Djamouss et Diguim Gouni...[218]

Comme le président et le chef d'Etat-major général des F.A.P étaient le président et le chef d'Etat-major du CCFAN, aile Goukouni, ce mouvement, par la création des F.A.P, ne perdait pas son identité ethnique et régionale même si d'autres forces et d'autres composantes ethniques étaient venues participer à la marche victorieuse : la logique du rapport de forces[219] était respectée. Mahamat Abba Seid de la Première Armée était le premier vice-président. Abdraman Abouragaba de la Première Armée et Abbo Issa et Açyl Ahmat de l'Armée Volcan étaient respectivement le premier, deuxième et troisième adjoint au chef d'Etat-major général des F.A.P.

Cependant, la dynamique de l'offensive "Ibrahim Abatcha"

---

[216] Gorane.
[217] F.A.P.
[218] Dans la première édition, Abbas Koty était cité comme membre du premier bureau des F.A.P. C'est une erreur. Abbas était venu après quelques mois pour occuper le poste du commissaire à l'Agriculture.
[219] Sur la base ethnique.

n'était pas complètement stoppée. Les combattants continuaient en petits groupes à attaquer sur deux fronts :

Sur le front sud-ouest, dès fin février, les combattants basés à Faya s'étaient dirigés sur Koro-Toro, Kouba-Olanga puis Salal. Ils avaient été stoppés par l'Armée française[220] qui les affrontait avec des blindés soutenus par l'aviation. Plusieurs batailles avaient eu lieu aux environs de Salal. Les combattants avaient gardé cette localité. Les assauts français étaient repoussés[221] mais les combattants n'avaient pas osé continuer l'aventure au-delà de ce poste.

Cette position dans le Kanem permettait alors le recrutement massif des natifs du Kanem : Des daza à cheval entre le BET et le Kanem, des Sagarda, des Kréda, etc.

Sur le front sud-est, à partir de Fada, les combattants continuaient leur marche vers le sud où ils avaient libéré Oumchalouba et Kalaït au BET puis Arada dans la région de Biltine. Cette ligne de front composée pratiquement de combattants natifs de l'Ennedi[222] s'étaient heurtés à la présence

---

[220] Dans la première édition, j'ai eu à écrire « mercenaires » mais, ici il s'agit de l'Armée française. Celle-ci était composée tantôt des mercenaires, tantôt de soldats. Il était difficile à nous de savoir si on avait affaire à l'Armée ou aux mercenaires français. Donc, la confusion reste dès lors qu'ils sont sous les ordres du Gouvernement français. Si c'étaient des Français recrutés comme mercenaires par le gouvernement tchadien, on ne parle pas de mercenaires français mais de l'Armée tchadienne, dans ce texte. Pendant tout le règne de Tombalbaye et celui de C.S.M, les bombardiers et les hélicoptères de combat de l'Armée tchadienne étaient pilotés par des Français.

[221] Les combattants acculés par des blindés et l'aviation français décidèrent de lancer nuitamment une surprise attaque à la base française. Avec deux canons de 106mm, ils surprirent les Français dont certains soldats eurent rejoint Safi, localité située à 80kilomètres, à pied ! Dès cette nuit, les Français reculèrent et abandonnèrent Salal.

[222] Teda Gouroa, Ounia, Gaeda, Biliada, Borogat, Mourdia…

des éléments du CCFAN de Hissein Habré dans la région de Biltine mais aussi entre Oumchalouba et Kalaït dans l'Ennedi. Les accords de Khartoum avaient été signés ; pourtant, les ressortissants de l'Ennedi, constituant exclusivement la force victorieuse, ne visaient que les positions tenues par les forces du C.S.M. Ils n'affichaient aucune forme d'hostilité envers les éléments de Hissein Habré. Ils ne les prenaient pas pour des ennemis. Des contacts informels s'étaient noués entre des éléments du CCFAN de Hissein Habré et ceux de Goukouni Weddeye. Ils avaient entrepris ensemble l'initiative de réconcilier Hissein Habré et Goukouni Weddeye. La date du 20 mars 1978 était retenue d'un commun accord : c'était une date fixée par l'ensemble des combattants des deux tendances qui étaient ulcérés par la division des forces touboues pour des intérêts égoïstes des individus.

Hissein et Goukouni étaient obligés de venir à cette rencontre pour montrer chacun de son côté qu'il n'était pas la cause de la division des fils du B.E.T. Chacun devait venir à la rencontre pour justifier sa position et les raisons profondes qui l'avaient obligé à évoluer séparément. Goukouni et Hissein devaient être présents en personne. Il ne pouvait pas être question de mandataire ou de représentant.

Les combattants avaient l'intention de réconcilier leurs chefs dans le but d'unir toutes les forces combattantes que constituaient les fils du B.E.T pour faire front à l'"ennemi commun". L'ennemi commun avait plusieurs interprétations en ce mois de mars 1978. Pour les combattants de Goukouni Weddeye, c'étaient les Français et le C.S.M qui avaient brûlé les oasis du BET, massacré les peuples et décimé les troupeaux et qui bloquaient la marche victorieuse des combattants du

Frolinat sur le Kanem et le Batha. Pour les combattants de Hissein Habré qui avaient signé des accords[223] avec le C.S.M, l'ennemi commun était la Libye du Colonel Kadhafi expansionniste qui occupait Aouzou[224] annexée. Cette annexion n'était pas acceptée non plus par les combattants de Goukouni Weddeye mais pour eux, il revenait au gouvernement tchadien de défendre le territoire national. Car, ce n'était pas la mission d'une rébellion condamnée à survivre.

Même si les accords de Khartoum étaient laissés en veilleuse par le C.S.M depuis que les forces de Goukouni Weddeye avaient pris le contrôle de tout le BET, Hissein Habré croyait encore à ces accords et tenait à leur application.

Goukouni Weddeye et Hissein Habré étaient venus au rendez-vous fixé par les combattants à Oumchalouba-Kalaït. Mais, ils avaient tous les deux, des ambitions :

Goukouni qui avait libéré tout le BET depuis sa séparation de Hissein à Gouro, lui qui venait d'être désigné comme président du Conseil de la Révolution et président des Forces Armées Populaires créées il y avait moins d'une semaine à Faya, lui qui avait la confiance de Mahamat Abba Seid et de sa Première Armée, de Abdoulaye Adoum Dana et de Açyl Ahmat de l'Armée Volcan et des éléments de Première Armée de Mourdi et qui était encore soutenu par la Libye en ce moment, était logiquement en position de force. Sa séparation de Gouro avec Hissein Habré n'avait pas été une catastrophe. La Libye de Kadhafi avec qui tout accord avait été considéré en 1976 comme une aliénation ou une soumission à l'hégémonisme vert,

---

[223] Les accords de Khartoum.
[224] Une localité tchadienne de la bande de ce nom.

n'avait pas eu une telle emprise sur le cours des évènements. Donc, Goukouni Weddeye rencontrait Hissein Habré en qualité de représentant du Frolinat[225].

Hissein Habré, qui, de son côté, avait réussi à constituer une armée modeste mais fidèle, qui avait signé les accords de Khartoum avec le C.S.M au nom du Frolinat en général et qui était encore fidèle à ses principes, préférait l'échec qu'une victoire sous la houlette de la Libye.

La rencontre tant souhaitée par les combattants toubous du BET avait eu lieu. C'étaient des retrouvailles entre des amis de longue date, une occasion propice à l'échange cordial des poignées de mains avec chaleur comme toute rencontre amicale des ressortissants du B.E.T. Mais sur le fond, rien n'unissait les deux hommes. Hissein Habré voulait voir, avant tout rapprochement avec Goukouni Weddeye et ses hommes, des preuves palpables de rupture de ces derniers avec la Libye. Pour une des preuves, il voulait que l'on égorgeât les deux Libyens qui étaient venus avec la délégation de Goukouni Weddeye. Il renchérissait en disant que "la farine libyenne est empoisonnée". Il cherchait à choquer Goukouni Weddeye. Il savait très bien que ce n'était pas Goukouni Weddeye qui avait choisi le rapprochement avec la Libye en 1976 mais que c'étaient des combattants affamés. En ce temps là, Hissein Habré pouvait partir en respectant ses principes parce que les combattants étaient des Teda et que le Tibesti n'était pas son terroir natal ou son dernier refuge. Par contre, Goukouni Weddeye était obligé de rester avec ses parents dans son terroir bien que les siens

---

[225] Toutes tendances comprises sauf le CCFAN aile Hissein Habré et les FAO, nouvelle tendance politico-militaire qui était en gestation dans la région du Lac-Tchad.

avaient adopté une politique contraire à son choix. Tout cela, Hissein Habré le savait très bien. Et puis, que représentait Hissein Habré en termes de rapport des forces en mars 1978 ? Presque rien, sinon la volonté d'union exprimée et souhaitée par les ressortissants du BET ! La rencontre d'Oumchalouba-Kalaït était un échec, le premier d'une série d'échecs qui avaient émaillé l'année 1978.

Toutes les localités de l'Ennedi[226] et la zone d'Arada dans la région de Biltine étaient tenues par les combattants ressortissants et natifs de l'Ennedi. L'Ennedi, zone victime en 1972 d'une guerre interne entre ses natifs rebelles à Mourdi, une guerre qui avait opposé ceux qui avaient voulu rester dans la Première Armée de Abba Siddick et ceux qui avaient opté pour le CCFAN. Une guerre terrible qui avait coûté la vie à de très bons combattants, une guerre qui avait divisé les parents, une guerre inutile déclenchée par des intellectuels pour le triomphe des idées et des leaderships !

En mars 1978, ces combattants réconciliés et unifiés, qui avaient combattu ensemble pour la libération de Fada, de Kalaït et d'Arada, n'avaient pas oublié la guerre fratricide de 1972[227]. Aucun combattant n'acceptait de refaire une guerre fratricide entre les fils du BET[228].

Cependant, après l'échec de la rencontre entre Goukouni Weddeye et Hissein Habré, certains responsables des combattants de Goukouni Weddeye avaient exprimé la nécessité d'attaquer le détachement des F.A.N de Hissein Habré basées à

---

[226] Fada, Gouro, Ounianga, Bao-Bilia, Mourdi et Kalaït...
[227] Ce n'était en 1973, date écrite dans la première édition. C'est une erreur.
[228] Ce qui arriva malheureusement mais beaucoup plus tard, en 1980 !

Sananga[229]. Mais, les autres combattants avaient convoqué immédiatement et à leur propre initiative un Safe[230], une réunion où tout combattant devait impérativement prendre part. De cette réunion, les combattants, tous ressortissants de l'Ennedi, décidèrent unanimement de ne pas attaquer leurs frères du CCFAN de Hissein Habré.

Un jour avant ce Safe, de bon matin à Fada, Choua Mailou dit "Yanatchiri"[231] était revenu de Kalaït. Il avait assisté à la rencontre entre Hissein Habré et Goukouni Weddeye. Et, il revenait à Fada pour renforcer Kalaït dans le but d'éloigner les F.A.N de Hissein Habré de cette zone.

Yanatchiri était l'un des nouveaux chefs de guerre désignés à la conférence extraordinaire du Frolinat de ce mars 1978 à Faya. Avec Diguim Gouni, Yanatchiri devait diriger la force combattante de l'Ennedi à la place des structures anciennes de la Première Armée de Mourdi et de celles du détachement de l'Ennedi du CCFAN aile Goukouni Weddeye qui avait pour ancienne base Gouro.

Yanatchiri désigna des combattants pour sa mission et ma section faisait partie de ceux-là. Nous avions quitté Fada dans la soirée pour Kalaït. Notre convoi se composait de deux Toyota, deux Land-Rover et une Unimoc. Nous étions trop nombreux.

---

[229] Entre Oumchalouba et Kalaït, puits où était le campement des F.A.N de Hissein Habré.

[230] Mot arabe qui veut dire rang. Les premiers combattants du Frolinat, sous la conduite des arabophones étudiants du Caire, se mettaient en rang pour prendre des décisions importantes où chacun donnait son point de vue. Bien plus tard, les combattants convoquaient le Safe quand ils n'étaient pas d'accord avec la décision d'un chef. Ici, c'est eux prenaient la décision. Ils démettaient souvent ce chef.

[231] Cela veut dire en langue dazaga: la face tranchante du couteau.

J'étais sur l'Unimoc plein de monde comme une boite de sardine, assis les uns sur les autres. Un calvaire ! Nous étions engourdis, les membres lourds et endoloris. Nous suffoquions en plein air mais nous supportions malgré tout. Chacun voulait aller devant, au front : nous voulions découvrir du nouveau !

Au cours de ce voyage, j'ai rencontré un de mes camarades d'école. Il venait de Gouro. Il avait fait partie de ceux qui avaient tenté de rattraper Hissein Habré à Gouring. Il s'appelait Koré Allafouza et était plus éveillé et plus mûr que moi. Sa présence parmi nous était un cadeau du ciel. Je pouvais partager avec lui beaucoup de choses car nous avions les mêmes centres d'intérêts et les mêmes préoccupations. Nous étions parmi des jeunes mais les autres étaient des éleveurs ou des citadins de Fada. Ils étaient les uns comme les autres, différents de nous car ils n'avaient pas eu notre parcours[232]. Ils ne se retrouvaient combattants qu'après la libération de Fada.

Nous avions roulé toute la nuit. Il n'y avait pas encore de piste entre Fada et Kalaït. Le matin, nous nous sommes rendu compte que d'après les éleveurs, nous avions trop dévié vers l'ouest. Nous étions arrivés à Kalaït vers 10 heures. Ce retard avait bouleversé la stratégie de notre chef qui comptait arriver à Kalaït dans la nuit et attaquer au petit matin le détachement des F.A.N à Sananga. À 10 heures par contre, l'attaque n'était pas indiquée ! Et puis, les F.A.N allaient apprendre les intentions de Yanatchiri avant l'aube prochaine !

Dès notre arrivée à Kalaït, tout grouillait en tous sens dans le

---

[232] Nous n'avions pas le leur non plus. Ils savaient la vie des villes pour les uns et la vie des éleveurs pour les autres mais nous, nous les dépassions sur la vie des rebelles et des armes.

poste de contrôle. Vers 14 heures, tous les combattants s'étaient mis en Safe. Il y avait un monde fou. Nous étions tous appelés à y assister. Nous venions juste de goûter les mararas[233] du chameau égorgé en notre honneur. Tout fatigués, nous avions tenu tout de même à honorer l'obligation. On parla beaucoup en gorane et en anaga[234]. La traduction prenait du temps, beaucoup de temps. Nous restions ainsi jusqu'au tard le soir. Les combattants n'avaient pas accepté l'attaque souhaitée. Yanatchiri quittait alors Kalait. Il était désavoué par ses combattants.

Dans la foulée, le détachement de Hissein Habré qui avait eu écho des intentions des responsables de Kalaït, n'avait pas attendu l'issue de la réunion des combattants. Il se repliait sur Kapka dans le Biltine. Tant mieux !

Pour la Direction des F.A.P, dès lors que les accords de Khartoum avaient été signés entre Hissein Habré et le C.S.M, il n'y avait pas de distinction à faire entre les forces de Hissein Habré et celles du C.S.M. Ce n'était pas l'avis des éléments devenus les combattants des F.A.P à partir de ce mois de mars 1978.

Ces ressortissants de l'Ennedi constituaient la seule force de Goukouni Weddeye dans la zone de contact avec les éléments de Hissein Habré. L'esprit de fraternité entre les Teda, les Anakaza, les Bideyat et les autres ressortissants du BET était plus fort que la position politique des chefs. Pour les combattants natifs du BET, les combattants de Hissein Habré n'étaient pas des ennemis au même titre que l'Armée du C.S.M

---

[233] Le plat de viande le premier servi quand on égorge un animal. C'étaient le cœur, le foie…
[234] Langue des Bideyat du BET

ou l'Armée française. C'étaient des parents, des amis et surtout des natifs du BET, région où le mariage est exogamique et où l'ensemble des relations sociales ont pour base le lien de parenté. Les éléments de Hissein Habré étaient des Anakaza, ce qui veut dire que tout Teda ou Bideyat a forcément un lieu de sang avec eux et vice versa.

Pendant le premier trimestre de l'année 1978, le leadership du mouvement politique de Goukouni Weddeye n'avait pas noué de relations avec Hissein Habré. Pourtant ses forces qui faisaient face aux combattants de ce dernier n'avaient créé aucune situation de belligérance. Des lignes de démarcation s'étaient créées ainsi entre les deux forces.

En conséquence de l'échec de la rencontre entre Hissein Habré et Goukouni Weddeye et de l'attitude non belliqueuse affichée par ses combattants, la Direction des F.A.P avait autorisé le groupement "arabe" basé à Faya à rejoindre Arada. Ces combattants n'étaient pas tous des Arabes. Ils étaient venus de la Libye lors de la préparation de l'offensive "Ibrahim Abatcha". Ils étaient une force composite ayant en leur sein des éléments de la Première Armée et de l'Armée Volcan. Par le truchement du régime libyen, c'étaient des combattants d'Açyl Ahmat qui était le troisième adjoint au chef d'Etat-major général des F.A.P. Ils étaient mieux équipés et avaient des moyens logistiques conséquents, des moyens de communication et des liaisons directes avec les Libyens. Ils continuaient de recevoir encore des aides libyennes. Cette force collaborait directement avec les libyens en dehors de l'Etat-major général des F.A.P.

Il y avait parmi eux des combattants arabes qui venaient dans leur terroir, Arada. C'était pendant la période où les éleveurs arabes nomades et transhumants[235] étaient encore aux environs de cette localité.

Quel impressionnant accueil! On aurait dit que c'était leur arrivée qui libérait la sous-préfecture d'Arada ! Pour la population arabe d'Arada, le mot Frolinat eut enfin un "sens". Un sens non hostile : ce mot cessait d'être synonyme de Goranes armés. Les jeunes et les adultes commençaient à se faire enrôler par milliers aux F.A.P dans le seul camp du groupement arabe. Quel recrutement ? Des armes, des caisses de munitions et des tenues venaient directement de Libye via la base de Faya. L'Etat-major général des F.A.P n'était cependant pas tenu informé de cela.

Avant l'arrivée du groupement arabe à Arada, il y avait là une certaine forme d'organisation : un groupement, une brigade civile, une brigade militaire et des sections. Lorsque la Direction des F.A.P avait décidé l'envoi du groupement arabe à Arada, elle pensait le mettre sous le commandement du groupement existant. Mais, cette architecture a vite perdu son sens devant la réalité de la situation. Les rapports des forces s'étaient vite renversés parce que les moyens étaient détenus par le seul groupement arabe.

Dans le groupement dit "arabe"" venu de Faya, il y avait des non-arabes, des combattants de la Première Armée ou d'autres éléments qui avaient participé à la libération de Faya. Ces éléments aussi commençaient à accueillir des délégations de combattants qui venaient de régions de l'Intérieur[236]. C'étaient des éléments non-arabes ou des Arabes "noirs" qui avaient une arme pour cinq ou parfois pour dix. Souvent, ils n'avaient pas

---

[235] Les nomades partent plus au Sud à partir de fin mars début avril selon la pluviométrie de l'année.
[236] Ouaddaï, Batha, Guéra, Chari-Baguirmi…

de munitions.

Comme le groupement arabe venu de Faya accueillait, regroupait et recrutait tous ces éléments, le traitement n'était pas le même pour tous : les Arabes "blancs" étaient vite armés et mis en conditionnement tandis que les autres étaient traités cas par cas. Le groupement qui avait libéré Arada, que l'on appelait déjà le "groupement gorane", restait hors-jeu et spectateur.

Notre section était envoyée à Wargala, le pâturage situé au nord-est de Kalaït dans la zone d'élevage, toujours dans le but de contrecarrer la présence des F.A.N dans l'Ennedi. A Wargala, nous étions cent combattants dont cinquante de Bilia d'expression anaga et autant d'autres d'expressions dazaga.

Mon ami Koré n'avait pas passé beaucoup de temps avec moi. Il était retourné avec une partie des éléments de notre section sur Kalaït pour finir à Arada. Là-bas, il avait été coopté par la brigade militaire.

A Wargala, je m'étais mis à l'apprentissage de la langue Anaga avec Hamid Berguedjé[237]. Notre instructeur et compagnon s'appelait Zakaria. Il était natif de Berdoba. C'était un combattant de très bonne compagnie.

Nous n'avions pas de vivres à Wargala. Au début, les voisines nous amenaient des plats et du lait mais la précarité des éleveurs et la rareté des vivres faisaient qu'elles ne pouvaient pas nous nourrir pendant longtemps. Notre groupe décidait alors de faire une patrouille, pour intercepter les caravanes de chameaux

---

[237] Un surnom provenant de la déformation de brigadier. Les combattants l'appelaient ainsi parce qu'au début de son engagement il portait la tenue de la garde nomade.

destinés à l'exportation en Libye.

En ces temps là, ces caravanes quittaient les régions de Biltine, du Batha ou d'Ouaddaï... Elles traversaient le désert de Tangalia en passant par le puits de Tching situé sur la route qui reliait Faya et Korotoro. De là, elles mettaient le cap sur la frontière nigérienne en passant par l'ouest de Faya. Elles évitaient le Tibesti, zone contrôlée par le Frolinat. Elles entraient en Libye par le Sahara nigérien. Notre section avait décidé de les guetter à Tching. Quinze combattants avaient été désignés pour cette mission.

Pour aller là-bas, il fallait traverser le désert de Tangalia : il y avait un tronçon de plus de 400 kilomètres à parcourir sans aucun point d'eau jusqu'au puits Yigué-Eski et dès l'approche de la zone de dunes, il n'y avait plus d'ombre. Il faisait très chaud pendant les journées d'avril 1978.

Notre section n'avait pas de moyen de transport. Alors, nous réquisitionnions quinze dromadaires, de bons animaux de course. Un guide était choisi parmi les civils. Nous avions emprunté aussi des provisions. Les dépenses étaient gagées sur les futures recettes douanières.

J'étais désigné secrétaire de cette mission de prédateurs. Pour un novice comme moi, faire un voyage aussi rapide pour la première fois et rester seul sur le dos d'un chameau étaient un calvaire ! On m'avait fait voyager à dos de chameau quand j'étais encore enfant mais par la suite, j'étais devenu un sédentaire qui n'avait pas la maîtrise du chameau. Et puis, le sort m'avait attribué un animal spécialement dompté et habitué à son seul propriétaire, un chameau crapule et trop enclin à refuser de se faire guider par un novice.

Dès le premier jour de voyage, je tombai plus de trois fois ! La selle était cassée et j'étais contraint d'échanger ma monture avec un animal plus docile, celui de Goukouni Dirdemi, un de mes collègues jeunes combattants. Ce n'était pas gai d'abandonner sa monture au cours du voyage parce qu'on ne pouvait pas la maîtriser. Cela pouvait faire l'objet d'une chanson insultante de mes collègues : Ils pouvaient dire qu'ils avaient tenu, eux, lorsque leur compagnon, Ahmat avait été contraint d'abandonner sa monture par suite de fatigue ! Une chanson de ce genre pouvait faire le tour du monde toubou ! Mais, que faire ? Pour moi, tout écolier que j'étais, l'essentiel était de finir le voyage. Advienne que pourra !

Nous avions atteint le puits Tching après une chevauchée dans les dunes. De Yigue-eski à Tching, il y avait une quinzaine de points d'eau alignés tout le long des dunes de Tangalia. Le plus extraordinaire est Latma : la hauteur des dunes rendait l'accès pénible aux chameaux.

En avril 1978, les éleveurs gardaient des campements perdus dans ces cirques dunaires. Là-bas, il n'y avait plus d'ombre. Les hommes et les animaux s'exposaient à la canicule. Vers dix heures déjà, en plus de la chaleur incandescente du mois d'avril, la clarté et le rayonnement reflétés par le sable couleur or, éblouissaient les yeux. Seuls, les habitués arrivaient à ouvrir correctement les yeux.

Nous avions passé trois longues journées et trois nuits à attendre un hypothétique troupeau de chameaux en partance pour la Libye. Les autochtones interrogés disaient qu'un convoi avait passé par là il y avait moins d'une semaine. Le suivant n'allait pas être vu avant deux mois.

Nous ne pouvions pas attendre, faute de provisions. Le retour avait failli être fatal. Car, le guide préférait un raccourci qui fit qu'on manquât d'eau à Chilib, soit quatre-vingt-dix kilomètres de Wargala. Très tôt dans la matinée, pour éviter d'avoir les rayons solaires en face, nous nous étions regroupés sous l'ombre de nos couvertures crochetées sur les selles. Vers quatorze heures, nous nous étions mis en selle avec le mot d'ordre de "ne plus descendre du chameau". C'était un voyage non-stop. Même si l'homme n'est plus capable de conduire, l'animal assoiffé va seul au puits habituel. Ainsi, nous avions atteint Wargala après une chevauchée de dix-neuf heures d'affilée.

Mon beau-frère et tuteur Guihini Allatchi était là ! Il était venu pour moi. Il me conduisait à Gouro pour reprendre ma place et rejoindre mes camarades écoliers. Mon école fonctionnait depuis mon départ en janvier jusqu'à mon retour en ce mois d'avril 1978. Pendant mon absence, mes camarades avaient étudié beaucoup de leçons mais mon expérience vécue, mon séjour à Fada, Kalaït et Wargala, mes contacts avec des intellectuels, des élèves d'ailleurs et des prisonniers, mon expérience de la radiophonie et surtout les livres que l'un des ex-maîtres avaient trouvés pour moi à Fada, des livres dont toutes les histoires, à force de lecture et de relecture, m'avaient été si familières. Tout cela m'avait permis de garder un niveau comparable à celui de mes camarades écoliers de Gouro.

Au début avril déjà, le groupement arabe bouillait à Arada. Les combattants allogènes du groupement étaient mécontents devant le traitement injuste qu'on leur infligeait. Ils accusaient les conseillers libyens du groupement qui étaient les seuls juges de l'opportunité de sortie du matériel et de la logistique en fonction de la destination. Chaque matin, des Safes des combattants dudit groupement se tenaient pour palabrer pendant des heures.

Pour les combattants du groupement gorane, tout prétexte était bon pour retourner sur Kalaït ou Bao-Bilia, en bref pour fuir Arada.

Un matin, en plein Safe du groupement arabe, des tirs nourris, échangés entre les éléments à bout portant, s'étaient faits entendre. Des morts et des morts ! Les non-arabes "blancs" avaient quitté les rangs. Le groupement gorane, affaibli par le retour quasi-clandestin de ses combattants ne bougea pas. C'était insolite ! Inattendu ! Il lui était impossible de faire quelque chose.

Cette affaire clarifiait le positionnement du groupement dit arabe qui était devenu à partir de cet instant un vrai groupement arabe. Aucune décision n'avait été prise. Aucune enquête n'avait été initiée. Les Libyens aidaient de plus belle ce groupement qui devenait une vraie force. Le recrutement s'accélérait et le nombre très élevé d'éléments qui le composaient, faisait de lui une armée arabe dotée de moyens logistiques conséquents, fournis par la Libye.

Mon camarade Koré Allafouza faisait partie des témoins oculaires des tirs nourris échangé entre les éléments du groupement arabe. Il avait souffert à Arada où les combattants de son groupement avaient vécu durant des mois en se nourrissant que de Belilé[238]. Il avait eu l'intelligence de fuir Arada avant l'arrestation de ses chefs. Son retour d'Arada, les

---

[238] Belilé c'est du mil trempé dans de l'eau bouillante en gorane et arabe.

péripéties de sa fuite… sont une longue histoire. Nous espérons qu'il décide de l'écrire un jour.

Quelques jours après, vers la mi-avril, le chef militaire du groupement arabe, le combattant Abdelkerim exigeait de faire la fusion des combattants de deux groupements dans des sections unifiées et la recomposition des brigades civile et militaire pour la gestion d'Arada.

Dans le groupement gorane, il ne restait que des jeunes combattants. Mais, beaucoup d'entre eux n'avait pas attendu la réponse de leur Etat-major : ils étaient conscients du danger de se retrouver dans des sections où l'élément arabe était en surnombre. La plupart avait pris l'initiative de quitter Arada nuitamment en petits groupes à pied, à dos de chameau ou à cheval.

Depuis la libération de Fada, ce groupement n'avait pas eu de moyens logistiques : ses deux véhicules Land-Rover étaient sur cale faute de carburant et les armes lourdes étaient abandonnées sur place à Arada.

Un bon matin, les responsables du groupement gorane qui avaient refusé de fuir Arada comme les autres éléments, avant un ordre de l'Etat-major général des F.A.P, étaient arrêtés, torturés et menottés par la Direction du groupement arabe. Parmi ces prisonniers, Allabahani Guinki, Issa Abdallah Lebine et cinq autres responsables étaient remis aux autorités des F.A.P vers la mi-juin à Faya par les Libyens. Car, c'était une exigence de l'Etat-major général des F.A.P.

La conséquence de ces évènements d'avril à Arada avait été la création d'une Armée arabe soutenue par la Libye. La politique libyenne de propulser un leader arabe au Tchad a eu une base à Arada et une réalité par l'existence et la mise sur pied de cette armée nombreuse et fortement armée. Celle-ci ne répondait plus de la Direction des F.A.P que dirigeait Goukouni Weddeye. Ce dernier ne recevait pas d'aide de la Libye contrairement aux éléments d'Açyl Ahmat.

Il faut rappeler que l'adhésion massive des tribus arabes au sein du Frolinat des F.A.P à partir d'Arada n'était pas fortuite. Ces Arabes nomades qui n'avaient adhéré jusque-là à aucune forme de rébellion au Tchad étaient sous une menace possible des F.A.N de Hissein Habré. En effet, entre 1976 et 1977, mobilisés par leurs chefs de canton ou de tribu et sous les injonctions du C.S.M, ils avaient pourchassé les combattants de Hissein Habré pour le compte du pouvoir établi à N'Djamena[239]. Dès lors que ce pouvoir s'était affaibli en 1978, ils s'attendaient à des répliques des FAN.

L'arrivée de leurs fils avec les F.A.P qui leur amenaient des armes, était une aubaine. Ils avaient adhéré non pas pour les idéaux quelconques d'une rébellion mais contre les Goranes d'Hissein Habré devenus leurs ennemis par le truchement de la politique sadique du C.S.M.

En effet, entre 1976 et 1977, le C.S.M avait mobilisé les autorités traditionnelles arabes pour raviver les haines tribales vieilles de dix ans, des haines nées des événements de 1967 entre les Arabes et les Goranes dans la zone d'Arada-Kalaït, dans le but manifeste de créer une nouvelle belligérance entre les tribus arabes et goranes pour affaiblir la rébellion gorane de Hissein Habré.

---

[239] Le pouvoir du Conseil Supérieur Militaire (C.S.M).

En 1978, cette politique montrait ses limites. Bien qu'elle ait créé l'antagonisme souhaité, elle n'était pas payante pour le régime C.S.M. Car, ce peuple arabe avait été obligé d'adhérer à une force quelconque ou à une rébellion pour avoir des armes et se défendre : c'étaient les F.A.P qui les avait accueillis pour combattre le régime du C.S.M ! Les tenants de ce régime pouvaient méditer l'adage toubou qui dit : « Qui coupe un pilon courbe encaissera lui-même le coup. » L'effet boomerang en quelque sorte.

Vers mai 1978, la Direction des F.A.P avait jugé utile d'installer des radiophonies dans les bases-arrières. Mahamat Adoum dit "Djido" était le premier opérateur-radio de Gouro après la prise de Faya. Par un message, j'ai été appelé à Faya pour bénéficier d'une formation en vue de son remplacement. Mon tuteur était absent de Gouro. Donc, personne n'avait demandé mon avis sur le choix à faire entre l'école et la formation en radiophonie. Je devais encore quitter mes camarades de classe de cours moyen première année[240] qui étaient sur le point de passer l'examen final pour leur passage au dernier niveau de l'école primaire[241].

La Land-Rover de Wiché Kondeïmi, le responsable chargé des prisonniers de guerre à l'Ennedi, l'une des Land-Rover qui avaient été récupérées sur le contingent de Mayoumbila, conduite par le sergent Ryamta, un des prisonniers de guerre, était le seul véhicule à Gouro. La ligne directe entre Gouro et Faya n'était pas encore empruntée par les combattants depuis la chute de Faya. Jusque-là, on passait par Borkou-Yala, piste excessivement longue et difficile. Pour cette inauguration, le

[240] CM1.
[241] CM2.

guide Guedeï Mazamaza était sollicité mais ce dernier affirmait n'avoir jamais emprunté cette piste en voiture ! En plus, l'état de la voiture n'était pas fameux : le radiateur troué et colmaté laissait échapper d'eau, surchauffant le moteur à chaque vingt kilomètres. Il n'était pas prudent de la surcharger mais Kondeïmi allait laisser qui donc? Nous avions quitté Gouro sur une voiture pleine à craquer ! A dix-sept heures, nous tombions en panne, à Guiguirmêlê[242]. Toute notre eau avait servi à refroidir le moteur ! Nous n'avions pas bu depuis le matin ! En ce mois de mai, il faisait déjà très chaud, la température tournait autour de 40 degrés.

Le guide pointait son doigt vers l'horizon pour montrer une dune dont le contour était à peine visible et dit : « Voici Odouhou, à l'autre côté de la dune que vous voyez là-bas. D'ici une demi-heure, vous aurez de l'eau ! » Puis, il partit, une outre vide à la main. Il s'était fait accompagner de Moli Koko, d'Adigué Arami et de Wiché Kondeïmi.

Malgré l'assurance de notre guide, beaucoup d'entre nous souhaitaient aller avec les précurseurs. Il est humainement difficile de se priver d'eau pendant toute une journée. Attendre est pire encore quand on sait que chaque pas vous rapproche du point d'eau et que toute erreur du précurseur constitue une fatalité pour celui qui l'attend.

Le puits d'Odouhou n'était pas devant la dune indiquée. Nos précurseurs avaient parcouru pendant la grande partie de la nuit, des dunes, des coteaux et des montagnes en scrutant l'horizon sombre d'une nuit sans lune jusqu'à l'épuisement du guide. Ce n'était au lendemain à dix heures que le puits était découvert.

---

[242] A soixante-dix kilomètres de Faya.

A notre niveau, l'attente était difficile. Il y avait parmi nous, de personnes âgées et un enfant de moins de huit ans : c'était le jeune fils du guide. Pendant la nuit, chacun se contenait en s'arrosant du sable frais sur le corps. Mais, vers onze heures l'impatience laissait place à l'irritation : les conseils qui prévoyaient une mort certaine à qui osait partir sous cette canicule n'avaient pas découragé l'engouement irrésistible de découvrir l'autre côté de la dune indiquée ! Le sergent Ryamta avait démonté le radiateur presque vide. Les quelques gouttes recueillies n'avaient servi à rien. L'épuisement gagnait tout notre petit monde. La peau devenait sèche et la vision floue. La pensée de mourir de soif devenait une obsession malgré l'effort fourni par tout un chacun pour tenir et garder sa dignité malgré l'épuisement du corps.

A l'horizon, un chameau était apparu. C'était Moli, l'un de nos précurseurs qui apportait de l'eau. Il nous sauvait d'une mort certaine. Ses compagnons épuisés étaient restés au puits.

Par la suite, malgré les précautions prises pour se désaltérer, s'alimenter était devenu pénible. La bouche paraissait être une plaie par le contact des aliments et provoquait des douleurs atroces. Les organes de goût avaient beaucoup de peines à supporter la saveur des aliments

A Faya, j'étais logé au BCR[243] et mis à la disposition du service de formation. S'alimenter à Faya était difficile. En cette fin mai 1978, il y avait une sévère pénurie en produits alimentaires. Le BCR était le service le mieux entretenu à Faya avec une employée, une cuisinière qui préparait un repas par jour. Elle, faute de condiments, préparait la sauce aux légumes verts qu'elle

---

[243] Bureau central des radiophonies.

servait avec de la "boule"[244] accompagnée de salades. C'était un festin à Faya ! Mais moi, campagnard que j'étais, je ne mangeais pas toutes ces herbes vertes en salades ou en sauce. Je me contentais de dattes de mauvaise qualité cueillies dans la cour ou de la boule sans sauce. J'étais autant étonné de mes nouveaux collègues qu'eux l'étaient de moi : pour eux, c'était inconcevable de refuser le meilleur plat qui puisse exister à Faya en cette période de famine ! Moi, je ne pouvais voir des hommes s'alimenter des herbes ! Abdelaziz Izzo, notre chef, informé de mes difficultés alimentaires, cherchait de temps en temps, pour moi, des boîtes de conserve de lait en liquide que les fraudeurs amenaient de Libye.

Sur le plan de la marche de la rébellion, il faut rappeler que la plupart des Toubous avaient pris les armes ou s'étaient rebellés pour ne pas se résigner à l'injustice et à l'oppression, pour refuser le diktat de ceux qui avaient eu l'arme ou le pouvoir du système établi et ce, depuis le temps des colons.

Beaucoup d'entre eux n'avaient pas l'idée de prendre le pouvoir. Toutes les idéologies professées par des intellectuels minoritaires n'étaient pas perceptibles. La masse des combattants rêvait d'un monde sans pouvoir établi ni prison. Ils en avaient assez de l'injustice qui tenait lieu de justice. La seule loi perceptible et juste était la loi traditionnelle touboue basée sur les interdits et les compensations.

Tous les guerriers valeureux étaient rentrés à la maison depuis la libération du BET. Ainsi, les forces de Goukouni Weddeye étaient devenues des éléments composés de jeunes ressortissants du BET.

---

[244] Pâte de farine.

Une observation stricte faisait dire que des responsables de premier plan étaient également enclins à l'immobilisme. Ils ne prenaient pas d'initiatives. Pour la plupart des combattants ressortissants du BET, la libération de leur région en février 1978 était synonyme de fin de mission.

Sur le plan social, depuis février, les villes libérées ne recevaient pratiquement ni vivres ni autres produits de première nécessité. Ces villes avaient épuisé les stocks des produits de première nécessité. La situation sociale était devenue précaire dans le BET et les pénuries alimentaires étaient courantes. Les combattants, chefs de famille allaient clandestinement en Libye pour faire des travaux manuels dans ce pays pétrolier où il y avait un déficit de main-d'œuvre. Ils en revenaient avec de petits moyens pour les besoins élémentaires[245] de leur famille.

Sur le plan militaire, la ligne de front de Salal était bloquée par le manque de moyens logistiques. Il y avait en face d'elle la puissance des forces françaises.

Le chef d'Etat-major général troisième adjoint des F.A.P, Açyl Ahmat, seul responsable qui recevait encore des moyens logistiques libyens, avait à son entière disposition les forces "arabisées" d'Arada. Il avait décidé de façon unilatérale, sans saisir ni la Direction ni l'Etat-major général des F.A.P, de lancer une offensive sur Djedda et Ati dans le Batha en mai 1978. Pour ce faire, il utilisait en plus des combattants arabes quelques jeunes du BET utiles pour l'usage des armes ou la conduite des

---

[245] Alimentaires et vestimentaires.

Toyota. Les forces françaises avaient facilement mis en déroute l'incursion arabe. Rappelons que ces éléments n'étaient pas encore des combattants aguerris. Ils venaient de rejoindre la rébellion depuis quelques mois et beaucoup d'entre eux venaient d'être recrutés. Tout était nouveau pour eux : la vie combattante, les privations, la gestion de l'arme par le combattant voire la guérilla ; Le sifflement des balles ou le bruit des jaguars français étaient des contraintes pour ces recrues.

Le chef d'Etat-major troisième adjoint regagnait Faya en catastrophe sous la rassurante protection des jeunes combattants goranes.

Comme l'offensive avait été menée sans l'aval préalable du commandement des F.A.P, Açyl ne jugeait pas utile de s'arrêter à Faya. Un avion spécial était venu de Libye pour le conduire directement là-bas via l'aéroport de Faya. Les forces rescapées s'étaient dirigées en grande partie vers Arada, leur base. Le reste arrivait à Faya : une partie côtoyait les Libyens à l'aéroport tandis que l'autre logeait au lycée[246]. En réalité, dès ce retour, les combattants arabes cessèrent de collaborer avec les autres responsables des F.A.P. Ils les accusèrent de les avoir laissés se faire massacrer par l'aviation française sans leur apporter les renforts nécessaires dans le seul but de les affaiblir. Mais leurs responsables, comme d'ailleurs les "amis" libyens savaient que les combattants toubous des F.A.P, même s'ils avaient eu l'intention de le faire, ne pouvaient pas les secourir faute de moyens logistiques, particulièrement le carburant.

Adoum Togoï, alors chef d'Etat-major général et Abdrahaman

---

[246] Ancien lycée de Faya qui était en ce temps le domicile du chef d'Etat-major Acyl Ahmat.

Abouragaba, son premier adjoint avec l'appui de la brigade mixte dirigée par Aizountou Galma faisaient tout pour éviter une guerre à Faya entre les Arabes et les Goranes. Pourtant, beaucoup d'éléments des F.A.P avaient subi les atrocités des Arabes et des Libyens à Arada. Parmi ceux-là, il y avait le groupe d'Allabahani Guirki et également les éléments de la Première Armée qui avaient appartenus au groupement arabe.

Le comportement des Arabes depuis qu'ils avaient chassé tout allogène de leurs rangs à Arada, les liens étroits qu'ils gardaient avec les Libyens et les moyens logistiques qu'ils recevaient d'eux pendant que les autres combattants végétaient dans la misère, agaçaient les autres.

Les combattants goranes avaient accusé la Direction des F.A.P de cet état de fait mais ils savaient que les Arabes ne répondaient pas d'elle qui, pour ces Arabes, était accusée de les avoir lâchés à Ati et à Djedda. Mais, celle-ci n'osait déclarer une rupture ni avec les combattants Arabes ni avec les Libyens.

Faya en juin, juillet et août 1978 était le lieu où se pavanaient des éléments armés, en groupes ethniques arabes ou goranes, et, le lieu de démonstration de forces et de provocations gratuites avec un mépris affiché des uns pour les autres. Des ignares armés ! La force militaire y était tenue par des analphabètes influencés par Kadhafi qui affichait des visées sur la marche de la rébellion. L'explosion était inévitable. Tout prétexte était bon pour charger l'autre camp qui ne pouvait pas avoir raison.

Le problème était le sort de toute cette masse de jeunes qui avaient quitté leur école, leur lycée, leur université, leur travail ou leur famille pour se retrouver dans ce monde de tribus acharnées les unes contre les autres. Ces jeunes avaient besoin de discuter, de raisonner et de changer d'idées qui avaient pour eux une importance. Mais, il y avait en face d'eux des Goranes et des Arabes analphabètes dans leur majorité, réduits aux conditions de survie par des régimes successifs depuis les colons et qui se méfiaient les uns d'une Libye désireuse de les dominer et les autres qui voulaient rejeter une dominance des Goranes avec qui, le mépris et les rancunes des guerres tribales de 1967 et celles avec les Goranes des F.A.N de Hissein Habré en 1977 étaient encore vivaces dans l'esprit de ces Arabes dont la plupart étaient les acteurs des conflits précédents. Il y avait un fossé entre les jeunes intellectuels originaires de toutes les ethnies musulmanes du Tchad appelées communément les Nordistes, venus nouvellement dans le Mouvement pour faire aboutir les idéaux du Frolinat, avec une volonté manifeste de débat d'idées et les tribus conduites malgré elles dans tous ces troubles et qui luttaient juste pour leur survie.

Dans ce climat délétère, un groupe de combattants arabes qui passait à côté d'un Himmi[247], tirait des balles réelles. Il avait tué Togoï, un jeune danseur gorane, à bout portant sur les dunes de Torchoï-nga[248]. La panique s'était emparée des dunes provoquant un sauve-qui-peut général.

La brigade mixte, alertée, s'était rendue sur les lieux. Les Arabes avaient immédiatement ouvert le feu, blessant le chef du peloton, Abbo Outman. Alors, des tirs s'étaient échangés entre la brigade mixte et les Arabes jusqu'au repli de ces derniers au lycée, leur base.

Une semaine durant les passants aux alentours du lycée étaient

---

[247] Danse gorane de jeunes filles.
[248] Quartier de Faya.

tués ou mis aux arrêts par les Arabes. La ville vivait dans un climat de peur.

Malgré tous ces faits, Mahamat Abba Seid, le seul responsable de la Direction des F.A.P présent à Faya, était écouté par la partie gorane pour éviter le bain de sang. Mais, ce n'était pas pour longtemps. Des toits du lycée, le huitième jour vers 15 heures, les Arabes tuaient la jeune épouse et le fils de trois ans d'un combattant : c'était le déclic. L'assaut des Goranes était lancé. C'était à partir de la devanture du BCR que le canon 106mm de Moussa Sougui tirait sur le lycée. Les combattants arabes du lycée étaient étouffés par la violence des attaques. Beaucoup étaient faits prisonniers et plusieurs morts de part et d'autre.

Les prisonniers arabes étaient regroupés devant le BCR avant leur acheminement au Borkou-Yala. Dralié Harba et Hassan Nimé, deux jeunes lycéens de Faya étaient parmi les prisonniers que détenaient les Arabes au lycée. Ils étaient exécutés par un insoumis pendant que les autres déposaient les armes pour se rendre.

Quelques jours avant, la représentation des F.A.P à Sebha était attaquée par des Arabes appuyés par les services spéciaux libyens. Le chef d'Etat-major Adoum Togoï avait été blessé. Keleï Abdallah Lebine et quelques autres responsables toubous étaient arrêtés par le régime libyen.

Les éléments libyens installés à l'aéroport de Faya étaient encerclés par l'ensemble des combattants goranes déchaînés pour exiger la libération de leurs chefs emprisonnés en Libye. Goukouni Weddeye, Adoum Togoï et quelques autres étaient rapidement amenés de Libye par avion à Faya ; ces responsables avaient encore laissé la base libyenne et la base arabe de l'aéroport de Faya.

Les prisonniers arabes pris dans ce combat de juillet avaient été envoyés dans le Borkou Yala avant le retour des responsables des F.A.P.

Malgré la présence d'Adoum Togoï et de Goukouni Weddeye à Faya, la situation en juillet restait instable. Le rapport de coexistence entre les Goranes, les forces libyennes, les éléments arabes et les éléments ni goranes ni arabes de F.A.P à Faya n'était pas clarifié. La méfiance était générale.

Goukouni Weddeye, Adoum Togoï et Mahamat Abba Seid étaient repartis en Libye en laissant derrière eux une situation explosive. Açyl qui était là-bas depuis son échec du Batha, y restait. A Faya, Abdrahaman Abouragaba était le seul responsable de l'Etat-major général des F.A.P à être présent.

Des renforts arabes étaient venus d'Arada à l'insu des Goranes. Les Libyens avaient associé au coup anti-Gorane certains non-Arabes y compris Abdrahaman Abouragada.

Un bon matin vers quatre heures, pendant le mois d'août, une nouvelle offensive était lancée sur Faya par les forces non-Goranes, appuyées par les Libyens. Elle commençait par un pilonnage intensif suivi d'un assaut. Les rescapés goranes s'étaient retrouvés sur les monts Bili et Yougour. Les Arabes avaient pris le contrôle de la ville pendant quelques heures. Ils avaient tué Ainzountou Galma alors, chef de la brigade mixte et partisan farouche de la cohabitation pacifique entre les Arabes et les Goranes à Faya.

J'étais encore à Faya quand la seconde bataille, l'assaut des Arabes sur la ville était lancé. J'avais pu rejoindre la montagne Bili sous une pluie de bombes. C'était là-bas que les combattants rescapés goranes s'étaient retrouvés. « Où allons-nous en laissant Faya aux Libyens et aux Arabes ? », se demandaient les fuyards. Alors, une contre-attaque était décidée d'un commun accord. C'était autour de certaines personnalités que de petits groupes s'étaient formés. Le nôtre contenait outre Orozi Lony, membre de la Direction des F.A.P, Wordougou Wodji, Abdallah Wordougou, Youssouf Yoskoïmi, Oky Wordougou, etc. Notre équipe entamait sa percée par les dunes qui se trouvaient entre la Place Blanche et l'aéroport de Faya. Etant sur la hauteur, nous causions beaucoup de dégâts. Cette intrusion avait coupé les attaquants arabes de leur base. Vers dix heures, la ville de Faya était entièrement reprise et l'aéroport encerclé. La perte en vies humaines était énorme de part et d'autre et parmi la population civile. Ainzountou Galma et Abderaman Abouragaba, les hauts responsables des F.A.P faisaient partie des victimes de cette guerre fratricide.

Les rescapés arabes avaient regagné Arada en catastrophe. Ils avaient pu se retirer parce que les Goranes n'avaient pas de carburant. Les Libyens étaient pris en tenaille et maîtrisés sans ménagement. Grâce à leurs moyens de communication, un échange s'effectuait pour faire revenir les responsables goranes des F.A.P bloqués en Libye.

Pendant ce mois d'août 1978, lorsque les F.A.P se désintégraient par des combats internes entre les Arabes et les Goranes, les accords de Khartoum étaient rapidement réactivés. Ces accords avaient été laissés en veilleuse depuis septembre 1977 à cause d'un fait : dès février 1978, toute la région du BET, presque la moitié du territoire national, avait passé sous le contrôle de la rébellion du Nord dirigée par Goukouni Weddeye. Alors, le C.S.M avait cru nécessaire de chercher les voies de la paix avec les rebelles du Nord[249]. Les négociations avec cette aile du Frolinat soutenue par la Libye de Kadhafi qui avait mis lui aussi ses exigences, avaient abouti aux accords de Sebha-Benghazi signés en mars 1978 entre le C.S.M et le Frolinat Aile Goukouni Weddeye. Ces derniers accords n'avaient pas plu au C.S.M, surtout à la France qui était sortie de sa période électorale. Finalement, le C.S.M[250] les avait dénoncés toute honte bue, sous l'injonction française. Le C.S.M et la France qui n'avaient pas jugé nécessaire d'appliquer les accords de Khartoum jusque-là, avaient précipité leur application ce mois d'août 1978, le moment des guerres et des troubles internes au sein des F.A.P de Goukouni Weddeye à Faya.

Hissein Habré était devenu Premier Ministre à N'Djamena après la signature de la charte fondamentale issue des accords de Khartoum.

Du côté des F.A.P, la rupture avec la Libye était consommée. Celle avec les Arabes d'Açyl Ahmat aussi. Arada restait une zone ennemie. La Libye devenait un ennemi déclaré. La liaison entre Arada et la Libye par voie terrestre était coupée.

Malgré ces guerres tribales, notre formation en radiophonie était achevée dans des conditions acceptables et j'avais pu regagner Gouro en août 1978. L'installation de la radio dans la palmeraie de Gouro permettait une réception et une émission maximale matin, midi, soir et au cours de la nuit avec presque l'ensemble

---

[249] Aile Goukouni Weddeye.
[250] Le général Maloum dénonça les accords signés par le Général Mamary Djimé Ngarkinar.

des radios utilisées sur la fréquence commune. Je devenais depuis, grâce à l'excellente qualité de mon appareil, l'entremetteur des messages de toutes les localités des F.A.P en ce dernier semestre de l'année 1978 : les messages de Fada, Kalaït, Salal, Bardaï, Zouar… avec Faya passaient par moi. Leurs réponses ainsi que les messages destinés à la Radio-Bardaï[251] aussi ! J'étais seul pour tenir la vacation. Pendant des mois durant, j'étais l'opérateur qui répondait à tout appel et à tout instant, parfois tard dans la nuit pourvu que l'urgence se signalât. C'était un travail épuisant et ma voix naguère percutante ne portait plus comme avant : une corde vocale était cassée.

A partir d'août 1978, les forces armées populaires étaient des Teda dans le Tibesti, des natifs à l'Ennedi (Teda-gouroa[252], Biliada, Borogat, Mourdia, Gaeda, Ounia….) Et, le Borkou était à l'image de ses natifs à l'exception de Faya, la capitale où siégeaient tous les responsables. La position avancée de Salal dans le Kanem était tenue par les Daza du Djourab, de Souliat ou d'Arada et les Kréda de Bahr-el-gazal dont la grande majorité était des combattants Alhadji[253] : il s'agissait des jeunes Kréda ou Daza, originaires du Kanem venus des pays du Golfe ou des autres pays arabes. Ils étaient issus de la communauté immigrée du Kanem.

C'étaient les descendants de la communauté qui avait fui le

---

[251] Cette radio était pourtant en Libye ! Nous envoyions des messages malgré l'état de belligérance dans lequel nous nous trouvions.
[252] Les Teda de Gouro : il s'agit d'un groupe de Teda qui, en grande partie s'est intégré dans l'Ennedi pour des raisons de pâturage et qui s'est brassé avec les natifs de cette région. La génération actuelle s'exprime dans sa grande majorité en Dazaga au lieu de Tedaga, son dialecte d'origine. Il y a lieu de rappeler que le Tedaga, le Dazaga et le Karanga sont les dialectes de la langue.
[253] Mot arabe qui désigne celui qui a fait le pèlerinage à la Mecque.

Tchad en 1942[254] lors du massacre perpétré par les colons français suite au décès d'un des leurs, tué par un Kréda entre Massakori et Moussoro. Pour la mort de ce Blanc, Moussoro avait été incendiée. Une chasse à l'homme avait été organisée par l'Armée coloniale dans tout le pays kréda. Rien n'avait été épargné pendant une semaine dans tout le Bahr-gazal : des villages et des fericks entiers avaient été décimés. Les survivants avaient fui et, ainsi, les Krédas apeurés s'étaient retrouvés au Soudan. Ils avaient migré dans le monde arabe. Ils étaient alors nombreux en Arabie Saoudite. Les jeunes issus de cette communauté, devenus combattants du Frolinat, avaient eu le surnom de "combattant Alhadji".

Ces combattants Alhadji étaient nés ou avaient grandis dans le monde arabe où ils avaient vécu en marge de la société. Très versés dans leur jeunesse, dans le domaine religieux et endoctrinés contre les ennemis du monde arabe, ils étaient venus rejoindre le Frolinat CCFAN aile Goukouni Weddeye à partir de 1977 juste après la libération de Bardaï. Ils croyaient installer au Tchad un régime sur le modèle islamique, un régime inspiré de la charia, antioccidental et contre le sionisme. Des notions telles que la laïcité de l'Etat, la démocratie, la tolérance, la diversité… leur étaient totalement incompréhensibles.

A Salal donc, en plus des ressortissants du Kanem[255], il y avait des jeunes combattants ressortissants du BET. Ceux qui n'avaient pas encore des charges familiales à supporter[256] acceptaient en effet des affectations lointaines et prolongées. Le

---

[254] Année encore identifiée par « moussoua wouninga » qui veut dire année où Moussoro fut en feu.

[255] Des combattants Alhadji ou des recrues.

[256] Des épouses et des enfants à nourrir.

travail du Frolinat étant sur la base du bénévolat, il devenait antinomique à toute forme de vie familiale pour peu que les missions soient lointaines et permanentes.

Les combattants Alhadji venaient côtoyer non pas les anciens du Frolinat, ceux qui avaient pris les armes pour des idéaux mais des jeunes des régions libérées. C'étaient souvent des élèves dont l'école était fermée par les évènements, de la main-d'œuvre des villes, des portefaix, des colporteurs, des désœuvrés, des délinquants ou des éleveurs lassés de faire paître le troupeau de la famille pendant que des jeunes comme eux se pavanaient l'arme à la main, prêts à réaliser des exploits. Tout cet ensemble hétéroclite était un monde très proche du vice : l'alcool ou la prostitution.

En 1978, c'étaient ces recrues qui prenaient le relais pour mener la marche du Frolinat quand les combattants qui avaient fait de la rébellion ce qu'elle était[257], s'étaient éclipsés qui, pour reconstituer son troupeau de moutons, de chèvres ou de chameaux, qui, pour refaire son jardin de palmiers dattiers ou ses potagers. D'autres avaient clandestinement pénétré en Libye pour utiliser leur force au travail dans le but de se constituer un capital. Il était devenu très difficile aux responsables des F.A.P de faire garder de positions éloignées du BET par des combattants aguerris. Il leur était possible de les mobiliser pour une guerre ou pour une mission ponctuelle mais les affecter de façon permanente même en qualité de responsable n'était pas facile. Ceci avait permis aux combattants alhadji de se constituer, en fin 1978, en une armée ou plutôt en un embryon

---

[257] Ceux qui avaient tenu face à la France, ceux avaient souffert pour fonder cette imposante force, ceux qui s'étaient sacrifiés pour gagner l'expérience à la guerre, aux privations…, ceux qui avaient libéré le BET.

d'armée avec des ressortissants du Kanem qui avaient des idées calquées sur le modèle arabe de conception du pouvoir et réfractaires à la laïcité de l'Etat. A Salal donc, les "intellectuels" arabophones influençaient sur la marche de la révolution.

En fin 1978, les F.A.P[258] se retrouvaient seules maîtres de tout le BET et en plus, d'une position importante dans le Kanem[259]. La Libye devenue ennemie de cette composante, bloquait toute entrée de produits de première nécessité au Tchad. Presque tout manquait encore dans les zones libérées[260]. La circulation des responsables entre les différentes localités du BET était également difficile. D'ailleurs, chaque localité était tenue par ses natifs.

Kalaït était tenue par de jeunes combattants. C'était le point avancé, la ligne de front entre les F.A.P de Goukouni et les éléments arabes d'Açyl Ahmat basés à Arada[261]. Les combattants de Kalaït étaient en majorité des élèves venus du lycée de Faya ou du lycée d'Abéché. C'était une jeunesse éveillée, politisée par l'ampleur des évènements vécus et au courant des enjeux nationaux. Une jeunesse qui avait connu la discrimination des régimes de Tombalbaye et du C.S.M. Contrairement aux autres combattants, cette jeunesse était volontaire et elle acceptait de tenir les positions avancées. Lors de la constitution de la force arabe à Arada au premier semestre de l'année 1978, pendant que les autres combattants utilisaient n'importe quel prétexte pour fuir la ligne de front, les "dit-donc"[262] avaient accepté de côtoyer les combattants arabes.

---

[258] La composante touboue.
[259] La zone de Salal.
[260] Sous contrôle des F.A.P.
[261] Qui est une localité de la région de Biltine située à cent kilomètres au Sud de Kalaït.

Beaucoup d'entre eux avaient été lâchement éliminés à Arada par les combattants arabes. Donc, en fin 1978, les élèves faisaient le surnombre à Kalaït. Parmi eux, il y avait des rescapés d'Arada. Devant l'immobilisme des F.A.P, ils couvaient un insidieux sentiment de vengeance. Alors, ils avaient décidé d'attaquer les Arabes d'Arada. Faute de moyens logistiques, ils n'avaient pas réuni beaucoup de combattants. Sans se référer aux autorités des F.A.P, ils avaient fait mouvement sur Arada un soir de décembre 1978. Ils avaient passé la nuit à Wadi-Hama[263]. La région était habitée par des éleveurs arabes. Ceux-ci ne tardaient pas à dépêcher un cavalier éclaireur. Le lendemain matin, les "dit-donc" étaient accueillis sur les dunes d'Arada par les rafales des 14,5mm des Arabes terrés chez eux. Ils les avaient mis en déroute et les rescapés étaient revenus sur Kalaït à pied. La fraîcheur de décembre avait été leur seul salut. Si la période était chaude, ils n'auraient pas pu atteindre Kalaït, leur base arrière.

Les Arabes d'Arada n'avaient pas encore fini de fêter leur victoire quand les F.A.N de Hissein Habré, depuis longtemps aux aguets, à la recherche de toute occasion propice, les avaient surpris pour les écraser et prendre le contrôle de la localité.

La prise d'Arada était une aubaine pour les F.A.N de Hissein Habré :

Les magasins étaient pleins d'armes et de munitions, logistique qui faisait cruellement défaut chez les F.A.N. Plus tard, ce butin avait permis aux F.A.N de résister aux évènements de 12 février

---

[262] Sobriquet des élèves et des intellectuels donné par les combattants illettrés car ils avaient l'habitude de les entendre parler en français et ainsi d'employer souvent ces propos.

[263] Oued pâturage des nomades arabes situé entre Arada et Kalaït.

1979, et de prendre en tenaille les forces du C.S.M dans les villes du Nord. Cet arsenal comblait le déficit chronique en armes sophistiquées, en anti-char, en bitubes anti-aériens et en munitions ;

Arada constituait un goulot d'étranglement qui bloquait tout mouvement des F.A.N vers les zones de Djourab et du Nord–Batha, pour le recrutement en faveur de Hissein Habré en milieu Anakaza et Daza[264];

C'était une revanche à prendre sur les groupes arabes qui avaient servi le C.S.M en 1977 en s'attaquant aux éléments du CCFAN à Aramkolé. Car, la mort des combattants aguerris qui avaient accompagné Hissein Habré depuis Gouro était attribuée à ces Arabes[265] ;

C'était également une occasion pour les F.A.N et Hissein Habré d'éliminer l'unique zone d'influence au Tchad, tenue par les alliés de la Libye de Kadhafi.

La prise d'Arada par les F.A.N favorisait la restauration d'une certaine confiance entre les Goranes des F.A.N et des F.A.P basés au BET plus particulièrement ceux de l'Ennedi.

C'était pendant les évènements de Faya opposant les éléments arabes d'Açyl appuyés par la force libyenne, aux combattants Goranes que le C.S.M crut à la nécessité de vite intégrer Hissein Habré dans sa stratégie de lutte contre les rebelles du Nord. La France qui faisait croire que ses forces armées bloquaient l'avancée des combattants de Goukouni Weddeye à partir de

---

[264] Populations très favorables à Hissein Habré pour des raisons évidentes de lien de sang.
[265] Ex-cavaliers au service du C.S.M.

Salal adhérait parfaitement à cette stratégie.

Rapidement, Hissein Habré rentrait à N'Djamena par la grande porte, en qualité de Premier Ministre.

Les accords lui donnaient la possibilité de partager le pouvoir avec le Sud. Se contentait-il du strapontin de Premier Ministre pour servir le régime établi ? La classe politique au pouvoir, le Sud qui était au pouvoir ou les cadres sudistes qui géraient le pays depuis l'indépendance allaient-ils accepter de céder la moitié des avantages acquis, à une clique de Nordistes dirigée par un grand rebelle, conformément à des accords ?

Le C.S.M avait du pain sur la planche pour mener à bien sa stratégie. Celle-ci consistait à créer des failles au sein de la rébellion du Nord pour l'affaiblir par l'apport de Hissein Habré. Pour sa réalisation, le C.S.M devait rassurer sa trouvaille, Hissein Habré.

La situation du pays était telle que les ressortissants du Sud occupaient la quasi-totalité des postes de responsabilité dans tous les rouages de l'Etat. Dans l'Armée, la Police, la Gendarmerie, la Garde Nationale et Nomade et dans toutes les directions des services publics et parapublics. Il y avait des postes de responsabilités occupés par despotisme, népotisme, régionalisme ou par confessionnalisme. Mais, il y avait aussi des postes qui exigeaient une certaine compétence professionnelle ou une expérience et auxquels les tenants avaient fait un parcourt pour y parvenir. Il revenait au C.S.M de créer un leadership capable de faire adhérer les cadres sudistes qui occupaient les responsabilités du pays, à l'esprit des accords de Khartoum d'une part et d'autre part, de faire en sorte qu'Hissein Habré arrivât à fixer des limites réalistes. Car, Hissein Habré devait savoir que les résultats de 19 ans de pouvoir régionaliste ne pouvaient pas être équilibrés du jour au lendemain. Le C.S.M n'avait pas l'adhésion de la plupart des cadres du Sud qui occupaient les postes. Personne ne voulait céder sa place à des rebelles, des musulmans, des ignares et des incompétents ! La divergence au sein du C.S.M était telle que le malaise parût au grand jour. Des milieux sudistes laissaient fuser des critiques acerbes sur l'action « des officiers irresponsables qui ont amené le loup dans la bergerie ».

En effet, Hissein Habré arrivait à N'Djamena avec une armée petite en nombre, mais très efficace, composée de combattants aguerris et expérimentés par de multiples guerres pendant des années de privations et de vie de maquisard.

Au début, il y avait eu un déficit d'armement et de munitions mais la prise des magasins d'Arada en janvier 1979 comblait cette faiblesse. En disposant des magasins d'armes et des munitions à Arada au profit des Arabes, le régime libyen de Kadhafi avait indirectement aidé le CCFAN de Hissein Habré dans sa future lutte contre le C.S.M.

Le C.S.M était trop faible pour jouer un rôle de leader capable d'amener un grand changement qui équilibrait le Nord et le Sud dans la paix. Même si le président Malloum et les autres généraux du gouvernement du C.S.M dirigeaient le pays, ils avaient été sortis de la prison de Tombalbaye par des hommes qui avaient pris tous les risques et qui conservaient encore une ascendance morale sur le destin du régime. Ceux-là étaient écoutés et leur point de vue comptait dans l'opinion de la classe au pouvoir. Ceux-là n'adhéraient pas totalement à l'option Habré pour le pousser à mettre en œuvre la gestion commune, manœuvre qui avait pour but de barrer la route à la rébellion soutenue par la Libye. Cette stratégie était au prix de trop de sacrifices des ressortissants du Sud et au mépris de leurs avantages matériels.

Hissein Habré était devenu ainsi premier ministre dans un climat de méfiance vis-à-vis de ceux qui pesaient dans le régime C.S.M. Devant l'hésitation des tenants du pouvoir du C.S.M, Hissein Habré cherchait le soutien et l'appui populaires. La population musulmane lésée par tant d'années de pouvoir sudiste attendait avec impatience la venue d'un leader. Hissein Habré exprimait sa détermination par des discours incendiaires et promettait de changer la marche du pays. La population musulmane ou nordiste de N'Djamena avait compris à travers la position de Hissein Habré que quelqu'un luttait pour obtenir leur part, la part des musulmans dans la gestion du pays ! Les mosquées, les écoles et les marchés, les rencontres de baptême ou de circoncision, les cérémonies de deuil ou les stades et les terrains de sport étaient des lieux de mobilisation et de propagande pour soutenir Hissein Habré que l'on présentait comme le seul défenseur des musulmans.

Il n'était pas difficile de montrer aux Tchadiens des années 1978 et1979 la gestion presque exclusive du pays par le seul Sud, par les seuls "Sara" ou par les seuls "chrétiens". C'était une évidence. Tout musulman N'Djaménois qui pouvait oser se déterminer vivait comme un scandale à réparer par son alignement derrière Hissein Habré. Celui-ci, devant la réticence des Sudistes quant à l'application des accords, refusa de se laisser prendre. Il avait besoin de l'appui des N'Djaménois quel que fut le thème de leur mobilisation. Personne ne se posait la question de la finalité d'un pouvoir obtenu sur des thèmes sectaires, régionalistes ou confessionnels. D'ailleurs, l'obtention du pouvoir apparaissait encore pour beaucoup comme une utopie. Le rapport des forces étant du côté du C.S.M, les F.A.N de Hissein Habré et les musulmans N'Djaménois qui l'appuyaient n'avaient d'autres idées que la survie, la résistance à l'arrestation et à l'emprisonnement. Le mot d'ordre était : « Faire tout pour éviter de subir le sort de Jean-Baptiste, de Djibrine Kérallah et bien d'autres hommes politiques des années soixante qui avaient naïvement cru changer la donne par des voies pacifiques ou démocratiques[266]. »

Pourtant, tout le monde savait qu'il ne suffisait pas de signer des accords avec le C.S.M pour amener un important changement au pays. Dès les premiers Conseils des Ministres, les premiers rapports avec le Président Malloum, des points de divergence étaient apparus. Le reste du temps avait servi à chacun à réunir ses atouts pour prendre le dessus. Le quiproquo avait persisté jusqu'au 12 février 1979, date de l'éclatement des hostilités entre le C.S.M et les F.A.N à N'Djamena.

Pour beaucoup de Tchadiens surtout sudistes, le 12 février 1979 était le début de la guerre civile au Tchad ! C'est parce que les civils originaires du Sud du pays qui se trouvaient à N'Djamena étaient victimes pour la première fois des balles tirées par des Nordistes. Par contre, cette date ne pouvait être le début de la guerre civile pour la population nordiste : elle qui avait été victime de massacres par les soldats du gouvernement de Tombalbaye de 1963 à 1975, de l'Armée française et ses mercenaires de 1968 à 1972 et des forces du C.S.M de 1975 à

---

[266] Les hommes politiques musulmans des années soixante, les plus chanceux parmi eux étaient tous passés par la prison et les autres, par les armes ou disparus dans les geôles tenues par des tortionnaires français. Le régime du parti unique décidé par les mentors des gouvernements français d'alors et exécuté par Tombalbaye avait broyé tous ceux qui avaient cru aux vertus de la démocratie.

1979.

La petite troupe de Hissein Habré n'était pas seule en ce 12 février 1979. Elle avait reçu l'appui de la plupart des soldats musulmans ou nordistes qui se trouvaient dans les différents corps de l'Armée du C.S.M. Parmi la population civile musulmane de N'Djamena, les jeunes cadres nordistes et les élèves avaient massivement pris les armes pour s'aligner derrière les F.A.N de Hissein Habré. Tout ce monde prenait les armes pour défendre le Nord, le musulman et surtout Hissein Habré. Le C.S.M. n'avait pas pu écraser la petite armée de Hissein Habré basée à Sabangali.

Cependant, les forces des F.A.P fidèles à Goukouni Weddeye basées à Salal, ne subissaient pas de menaces réelles depuis que la force française et les éléments du C.S.M s'étaient repliés sur Moussoro. Elles étaient en ce temps là, composées en majorité de ressortissants du Kanem. Le manque de vivres avait fait fuir de Salal ceux qui n'avaient pas d'attaches notoires[267] avec les habitants de la région. Les combattants ressortissants du BET, sauf les Daza, étaient retournés sur Faya. Les principaux responsables des éléments des F.A.P à Salal en ce début février 1979 étaient des combattants Alhadji qui étaient les plus anciens parmi les ressortissants du Kanem. Le reste de la troupe se composait de recrues venues rejoindre la marche victorieuse des F.A.P après le mois de mars 1978, la date de l'arrivée des combattants des F.A.P à Salal.

Dès le déclenchement des hostilités dans la capitale tchadienne entre le C.S.M et les F.A.N le 12 février 1979, les forces des F.A.P basées à Salal avaient quitté pour N'Djamena. Il n'y avait

---

[267] Des liens de parenté ou des relations de mariage.

pas d'obstacle majeur. Les forces françaises et les éléments des FAT basés à Moussoro, désorientés par l'issue incertaine des combats à N'Djamena, se contentaient de garder leur position. Il suffisait aux combattants des F.A.P de contourner Moussoro et la porte de N'Djamena était ouverte. Ils avaient décidé d'y entrer sans pour autant penser qu'ils étaient le bras-armé d'une organisation politique comme l'avait fait Açyl Ahmat en mai 1978 pour attaquer à son propre compte Ati et Djeda dans le Batha lorsqu'il avait été le seul responsable des F.A.P avec la faveur du régime libyen et bénéficiaire des aides de Kadhafi. Mais dans les deux cas, l'obligation morale de se référer à son organisation politique était ignorée par des ambitieux, nouveaux adhérents à la marche du Frolinat.

Les forces des F.A.P basées à Salal arrivaient donc à N'Djamena en pleine guerre. Elles n'avaient pas demandé l'autorisation ou l'ordre des responsables des F.A.P pour faire ce mouvement. Etant sur place, il n'était pas question de se référer à une quelconque orientation de leur organisation politique. Pour ces combattants alhadji, il était dans la logique des choses de soutenir les F.A.N, de s'attaquer aux Sudistes, les non-musulmans et d'aider la "Umma"[268].

C'était ainsi que les F.A.P de Goukouni Weddeye avaient pris part au conflit dans la guerre de février 1979, aux côtés de Hissein Habré sans que la Direction des F.A.P n'ait pu faire un choix politique ou stratégique. Par leur positionnement sur la ligne de front, les combattants Alhadji venus de Salal avaient fait prendre aux F.A.P une ligne de conduite forcée, celle d'aider les musulmans ou les Nordistes contre les Sudistes, les non-

---

[268] La communauté en langue arabe. Le mot est utilisé pour désigné la communauté musulmane.

musulmans.

Contrairement à l'attaque lancée sur Ati et Djeda en mai 1978 par Açyl Ahmat, alors chef d'Etat-major troisième adjoint des F.A.P sans l'aval de la direction du mouvement, l'attaque qui n'avait pas eu le secours nécessaire de la Direction des F.A.P[269] lors de la réplique de l'Armée française avec des blindés et des avions de chasse de type Jaguar, Goukouni et ses combattants avaient suivi cette fois-ci les éléments de Salal pour les rejoindre dans la capitale N'Djamena. Ces responsables des F.A.P venus trop tard se trouvaient devant un fait accompli : les combattants avaient déjà pris part au combat aux côtés des F.A.N et des musulmans. La suite des évènements allait montrer qu'ils n'avaient encore pas rattrapé le temps perdu lorsqu'il fût question de former le Gouvernement d'Union Nationale de Transition[270].

Dans la région du Lac-Tchad, le Mouvement Populaire pour la Libération du Tchad[271] constitué des natifs du Kanem et du Lac avait pris en otage des européens à l'instar de ce qu'avait fait le CCFAN dans le BET et les avait ensuite libérés sous les bons offices des autorités nigérianes. Ce qui lui avait permis de tisser de bonnes relations avec les autorités du Nigeria.

Pendant les évènements du 12 février 1979, le MPLT s'était engagé aux côtés de Hissein Habré et des musulmans, les Nordistes.

Après diverses sollicitations, le Nigeria avait accepté d'intervenir dans la recherche de la paix. Il avait envoyé à N'Djamena, un

---

[269] Qui était immobilisée par une pénurie de carburant.

[270] GUNT.

[271] MPLT.

premier contingent dès le 4 mars 1979 et accepté de convoquer une conférence pour le 10 mars.

La Libye de son côté, avait préparé une attaque pour positionner le Conseil Démocratique Révolutionnaire[272] suite au déclenchement de la guerre du 12 février 1979. Elle regroupa alors les éléments arabes qui avaient quitté les F.A.P pour regagner la Libye. Certains étaient les rescapés des évènements d'août 1978 à Faya, d'autres étaient les rescapés d'Arada lors de l'attaque et la prise de cette localité par les F.A.N de Hissein Habré en janvier 1979. Plus d'un millier d'hommes étaient ainsi mobilisés. Des moyens importants étaient mis à leur disposition : des Toyota tout terrain, des armes lourdes de différents calibres[273], des mitraillettes[274], des vivres, des munitions, du carburant et des tenues militaires. Le tout était en nombre ou en quantité suffisants pour les besoins de ce contingent. Des meilleurs guides du désert étaient appelés parmi les Libyens[275], les anciens transporteurs du circuit commercial entre le Tchad et la Libye. Ils avaient été mobilisés pour la réussite de cette mission délicate.

Comme le Sud de la Libye est un pays toubou et que cette armée arabe allait au Tchad pour s'attaquer au monde toubou, l'alerte était vite donnée. L'effet de surprise, élément déterminant de l'issue de toute guerre n'existait pas. Les combattants des F.A.P, natifs des localités limitrophes à la

---

[272] CDR qui venait d'être créé dans la foulée avec les dissidents arabes des F.A.P de Goukouni Weddeye. Le CDR sera dirigé par Açyl Ahmat.

[273] Des 14,5mm bitubes et quadri-tubes, des canons de 106 mm sans recul, des SPJ 15, des Bazookas, des orgues de Staline, des mortiers de différents calibres…

[274] Gerenov de fabrication soviétique et AGRAP de fabrication Belge…

[275] Dans les années 50 et 60, au temps du Roi Idriss de Libye, ce sont les Libyens qui tenaient le trafic commercial entre le Tchad et la Libye.

frontière libyenne s'étaient organisés pour attendre l'imminence d'une attaque des forces soutenues par la Libye. Les populations des groupes ethniques dont les localités sont mitoyennes au Sud libyen, s'étaient positionnées pour organiser des secours mutuels comme leurs ancêtres l'avaient fait autrefois pour résister aux assaillants de tout bord. Personne ne connaissait la localité visée. Mais, dès lors que les assaillants avaient quitté Koufra, la pression était focalisée sur Ounianga Kébir et sur Gouro dans l'Ennedi.

Quelques jours plus tard, les assaillants étaient signalés à quelques dizaines de kilomètres d'Ounianga Kébir. Tout le monde pensait qu'ils allaient attaquer cette localité. Mais, fort curieusement, ils avaient contourné ce poste et continué vers l'intérieur du pays. Les secours quittèrent Gouro, Fada et Faya tandis que les éléments de Kalaït s'étaient mis en alerte pour attendre. Plusieurs groupes de combattants de différentes localités poursuivaient la force assaillante.

Je faisais partie des renforts de Gouro, en ce fin février 1979.

L'étude des indices avaient montré qu'il s'agissait d'une force imposante, importante et puissante qu'il n'était pas sage d'attaquer de front. Des consignes étaient échangées entre les différents groupes. Chacun supposait une intention de la force assaillante ou se posait des questions : « Va-t-elle attaquer Faya ? Kalaït ? Ira-t-elle jusqu'à N'Djamena ? Abéché ? Y aurait-il une autre force ou un autre contingent derrière celui-ci ? »

Des mesures particulières avaient été prises pour pallier toutes ces éventualités. Ces mesures avaient dispersé la puissance de frappe mais la prudence était garantie. Elle était ici aussi la mère de sûreté comme dit l'adage.

Contre toute attente, la force arabe continuait son chemin. Elle avait dévié Kalaït par l'ouest. Elle ne fléchissait pas face aux embuscades et aux escarmouches faites par des unités légères des F.A.P qui les talonnaient malgré les pertes en hommes et en véhicules.

A Ganatir[276], un accrochage de grande envergure avait eu lieu mais ce n'était pas avec le gros des troupes arabes : les assaillants avaient laissé une section pour embusquer les poursuivants. Repérée de loin, cette section avait été assaillie par les Toyota lancées à toute allure[277]. La section de Ganatir était anéantie.

Un des vaillants éléments des F.A.P, le combattant Allabahini Guirki était tué par un des prisonniers : ce combattant assaillant avait simulé la reddition pour ouvrir ensuite le feu. Il savait pourtant qu'il ne s'en tirerait pas.

Voilà une manière évidente qui montrait la détermination et surtout la bravoure de ces combattants arabes de la nouvelle organisation politique[278] !

La force du C.D.R poursuivie par plusieurs unités des F.A.P et attendue par les F.A.N s'était attaquée Abéché par l'ouest. Elle n'avait prévu ni une base de ralliement ni une issue de sortie, encore moins un relais pour accueillir ses blessés ou un arrêt pour permettre la recharge des ses armes lourdes. Elle s'était faite neutralisée par les feux conjugués des F.A.P et des FAN. L'Armée française basée à Abéché participait également à la

---

[276] Pâturage à l'ouest de Biltine.
[277] Méthode de tombeaux ouverts qui ne laisse pas à l'ennemi le temps de répliquer.
[278] Le CDR d'Açyl Ahmat.

chasse des rescapés.

A la fin des combats, on s'était rendu compte que la composition de forces assaillantes était arabe et que c'était des Arabes tchadiens. Il n'y avait pas d'armée libyenne pour les accompagner sinon quelques guides ou agents techniques[279].

Le fait que les Français aient tiré sur cette force supposée libyenne avait fait revoir la position des combattants des F.A.P vis-à-vis de l'Armée française au Tchad. Dorénavant, les F.A.P pouvaient tolérer la présence de l'Armée française au Tchad. Elle allait servir également aux F.A.P pour résister aux attaques libyennes, attaques qui visaient directement les F.A.P et la région du BET.

Depuis lors, les F.A.P avaient cessé de mettre le retrait des troupes françaises comme préalable à toute rencontre de négociation et ce, malgré la position extrémiste de certains combattants surtout les combattants Alhadji sur cette question. Car, les ressortissants du BET, région menacée par la Libye, avaient besoin d'appuis et d'alliés. La présence française au Tchad pouvait constituer un tant soit peu une dissuasion.

Depuis cette participation française dans la réplique des F.A.N et des F.A.P, la composante touboue des tendances armées, contre les Arabes du C.D.R, alliés de la Libye, la base française a pu garantir son maintien sur le sol tchadien pendant ces moments troubles du début de l'année 1979.

Pour la force française, c'était un engagement de moindre importance. Mais, il atténuait l'antipathie des combattants des F.A.P ressortissants du BET, fils et frères des martyrs et

---

[279]Des opérateurs- radio, des techniciens en armes lourdes…

victimes des bombes, du napalm et des balles de l'Armée et des mercenaires français. Fils et frères de la population victime des combines françaises depuis l'indépendance et pendant toute la durée des années soixante-dix ! Un peuple traité en ennemi à affaiblir que la France avait géré pendant toute la durée de la colonisation par l'entremise de son Armée[280] !

La force française au Tchad, depuis le déclenchement de la guerre du 12 février 1979, n'avait pas d'allié sûr : elle avait perdu la confiance de ses protégés[281] ; Les F.A.N de Hissein Habré n'étaient pas non plus leurs alliés malgré les aides françaises reçues par ces derniers ; Les F.A.P constituaient encore leur ennemi direct même si elles ne tiraient pas sur les positions françaises pendant ces moments de troubles.

Cependant, la France faisait tout pour se faire accepter par les F.A.P et les FAN, en ce début de l'année 1979. Elle, qui croyait avoir un droit historique de sécuriser sa chasse gardée, l'Afrique francophone et surtout les pays de l'Afrique Centrale, craignait d'être contrainte de quitter le Tchad sous la menace des F.A.P et des F.A.N, des forces rebelles qui n'avaient aucune légitimité politique. Par sa présence, elle faisait croire aux autres pays qu'elle tenait encore le Tchad. Sa présence lui permettait de participer à toute discussion relative à la paix et à la destinée du Tchad. Son engagement délibéré et volontaire au ratissage des forces envoyées par la Libye de Kadhafi, ennemie

---

[280] La France coloniale fit de même aux Touareg qui n'eurent aucun accès aux centres de décision politique lors des années de la décolonisation. Ils furent comme les Toubou, morcelés entre plusieurs Etats. Ce n'était pas à cause de la religion mais parce que Touareg et Toubou avaient combattu les Français à qui ils avaient causé des dégâts. Les colons avaient continué à prendre revanche jusqu'à leur départ.

[281] Les militaires sudistes du C.S.M.

circonstancielle des Toubous, toutes tendances confondues en ce début de l'année 1979, était apprécié à sa juste valeur. C'était un grand scoop sans grand frais qu'elle venait de faire à Abéché en s'attaquant à une armée déjà défaite! Une défaite complète ce 5 mars 1979, le jour même de l'arrivée du contingent nigérian à N'Djamena.

Toutefois, l'antipathie idéologique de certains combattants des F.A.P, surtout la composante de combattants Alhadji vis-à-vis de la France persistait mais elle était atténuée, soupesée à sa juste valeur par une bonne partie de combattants des F.A.P qui devenaient de plus en plus sensibles au réalisme politique et stratégique du moment : ces derniers savaient que la logique de la vengeance ne pouvait pas sauver les survivants des massacres français. Car, ils étaient menacés par un autre prédateur[282].

Après la défaite des Arabes, nos contacts avec les F.A.N dirigées par leur chef d'Etat-major Djimi Mardaïmi étaient très concluants. Malheureusement, ce dernier avait été tué par les kichiras[283] pendant notre séjour dans l'Ouaddaï. Parmi les FAN, il y avait les ex-compagnons de maquis de nos grands frères : ceux qui avaient quitté Gouro avec Hissein Habré en octobre 1976.

C'était au cours de ces rencontres avec les F.A.N que nous avions appris à préparer le "Abkaltouma"[284]. Cela coupait la soif

---

[282] La Libye de Kadhafi.

[283] Combattants du Frolinat Première Armée de Mahamat Abbas Seid qui étaient en guérilla contre les F.A.N dans le Centre du Pays.
[284] Une infusion de farine de mil fermenté (damirké) dans laquelle était dilué le sucre.

et la faim en même temps. Sa préparation ne prenait que deux minutes !

Les F.A.N nous avaient apporté le damirké en grande quantité[285] avec quelques sacs de sucre. Cet apport alimentaire nous avait fait beaucoup de bien, nous qui venions d'une zone de pénurie alimentaire. Nous vivions presque tout le temps avec la faim au ventre. Les prisonniers de guerre mangeaient mieux que les combattants de Gouro. Car, le CICR[286] leur apportait de temps en temps des rations alimentaires. Malgré la pénurie récurrente en produits alimentaires, les combattants ne mangeaient jamais les rations des prisonniers et ils affichaient un dédain hautain. Avec recul, on a compris que c'était un tabou introduit par des sages pour empêcher les combattants de s'intéresser aux aliments de ses malheureux allogènes dont les seuls ingrédients nécessaires pour leur survie se trouvaient dans ces rations, pendant ces durs moments. Vu sous cet angle, le dédain a eu un effet salutaire. Mais, il eut la peau dure pour pouvoir être effacée ensuite de la conscience collective.

La conférence de Kano1 était convoquée. Les représentants de quatre forces en présence à N'Djamena avaient pris part aux côtés du Nigeria, pays organisateur et de la France. La Libye, le Cameroun, le Soudan et le Niger, tous ces pays voisins[287] du Tchad avaient participé également à cette rencontre.

La venue du Nigeria dans le conflit tchadien était salutaire à plus

---

[285] Le chargement complet dans notre gros camion.

[286] Comité International de la Croix-Rouge qui avait pris en charge les prisonniers de guerre de l'Armée Tchadienne arrêtés à Faya, Fada et Bardaï en 1977 et 1978.

[287] Parmi les pays limitrophes du Tchad, seule la République Centrafricaine n'a pas pris part à cette conférence.

d'un titre. Car, la France, principal allié du pouvoir établi, avait perdu la face vis-à-vis du C.S.M qui lui reprochait : À défaut de barrer la route à la rébellion comme elle l'avait fait contre l'incursion d'Açyl dans le Batha en mai 1978, elle s'était effacée pour laisser les protagonistes s'entretuer, installer le désordre dans le pays et laisser le pouvoir s'affaiblir. La politique du gouvernement français de ménager la chèvre et le chou était aussi l'une des causes de la perte de confiance des militaires du Sud[288].

Ces derniers étaient restés amers. Mais, c'était trop tard pour eux. Ils ne pouvaient compter que sur leur force de frappe qui n'était pas à la mesure de leurs ambitions. Là aussi, l'adage qui dit que l'on ne peut pas prévoir l'issue d'une guerre s'est appliqué à merveille : Le C.S.M qui avait cru écraser les F.A.N en un clin d'œil, s'était retrouvé face d'une autre réalité.

Cependant, la France de Giscard d'Estaing, incapable d'empêcher la rébellion de venir défaire le pouvoir établi par elle, avait déjà prévu une autre issue : le partage du Tchad en deux Etats dont l'un au Sud sous son influence et appelé "le Tchad utile". Les mots sont rébarbatifs mais nous devons les comprendre comme "le Tchad utile à la France" ; L'autre au Nord que la France n'a pas dit explicitement "le Tchad inutile", mais le sous-entendu suffisait. La frontière entre les deux était au 16$^{\text{ème}}$ parallèle nord. Cet Etat belliqueux au Nord allait être laissé sous l'influence du monde arabe moyennant le pétrole et les marchés libyens juteux et riches en pétrodollars au profit des entreprises françaises.

La Libye de son côté, avait aidé la rébellion touboue en 1977.

---

[288] Qui dirigeaient le pays sous la bannière du C.S.M.

Puis, elle avait essayé de l'assujettir et de la soumettre aux Arabes tchadiens en 1978. Mais, elle avait échoué lamentablement dans son effort d'éliminer le leadership des goranes. Voyant les limites de ses tentatives, elle essayait toujours pendant l'année 1978 de créer une armée arabe au Tchad. Là encore, c'était un échec. N'ayant pas soumis la zone d'influence que la France lui avait cédée à cause du peuple toubou[289], le régime libyen avait perdu en ce début de 1979 toute zone d'influence sur le territoire tchadien en dehors de la localité d'Aouzou qu'il avait annexé par la force de sa propre Armée.

Le Soudan de Niméry avait des problèmes avec le régime libyen. L'avènement au Tchad de tout régime allié à cette Libye était pour lui un danger de plus. Il ne voulait pas avoir au Tchad un régime vassal du Colonel libyen.

Le Niger, le Nigeria et le Cameroun n'étaient pas jusque-là très impliqués dans le conflit tchadien. Mais, ces régimes étaient trop faibles pour adopter une politique de neutralité compte tenu de leurs relations avec la France et surtout avec Kadhafi très prolifique en pétrodollars.

La position du gouverneur de Kano joua négativement à l'instauration de la paix au Tchad surtout pendant la deuxième conférence de Kano.

A Gouro, je reprenais le chemin de l'école. Tout le temps que j'avais passé devant ma radio au service des combattants avait fait que j'étais devenu un des éléments incontournables du dispositif radiophonique des F.A.P. Mes camarades écoliers

---

[289] Peuple de la région du BET et du Sud de la Libye.

suivaient normalement leurs cours en classe pendant tout ce temps.

A vrai dire, j'étais coupé de Gouro. Cela faisait que depuis des mois je n'avais pas rendu visite à ma grand-mère, à mes tantes et à mes sœurs. Je dormais à côté de ma radio, je mangeais là et vaquais à mes occupations ici. Les opérateurs de différents postes attendaient souvent leur tour pour que je retransmette leurs messages ! Tout ce monde comptait sur moi ! Très jeune, j'étais conscient du poids du devoir et la honte de décevoir ceux qui comptaient sur moi. C'était un sacrifice dont je m'acquittais par un travail surhumain qui n'avait de pause que pendant le temps de sommeil.

Le 12 février 1979, une guerre[290] s'était déclenchée à N'Djamena suivie du mouvement des F.A.P vers la capitale. A partir de mi-février, la vacation est devenue une simple formalité. Je n'étais pas sollicité, devenant ainsi un simple opérateur d'une localité délaissée et sans aucune importance stratégique. Tout était concentré à N'Djamena. Les liaisons radiophoniques entre les positions d'avant avaient perdu leur lustre d'antan ! Alors, j'ai décidé de rejoindre mes camarades écoliers pour reprendre les cours entrecoupés par le déplacement d'Abéché.

Ces camarades étaient au Cours Moyen deuxième année de l'école primaire de Gouro. Des mois durant, ils avaient suivi un programme. Il me revenait de les rattraper et de me mettre à leur diapason pour espérer passer le concours d'entrée en sixième et les examens du certificat d'études primaires

---

[290] Guerre entre le Premier Ministre et le Président de la République du Tchad dans N'Djamena, la capitale.

élémentaires. Pour cela, il m'avait fallu emprunter les cahiers de mes camarades, faire une relecture des leçons qu'ils avaient apprises et m'approcher des maîtres pour celles que je ne comprenais pas.

En moins d'un mois de travail, j'étais à un niveau acceptable. En certaines matières, j'avais acquis une connaissance supérieure à celle de mes camarades : Le temps mis devant la phonie était en fait une formation accélérée et intensive de la langue française, de la rédaction des idées, du vocabulaire et de la dictée. Dès mon retour d'Abéché le 18 mars, j'avais installé ma radio à côté de l'école. Car, ce travail était devenu pour moi une activité secondaire. J'avais le cœur à l'étude et finir l'année scolaire était mon objectif principal.

La première conférence de Kano[291] avait abouti à la démission du tandem Malloum–Habré, à l'instauration du cessez-le-feu et à la projection de la création d'un gouvernement d'Union Nationale entre autres points retenus. Cette conférence était une réussite. Car, malgré les ambitions des uns et des autres, le Nigeria qui avait amené une force d'interposition[292] au Tchad, ce pays nouveau dans le dossier tchadien, visait la paix et les objectifs salutaires pour vite sortir de l'imbroglio dans lequel il venait engager son armée.

De retour à N'Djamena, les Forces Armées Tchadiennes réduites à leur triste réalité d'armées de Sudistes[293], s'étaient

---

[291] Kano 1.
[292] Pour faire respecter le cessez-le-feu à N'Djamena.
[293] A Kano, elles étaient prises sur le même pied d'égalité que les autres tendances rebelles.

repliées au Sud, la région natale des soldats. Ceux-ci allaient enfin chez eux en abandonnant le Nord aux Musulmans.

À N'Djamena, les forces en présence étaient les F.A.N de Hissein Habré, les F.A.P de Goukouni Weddeye et les éléments du MPLT de Aboubakar Abdraman à côté des forces tampon du Nigeria et de l'Armée française. Hissein Habré avait la maîtrise de son organisation politique et de son armée, les FAN. C'était lui qui gérait le quotidien de ses éléments armés ainsi que leur ordinaire. Il n'en était pas ainsi au niveau des F.A.P de Goukouni Weddeye.

Depuis plus d'un an, c'est-à-dire depuis la rupture des relations avec la Libye, la direction des F.A.P n'avait pas les moyens de prendre en charge l'ordinaire de ses éléments armés. C'était pourquoi, chaque groupuscule avait une certaine autonomie au sein des F.A.P.

En mars 1979, les F.A.P de Goukouni Weddeye présentaient une image telle que les responsables[294] étaient les ressortissants du BET et les anciens du Frolinat. L'appui principal de ces responsables se trouvait parmi les combattants ressortissants du BET, milieu dans lequel ils avaient acquis leur notoriété. Ces responsables avaient des antécédents politiques parfois conflictuels avec Hissein Habré et les FAN. Par contre, les éléments armés présents à N'Djamena en mars 1979, et, qui composaient les F.A.P étaient en majorité des ressortissants du Kanem. Ils étaient encadrés et influencés par des arabophones[295] qui n'avaient aucun passé commun conflictuel ni avec Hissein Habré ni avec les FAN. Par contre, ils n'avaient aucune idée des

---

[294] Le président du CR et des F.A.P, le chef d'état-major général des F.A.P...
[295] Les combattants Alhadji.

éléments fondamentaux sur lesquels reposait l'Etat tchadien : la laïcité, la diversité ethnique etc. Pour ces combattants Alhadji, la base de tout gouvernement ou de toute justice doit être l'islam[296] comme dans les pays arabes où ils avaient vécu.

Les F.A.P influencées par les combattants Alhadji s'étaient engagées aux côtés de Hissein Habré dans la guerre du 12 février 1979 lorsque Hissein Habré défendait pour sa survie et surtout ses ambitions, les musulmans contre les FAT qui, dans leur réalité d'armée de Sara, défendaient les Sudistes et les chrétiens. Ceci mettait les responsables des F.A.P dans une situation inconfortable. Pourtant, ils avaient su imposer une attitude politique neutre vis-à-vis des Sudistes et des non-musulmans dans la région du BET entièrement sous leur contrôle et gardé la vie sauve à des milliers de soldats sudistes, prisonniers de guerre au BET, ceux-là mêmes qui avaient massacré sans discernement la population civile du BET. Ils avaient refusé de s'embarquer dans la tuerie ethnique et confessionnelle appliquée d'une part par les FAT sur la population civile musulmane résidente au Sud, supposant répondre aux F.A.N qui avaient tué dans l'Ouaddaï quelques prisonniers militaires ou fonctionnaires ressortissants[297] du Sud. Ces responsables des F.A.P s'étaient retrouvés embarqués dans une guerre qui prenait l'allure d'une guerre confessionnelle ou ethnique par l'engagement[298] de combattants Alhadji réfractaires

---

[296] La Charia.

[297] Les épouses et les enfants des soldats décédés à Abéché ont été transportés à Moundou par l'aviation française pour donner l'information qui déclencha le massacre systématique des musulmans au Sud du Tchad. Le gouvernement français sous Giscar Destin voulait le partage du Tchad en deux Etats distincts. Le nettoyage ethnico- religieuse qui se déclencha était la profonde cassure qui allait faire concrétiser le partage du pays.

[298] En faveur de Hissein Habré, des F.A.N et la population musulmane de N'Djamena.

à la base politique et idéologique des F.A.P. Cet engagement laissait croire qu'ils prenaient fait et cause pour Hissein Habré. Etant donné qu'ils n'avaient pas d'autres forces à N'Djamena, ils n'avaient pas pris la décision de se désolidariser de combattants Alhadji. Ils se contentaient de les représenter dans leurs rapports avec les autres forces en présence jusqu'à la rencontre de Kano et même après. Toutefois, ils avaient mis en place une stratégie qui visait à diminuer l'influence de ces combattants sur le cours des évènements. C'était pour cette raison que tout le quartier général des F.A.P à Faya avait été déplacé à N'Djamena. Beaucoup de combattants ressortissants du BET qui étaient favorables et fidèles à la ligne des responsables étaient venus les rejoindre dans la capitale.

Malgré l'engagement des combattants F.A.P dans la guerre contre les FAT en mars 1979, depuis l'arrivée des responsables des F.A.P à N'Djamena il n'y avait pas une entente entre les F.A.P et les FAN. Chaque organisation politico-militaire cherchait à se positionner sur l'échiquier politique national.

Les F.A.P avaient commencé à occuper les villes du Kanem et du Lac ainsi que celles du Chari-Baguirmi pour augmenter leur zone d'influence. La force combattante des F.A.P qui faisait ce travail d'occupation était encore celle qui avait livré bataille aux FAT aux côtés de Hissein Habré. C'était une force composée de ressortissants du Kanem et de nouvelles recrues.

Cette force avait connu des heurts avec les combattants du MPLT, l'autre mouvement politico-militaire implanté dans la région du Lac dont les éléments étaient eux aussi des ressortissants du Kanem et du Lac. Dans leur contact, la lutte pour le leadership et la subdivision ethnique de la population de la région entre les deux mouvements politico-militaires avaient très vite créé une situation de malaise et d'antagonisme difficile et potentiellement explosive. Les rivalités entre les ressortissants du Kanem et du Lac dans le contrôle et la gestion des villes et des villages de la région étaient la principale cause de la mésentente entre les F.A.P de Goukouni Weddeye et le MPLT de Aboubakar Abdraman. Ces heurts continuaient malgré le fait que les responsables politiques des deux mouvements avaient opté pour la recherche de l'apaisement.

Les F.A.N de leur côté, commençaient à occuper toutes les villes du Ouaddaï, de Biltine, du Batha et du Guéra, après en avoir chassé les FAT. Elles continuaient à faire la guerre aux éléments de la Première Armée fidèles à Mahamat Abba Seid.

Ces derniers s'étaient organisés en guérilla depuis 1966, l'année de la création du Frolinat. Plusieurs entités différentes et non coordonnées entre elles existaient. Elles agissaient en fonction de leur zone d'opération et les éléments qui opéraient dans le Ouaddaï géographique et qui étaient appelés kichiras[299] étaient considérés comme d'une obédience antioccidentale : toute forme d'expression culturelle, linguistique ou vestimentaire qui mettait en exergue le Français ou l'Occident était combattue chez eux, surtout au début des années soixante-dix[300]. Pour ce délit, ils avaient éliminé beaucoup de cadres intellectuels francophones qui avaient cru aux idéaux du Frolinat pour les rejoindre au maquis.

Bien qu'ils fussent les combattants de la Première Armée du Frolinat, du fait de leur opposition aux cadres intellectuels

---

[299] Un nom péjoratif donné à ces combattants du Frolinat par les F.A.N qui avaient pris le rôle du pouvoir établi et qui leur faisaient la guerre après les accords de Khartoum.

[300] Lorsque Abba Siddick, le Secrétaire général du Frolinat leur avait trahi.

francophones, ils n'avaient pas beaucoup évolué. Ils n'avaient jamais occupé une seule ville par leur propre attaque.

Pour survivre, ils avaient l'habitude de réquisitionner un village et ceci de façon cyclique. Le village réquisitionné avait l'obligation de donner à manger à l'ensemble des combattants pendant tout le temps du séjour. Il arrivait de temps en temps des périodes d'abus où des villageoises étaient violées par des combattants. Pour ces raisons évidentes et pour bien d'autres, ces combattants kichiras étaient haïs par la population rurale et paysanne d'Ouaddaï pour qui, ils étaient une charge bien lourde.

Juste avant les hostilités du 12 février 1979, Hissein Habré et ses éléments les F.A.N ont eu des appuis multiformes[301] pour faire la guerre aux kichiras. Ces appuis venaient de l'Armée française, avec l'accord tacite du C.S.M. Des éléments des F.A.N avaient même bénéficié d'une formation en technique de transmission ! Donc, les F.A.N continuaient de pourchasser les kichiras même après la guerre du 12 février puisque Mahamat Abba Seid, leur leader politique avait pris langue avec le Colonel Kadhafi.

Les F.A.P de Goukouni Weddeye ne se sentaient pas concernées par la chasse aux kichiras, les éléments de la Première Armée, une organisation politico-militaire théoriquement composante des F.A.P depuis le congrès extraordinaire de Faya[302]. Mais, par le fait que Mahamat Abba Seid ait choisi le camp libyen et qu'Abdrahaman Abouragaba ait perdu la vie dans l'offensive qu'il avait lancée avec l'aide libyenne contre les Goranes à Faya en août 1978, les F.A.P

---

[301] Des V.L.R.A, des moyens de communication et des rations alimentaires militaires.
[302] Tenu du 12 au 18 mars 1978.

fidèles à Goukouni Weddeye ne se souciaient pas de leur sort en ce début de l'année 1979.

Lors de la première conférence de Kano, la participation des seules quatre tendances avait choqué le régime libyen du Colonel Kadhafi. Mais, comme le critère de participation était la présence des forces militaires sur le territoire tchadien et l'administration d'une région du pays, les organisations politico-militaires considérées comme pro-libyennes en avaient été exclues. Alors, le régime libyen préparait la prise d'une région et son administration par le truchement du Conseil Démocratique Révolutionnaire[303] créé par les éléments arabes qui s'étaient mis en dissidence[304] des F.A.P. Ce nouveau mouvement se voulait démocratique par rapport au Conseil de la Révolution jugé goranisé.

Dès les premiers mois de l'année 1978, les F.A.P avaient accueilli la jeunesse nordiste scolarisée du pays. Les élèves nordistes des lycées du Tchad, les étudiants nordistes dispatchés à travers le monde et la plupart des cadres musulmans souvent indexés par une police ethnicisée et régionalisée, avaient rejoint par conviction ou par contrainte les rangs des F.A.P. Tout ce monde multiple et divers, mu par l'idéal de faire œuvre utile pour un Tchad dont la destinée était tracée dans le programme politique du Frolinat, se retrouvait entre deux groupes, les Arabes et les Goranes qui s'entretuaient autour de mobiles ethniques ou tribaux. Ce monde déçu était tombé dans la désillusion.

---

[303] C.D.R

[304] Une dissidence née d'abord de la chasse d'Arada des allogènes en avril 1978, de l'attaque sur Djeda et Ati initiée sous la bannière arabe en mai 1978 et de la guerre entre les Goranes et les Arabes à Faya en juillet et août 1978.

Le CDR qui se voulait démocratique, aurait pu drainer tous ces déçus sur un idéal théorique futur pour permettre à ceux qui pataugeaient d'avoir un point de chute. Mais non: c'était une organisation arabe. Il n'y avait pas de place pour l'allogène. La Libye qui faisait cause commune y était pour quelque chose. Elle veillait au grain. Elle n'acceptait pas n'importe qui ! Entendez par là, un Tchadien d'une ethnie autre qu'arabe dans l'organisation dont l'interface en Libye était Hassan Ichkal.

C'était pendant ces moments de relative stabilité entre les F.A.P, les F.A.N et la force française au Tchad, une stabilité dans le sens de similitudes de vues sur la menace libyenne à la région du BET sous contrôle des F.A.P, que la conférence de Kano II avait été convoquée en avril 1979.

La diplomatie libyenne, très dynamique, avait fonctionné pour que la conférence intègre parmi les groupes politico-militaires invités, les tendances pro-libyennes[305]. Pour ce faire, la Libye s'était assurée de l'appui du gouvernement nigérian et surtout du gouvernorat islamiste de Kano. Elle avait acquis aussi l'appui des militaires sudistes du Colonel Kamougué. En dehors de Hissein Habré et de Goukouni Weddeye, les responsables politiques toubous toujours en guerre contre elle, la Libye n'avait pas d'autres ennemis au Tchad.

Ainsi, étaient présents à Kano II[306] les FAN, les F.A.P, le MPLT et les FAT de Kamougué, les tendances politico-militaires qui avaient une zone d'occupation au Tchad. Plusieurs autres tendances étaient également invitées. Parmi ces dernières, il y

---

[305] Le C.D.R de Açyl Ahmat, la Première Armée de Mahamat Abba Seid et le Volcan de Abdoulaye Adoum Dana.

[306] Bagawda, une localité située à quelques kilomètres de Kano au Nigeria.

avait le C.D.R, la Première Armée et l'Armée Volcan, les tendances pro-libyennes en guerre contre les F.A.P dans le BET à partir de la Libye pour ce qui concerne le C.D.R. et l'Armée volcan, en guérilla contre les F.A.N dans le Centre du pays en ce qui concerne la Première Armée.

Le but principal de la conférence était la formation du Gouvernement d'Union Nationale de Transition prévu par les accords de Kano I.

Avant de venir à Kano, les F.A.P, les F.A.N et le MPLT se sont entendus à N'Djamena, pour ne siéger à aucune conférence qui allaient impliquer des tendances qui n'avaient pas de zone d'occupation sur le territoire national. Cette position excluait la participation à la conférence des tendances dites pro-libyennes.

Mais, le pays organisateur de la conférence, le Nigeria épousait la position libyenne[307] : la pression était sur les tendances de N'Djamena ; elles étaient sommées de participer sans condition ou de s'écarter des pourparlers. La tendance pro-nigériane, le MPLT, acceptant sans conditions les termes ainsi fixés pour la participation à la conférence, se désolidarisait du groupe de N'Djamena.

Les F.A.P et les F.A.N étaient les seules tendances à refuser la participation des tendances pro-libyennes : c'était une conditionnalité qui ne correspondait pas au schéma tracé par les pays facilitateurs de la "paix" au Tchad.

Devant cette situation de blocage, la Libye avait proposé

---

[307] Une politique qui consiste à écarter les tendances de N'Djamena et qui donne la primauté aux tendances qui n'ont pas une zone d'occupation et d'administration c'est-à-dire les tendances pro-libyennes.

l'exclusion de la conférence des F.A.P et des FAN. Le pays hôte, le Nigeria avait accepté cette proposition. Les autres pays ne s'en opposaient pas. Ces pays n'avaient aucune influence décisive ni sur les F.A.P ni sur les FAN. La France, le Cameroun et le Niger avaient gardé le silence. Pour la France, toute politique qui visait à écarter les Toubous du devant de la scène politique tchadienne, était la bienvenue. Le Niger et le Cameroun suivait ce pays.

La proposition libyenne allait plus loin : pour elle, la conférence devait se tenir et le GUNT se former. Il allait s'installer au Sud[308] du pays, la zone contrôlée par les FAT. Le Nigeria et la Libye allaient mettre tous les moyens à la disposition du nouveau GUNT pour chasser les tendances de N'Djamena.

Ce n'était donc pas un GUNT pour instaurer la paix que voulait la Libye mais un GUNT en guerre contre ses ennemis au Tchad ! Les autres pays avaient accepté sous l'indifférence calculée[309] de la France.

Sur le champ, pour appliquer cette stratégie, le Nigeria avait mis en résidence surveillée Hissein Habré et Goukouni Weddeye. Chacun était gardé dans sa villa : selon le nouveau schéma, ils devaient y rester jusqu'à la fin de la conférence.

L'ouverture de celle-ci était prévue pour le lendemain quand dans la nuit, la délégation soudanaise avisait Hissein Habré de l'intrigue tramée contre les deux tendances touboues de N'Djamena.

---

[308] Le choix du Sud était fait pour intéresser la France et la faire adhérer à ce projet.
[309] Le marché libyen était ouvert aux entreprises françaises, sous Giscar.

Immédiatement, Hissein Habré informait de son côté Goukouni Weddeye et une rencontre de quelques minutes avait suffi pour organiser la réplique : Hissein Habré désignait Mahamat Nouri tandis que Goukouni Weddeye désignât Brahim Youssouf pour regagner N'Djamena. Cette délégation était envoyée pour faire parvenir l'information de la séquestration des chefs de délégations à Kano. Pour parer à toute éventualité en cas d'interception des deux délégations avant qu'elles n'atteignent N'Djamena, une autre délégation était composée de commun accord pour un itinéraire détourné. Il faut rappeler qu'à l'époque les liaisons téléphoniques n'existaient pas encore entre Kano et N'Djamena.

Le Nigeria dans son désordre atavique n'avait pas pu fermer hermétiquement la sortie de la ville de Kano, encore moins la frontière. Le lendemain, pendant qu'on s'attelait à ouvrir la conférence, N'Djamena était informée de la mise en résidence surveillée de Hissein Habré et de Goukouni Weddeye.

La force tampon du Nigeria était assiégée par des combattants toubous furieux. Les 850 hommes de l'Armée nigériane étaient encerclés. Ils étaient sous l'étau des F.A.P et des FAN. Ils ne pouvaient pas évacuer. Ils avaient informé leur gouvernement de l'ultimatum lancé par les combattants : un ultimatum de 24 heures qui imposait le retour de Goukouni Weddeye et de Hissein Habré à N'Djamena si le Nigeria tenait à la vie de ses hommes.

A Kano, la Libye qui jubilait encore la veille d'avoir réussi la tenue d'une conférence parfaite et à sa seule faveur en drainant derrière elle le Nigeria et la France, les deux pays qui avaient des forces militaires au Tchad ! Une Libye qui, au sortir de cette conférence aurait créé une coalition composée des FAT, du

C.D.R, de la première Armée et de l'Armée volcan, se trouvait buttée contre la volte-face du Nigeria : la réalité de la situation de N'Djamena imposa à ce pays une obligation nouvelle, la sauvegarde de la vie de ses 850 hommes encerclés.

Le même jour, Goukouni Weddeye et Hissein Habré étaient libres. Ils pouvaient rentrer rapidement à N'Djamena sur un avion spécialement affrété.

La conférence de Kano II avait été un échec pour la diplomatie libyenne qui n'avait pas pu mettre son GUNT dans le but de créer une coalition contre les ennemis de la Libye au Tchad, les Toubous, les Goranes si on veut cette appellation.

Bien que la diplomatie libyenne ait échoué par la force des armes des combattants, l'alliance obtenue avec le Nigeria pour la recherche d'une issue à la défaveur des tendances de N'Djamena était maintenue entre les deux pays : La Libye, avec l'aval tacite de la France se trouvait renforcée par la synergie de vue avec le gouvernement Nigérian sur le dossier tchadien.

Quand on sait les atouts que détenait ce dernier pays sur N'Djamena où toute rupture de relations ou fermeture de frontière avec lui créait des contraintes qui se traduisaient souvent par des pénuries des produits de première nécessité tels que le carburant, le pétrole lampant, etc.

Par ailleurs, le MPLT qui était aussi une des tendances politico-militaires de N'Djamena était parrainé par le Nigeria. Par le fait que le MPLT contrôlait un certain nombre de villes dans la région du Lac-Tchad, l'influence de ce pays sur toute cette zone était évidente.

Hissein Habré et Goukouni Weddeye étaient revenus à N'Djamena avant l'expiration du délai de l'ultimatum. Ils avaient été accueillis triomphalement avec faste et animation. Aboubakar Abdraman, le président du MPLT ne faisait pas partie de ce voyage du retour.

Immédiatement après, Hissein Habré et Goukouni Weddeye avaient exigé une clarification sur la position du président du MPLT. Alors Idriss Aboubakar, le chef d'Etat-major de ce Mouvement déclarait le renvoi des rangs du MPLT leur président Aboubakar Abdrahaman au motif de haute trahison. Il était devenu de facto, le président du MPLT. C'était un combattant pratiquement illettré. Il proposait de maintenir les bonnes relations avec les F.A.N et les F.A.P.

Les trois tendances avaient décidé de former le GUNT à N'Djamena, et avaient fait appel aux FAT pour que celles-ci y participent.

Les FAT ne refusaient pas mais Kamougué hésitait. Il avait avancé le manque de sécurité mais la vraie raison résidait dans ses nouvelles relations avec Kadhafi, le Guide libyen qui le finançait et qui armait ses soldats par voie aérienne, parachutage.

La détermination des F.A.P, des F.A.N et du MPLT était telle qu'ils allaient former le GUNT avec ou sans les FAT. C'était ainsi que le général Negué Djogo, membre du groupe des FAT, resté à N'Djamena à la base militaire à côté de l'Armée française, avait été appelé à la rescousse pour représenter et ses camarades d'arme et le Sud, dans le GUNT de N'Djamena.

Lors de la formation de ce GUNT, la vice-présidence était

réservée au Sud, aux militaires sudistes et Negué Djogo avait été désigné sans difficultés.

Le poste du Président de la République était âprement convoité. Il devait logiquement revenir soit à Goukouni Weddeye, soit à Hissein Habré, les Présidents de deux plus importantes forces en présence en ce moment au Tchad.

Ni la circonstance de survie dans laquelle se trouvait toute la communauté touboue ni les mille et un ennemis qui menaçaient la paix et la sécurité du pays n'atténuait la méfiance entre les deux anciens leaders de la deuxième Armée du Frolinat, le CCFAN.

Goukouni Weddeye n'acceptait pas qu'Hissein Habré fût le Président de la République et ceci, malgré les qualités intrinsèques de dirigeant et le niveau intellectuel de celui-ci. Il était catégorique. Il n'acceptait l'instauration d'une dictature légale qui caractérisait selon lui, la personne de Hissein Habré.

Hissein Habré non plus n'acceptait pas propulser Goukouni Weddeye à la Présidence de la République, celui qui laissait faire chacun à sa guise. Pour lui, laisser la présidence à Goukouni Weddeye c'était laisser le pays évoluer dans l'aléatoire : compte tenu de l'influence des combattants Alhadji dans les rangs des F.A.P à N'Djamena, la Présidence à Goukouni Weddeye équivalait à la montée des idées de ces derniers.

Donc, les deux amis s'excluaient mutuellement. Ils se connaissaient assez bien pour s'accepter de bon cœur ! On a vu plus tard qu'ils avaient été obligés de composer sous certaines contraintes mais en avril 1979, ils suivaient encore la logique de leur cœur et de la pensée profonde sur la valeur de l'un envers l'autre.

Il fallait trouver un président dans les rangs du MPLT. Le problème de ce mouvement c'était que le nouveau président propulsé était un analphabète et un illettré. Donc, il avait été exclu pour incompétence notoire.

Hissein Habré avait alors trouvé en la personne de Lol Mahamat Choua[310] l'oiseau rare qui allait diriger le pays ou plutôt sauver l'apparente entente entre les F.A.N et les F.A.P afin que la paix soit encore maintenue au Tchad. Personne ne trouvait à redire sur la personne de l'heureux inconnu qui était en fait un homme juste, sobre, très mesuré et conscient de ses limites. Que valaient au juste ces qualités dans ce Tchad de tendances ?

Seul Hissein Habré le connaissait pour l'avoir responsabilisé lorsqu'il avait été Premier Ministre[311].

Une semaine après, le gouvernement Lol, le premier[312] GUNT était formé en avril 1979.

Il fallait débarrasser N'Djamena de la présence de l'Armée nigériane. C'était pratiquement la première décision d'importance pour humilier ce pays allié de la Libye et du MPLT ! C'était un acte dont les conséquences allaient anéantir plus tard ce mouvement politique dont le chef de l'Etat Monsieur Lol en était issu. Pourtant, Lol était un allié des Nigerians.il le faisait parce que c'était la volonté des F.A.N et

---

[310] Un cadre du MPLT.

[311] Entre août 1978 et février 1979.

[312] Le second GUNT est celui de Goukouni Weddeye, formé Quatre mois plus tard et qui resta jusqu'en juin 1982.

des F.A.P qui s'imposaient sur la prise des décisions par la force militaire.

Fin avril 1979, je suis parti à Faya avec mes camarades écoliers[313] pour parachever l'année scolaire et passer les examens et concours de fin de cycle primaire. La phonie était abandonnée aux responsables de la place à Gouro. Il n'y avait aucune protestation parce que le travail que je faisais jusque-là n'intéressait pas mes responsables qui étaient des analphabètes. J'étais plutôt au service des combattants en guerre, des unités actives et des localités exposées telles que Salal, Kalaït, Faya, Ounianga, etc. Pour les responsables de ma localité, la radiophonie était juste utile pour les communiqués et les autres contacts et qui donnaient des informations lointaines qui n'avaient aucun impact sur le cours des choses à Gouro. Quand j'ai informé que la guerre avait éclaté à N'Djamena ce 12 février 1979, les responsables de Gouro avaient écouté la nouvelle comme si c'était un événement lointain diffusé à travers les médias internationaux ! C'était seul le nom de Hissein Habré qui avait été leur chef et qui était un des principaux acteurs dans cette guerre aiguisait la curiosité des certains combattants.

A Faya, je revenais en écolier avec mes camarades de classe. J'avais sur moi mon pistolet belge et ma Kalachnikov soviétique était enroulée dans mes couchages. Nous avions logé dans une maison[314] vide autrefois destinée aux enseignants expatriés. A seize ans, j'étais un jeune homme mûr sur le plan des responsabilités, avec une approche humaniste de la vie, et surtout, apte à éviter tout acte qui touchait à son honneur et à celui des autres. Respectueux des normes, j'étais[315] rapidement

---

[313] De l'école de Gouro créée par le Frolinat CCF.A.N en 1973.
[314] Maison Martelès, nom d'un enseignant en français.

devenu l'élève modèle d'une l'école. Suffisamment effacé, il était rare de me voir sortir de la classe même pendant les récréations sauf pour me soulager ou me désaltérer. L'arme que je portais sur moi était le résultat d'une conduite et d'une éducation de combattant. Jusque-là, le règlement de la rébellion et la culture touboue nous tenaient de ne pas nous éloigner des armes : on devait les avoir à portée de main en toute circonstance pour ne pas regretter en cas d'une surprise. Le port de mon arme n'était jamais su pendant tout le mois de séjour à l'école du Centre de Faya et plus tard, au CEG N°1, puis, au Lycée Félix Eboué de N'Djamena, les établissements dans lesquels j'avais suivi mes cours toujours muni de mon arme de pointe.

L'arme que je portais ne servait jamais d'exhibition ou des remontrances. Je la gardais pour des circonstances conformément à une certaine éducation dont l'anachronisme était égal aux conditions de notre existence. C'était une arme portée par un homme qui connaissait sa valeur, les conditions de son usage et les dangers liés à son port. Je n'avais rien de commun avec certains jeunes que notre pays a connu plus tard ; ces jeunes, profitant des avantages des parents bien placés par certaines circonstances à des positions dominantes, se pavanaient dans les écoles avec armes, les exhibant comme une valeur et usant sur des personnes désarmées ! Des enfants qui n'avaient aucune considération pour la vie humaine et doublés d'un mépris certain vis-à-vis de leurs semblables.

Dans notre nouvelle classe avec les élèves de l'école du Centre de Faya, nous assistions aux cours de monsieur Fadoul, un instituteur, pour acquérir les notions académiques d'une école tchadienne. Les élèves de Faya étaient encadrés pendant tout

---

[315] Nous étions plus respectueux que les élèves de Faya.

leur cursus scolaire par des enseignants du métier et ils avaient suivi le programme de l'Education Nationale du Tchad. Nous venions de notre école des combattants pour nous frotter à la nouvelle donne !

Les combattants Alhadji des F.A.P qui administraient les villes du Kanem et du Lac se buttaient aux combattants du MPLT. Comme les éléments du MPLT, ils étaient tous des ressortissants du Kanem et du Lac. Parmi eux, il y avait de nombreux malentendus et de nombreuses divergences. Tout cela se répercutait à N'Djamena sur les relations entre les deux tendances politico-militaires alliées.

En réalité, les dirigeants des F.A.P n'avaient rien à voir avec ces antagonismes mais il y avait de la mer à boire entre la direction des F.A.P et la gestion des villes du Kanem par les combattants Alhadji. Il y avait des villes sous contrôle des F.A.P où la Charia, la loi islamique était appliquée dans toute sa rigueur : l'amputation des mains aux larcins était monnaie courante dans un certain nombre de villes telles que Massakori, exemple type où plus de vingt personnes avaient été transformées en manchots pendant la seule année 1979 !

Le hic était que cette loi extrême était appliquée par des combattants, ex-marginaux des pays arabes, qui n'avaient fait preuve d'aucune bonne moralité.

Ces combattants Alhadji appliquaient la loi islamique non pas par conviction religieuse mais parce qu'ils n'avaient pas connu d'autres lois compte tenu de leur naissance ou de leur séjour en Arabie. Les jugements instaurés étaient quasiment expéditifs et comparables à des décisions des chefs. Souvent, on ne menait pas l'enquête à terme pour permettre à la défense d'user de ses droits.

La gestion des villes et des postes de frontière était souvent la source de revenus aux groupuscules qui les administraient : c'était ainsi que les zones de trafic avec le Nigeria dans le Lac-Tchad tenues par les combattants du MPLT étaient convoitées par les combattants Alhadji. Ceux-là avaient rapidement compris le caractère "juteux" des postes. Alors, ils avaient capitalisé les erreurs des combattants du MPLT pour déclencher la guerre contre ces derniers.

Dès lors que la force nigériane avait été expulsée et compte tenu de la force de frappe des F.A.P à N'Djamena, il avait fallu quelques heures pour anéantir le MPLT et faire disparaître Idriss, le président de ce Mouvement.

Le Président du GUNT Monsieur Lol Mahamat Choua était arrêté. Les responsables des F.A.P alertés par le déclenchement de la guerre, s'étaient précipités pour le cueillir et l'arrêter dans le but de le sauver des griffes des combattants Alhadji.

Dans la réalité, les responsables des F.A.P à commencer par le Président Goukouni Weddeye et les autres responsables ressortissants du BET n'étaient pas dans la combine montée par les combattants Alhadji pour faire la guerre aux éléments du MPLT. C'était une affaire entre les ressortissants du Kanem-Lac pour des mobiles locaux. L'initiative de faire la guerre au MPLT à N'Djamena ne venait pas de la direction des F.A.P bien que c'étaient les combattants Alhadji des F.A.P qui l'avaient déclenchée.

Les F.A.N de Hissein Habré n'avaient fait aucun effort pour soutenir le MPLT dans le désarroi bien que ce mouvement leur était favorable.

C'était un mouvement qui avait le soutien du Nigeria, pays hostile aux F.A.N et allié de la Libye sur le dossier Tchadien. Le pays qui avait accueilli le Général Félix Malloum et qui n'avait pas hésité à mettre en résidence surveillée Hissein Habré et Goukouni Weddeye pour la réalisation des visées de Kadhafi.

D'ailleurs, même si les responsables des F.A.P n'avaient pas initié l'attaque contre le MPLT, moralement c'étaient des forces qui relevaient d'eux qui l'avaient faite. Toute action contre les combattants Alhadji allait mettre en conflit les F.A.N avec les F.A.P dans leur ensemble.

La position favorable à Hissein Habré affichée par les combattants du MPLT était due au fait que la population musulmane massacrée dans le Sud du pays par les FAT était majoritairement composée de ressortissants du Kanem et du Lac. Le reste était quasiment composé des Arabes du Salamat. Hissein Habré était vu comme le sauveur par ces combattants dont beaucoup d'entre eux avaient perdu des parents. Il était considéré comme l'homme qui incarnait la défense de la population victime et innocente lâchement massacrée parce qu'elle était tout simplement musulmane ou nordiste. Pour eux, Hissein Habré était le seul leader ennemi de leurs bourreaux[316]. Pour les FAN, ces considérations morales n'étaient pas suffisantes pour déclencher une guerre contre les F.A.P. Car, elles venaient de prendre des risques majeurs[317].

---

[316] Les militaires sudistes.

[317] Les F.A.N venaient d'affronter et de résister aux attaques du régime établi, le C.S.M aidé par l'aviation française et ceci, dans la capitale.

Cependant, les F.A.N mieux organisées, sous commandement unique et ayant des moyens financiers conséquents pour subvenir aux besoins de leurs combattants, avaient initié des contacts ciblés avec les combattants des F.A.P de l'Ennedi et du Borkou. Beaucoup de ces derniers avaient été des compagnons du maquis de Hissein Habré au début des années soixante-dix lorsque Hissein Habré était le seul président du CCFAN alors uni, au BET.

Ces contacts entre les anciens maquisards avaient été facilités par l'arrivée des combattants F.A.P à Abéché au cours de la poursuite des troupes venues de la Libye en mars 1979.

Des invitations personnelles avaient été données à des guerriers des F.A.P par leurs camarades de misère[318]. Depuis lors, les invités allaient à Abéché puis, revenaient avec une bonne impression : ils en obtenaient des moyens significatifs[319].

De cette manière, le groupe de Bilia dirigé par l'intrépide guerrier Diguim Gouni se ralliait aux F.A.N. C'était le groupe le plus important des F.A.P dans l'Ennedi après les Teda Gouroa.

Le groupe Donza qui avait la direction de Faya depuis le transfert du Quartier Général des F.A.P à la capitale prenait des contacts poussés et des dispositions tangibles pour un ralliement collectif.

Le ralliement des Teda Gouroa[320] était visé par Hissein Habré. Et, à Gouro, une campagne de sensibilisation était organisée en

---

[318] Les anciens éléments des F.A.N qui avaient quitté Gouro avec Hissein Habré.
[319] Des avantages matériels visibles étaient ramenés d'Abéché par les ex-compagnons de maquis de Hissein Habré.
[320] Ce groupe est à cheval sur l'Ennedi, le Tibesti et le Borkou. Ce sont des Teda qui se sont intégrés dans l'Ennedi où ils sont venus à cause des pâturages.

sa faveur. Celui-ci ne cachait pas la priorité de cet objectif pour faire basculer dans son camp, l'Ennedi, le Borkou et une bonne partie du Tibesti.

En fin mai 1979, nous avions passé les examens et le concours d'entrée en sixième. Trois jours après, Choua Mailou dit Djanatchiri, Ousmane Allabodou, Ousmane Kogri, Mahamat Tcheni et bien d'autres responsables de l'ex-détachement de l'Ennedi basé à Gouro, ex-maquisards et compagnons d'Hissein Habré, invités à Abéché, de passage à Faya, m'avaient désigné comme leur secrétaire pour faire le voyage.

Abéché dont l'approche de mars 1979 ne m'avait pas permis de la visiter, était une ville en paix. Ses activités commerciales étaient florissantes. Il n'y avait pas la pénurie récurrente qui caractérisait les villes du BET. On nous logeait dans le camp militaire où se situait le château d'eau.

Les maquisards de Gouro, ceux qui avaient accompagné Hissein Habré en octobre 1976 et compagnons de misère de nos chefs, occupaient des postes de responsabilité militaire à tous les échelons des FAN. Chaque jour, nous étions les invités d'honneur de l'un d'eux. Les autres attendaient leur tour pour nous recevoir chez eux.

C'était pendant cette période trouble quant à l'unité des F.A.P que la Libye, déterminée à trouver une zone d'influence à son protégé de C.D.R, attaquait les localités d'Ounianga Kébir dans l'Ennedi et de Wour dans le Tibesti. Cette attaque simultanée des villes du Nord du Tchad était faite cette fois-ci par l'Armée libyenne elle-même. Des chars d'assaut, des orgues de Staline multitubes... toute l'artillerie lourde libyenne était déversée sur des combattants qui n'avaient seulement que des armes légères et des Bazookas.

A Abéché, on nous avait informé de l'attaque d'Ounianga Kébir par l'Armée libyenne. C'était au cours d'une réception[321]. Sur le champ, mes responsables m'avaient envoyé au BCR[322] des F.A.N à Abéché. Là-bas, il m'a juste suffi de changer de fréquence pour câbler mes camarades opérateurs[323] des F.A.P et avoir les informations nécessaires pendant que l'on apprêtait nos véhicules. Et, deux heures après la mauvaise information, mes compagnons quittaient Abéché pour se porter au secours d'Ounianga Kébir.

Pour organiser la riposte et résister à l'envahisseur, les combattants des F.A.P ressortissants du BET étaient laissés quasiment seuls :

Hissein Habré, alors Ministre de la Défense dans le gouvernement Lol, avait refusé d'envoyer ses éléments des F.A.N au secours des F.A.P ;

Les combattants Alhadji des F.A.P qui constituaient déjà en une armée des ressortissants du Kanem, avaient refusé eux aussi d'aller au BET pour affronter les Libyens et secourir le BET et ses ressortissants ; Seul le groupe des Daza[324] sous le commandement de Moussa Sougui, avait accepté de descendre sur Wour à partir de N'Djamena.

J'étais resté à Abéché avec Mahamat Tcheni pour continuer sur N'Djamena. Le lendemain matin, nous embarquions à bord

---

[321] Un de ces festins quotidiens.
[322] Bureau Central des Radiophonies.
[323] J'étais connu dans ce milieu d'opérateurs.
[324] Parmi les groupes ethniques des combattants des F.A.P à N'Djamena.

d'un DC3[325] avec Taher Guinassou alors chef d'Etat-major général des F.A.N. Il avait remplacé Djimi Mardaïmi qui avait été tué par les Kichiras pendant notre séjour de mars 1979 dans la région d'Abéché.

L'avion avait fait escale à Ati où nous étions conduits en ville. La journée était longue pour le chef d'Etat-major des FAN. Il l'avait consacrée pour régler des conflits d'insubordination entre ses combattants. Nous étions mis à l'écart avec les pilotes.

Le soir, l'avion atterrissait à l'aéroport de N'Djamena sous une pluie diluvienne. On nous avait déposés à la villa où logeait Goukouni Weddeye avec d'autres cadres des F.A.P dont Alhadj Mahamat Taher Saleh.

C'était une villa située entre l'aéroport et les châteaux jumelés et construite sur un espace vide. Elle était entourée de champs de mil dont les pousses étaient en croissance. Il n'y avait aucune protection particulière. Pourtant, Goukouni était le ministre d'Etat à l'Intérieur dans le gouvernement de Lol et Président du Conseil de la Révolution des F.A.P !

Le soir, comme les trois chambres étaient occupées, nous nous retrouvions dans le couloir. On dormait sous les étoiles, dans une atmosphère humide et lourde. C'était mon premier baptême de feu avec les moustiques ! Les combattants n'utilisaient pas encore la moustiquaire. Même beaucoup plus tard, j'ai continué à dormir sans cette protection. J'ai gardé cette mauvaise habitude jusqu'en 1994 avec une période interrompue par quelques séjours à l'étranger ou au BET. Jusqu'à cette dernière date, je ne dormais pas sous des ventilateurs ou des climatiseurs.

---

[325] Avion de transport.

J'avais souvent des habits maculés de sang par le fait que je m'exposais à la piqûre des moustiques. En 1994, j'étais tombé gravement malade de paludisme ! Ai-je perdu une certaine immunité ? Pourtant, toute la saison pluvieuse de l'année 1980, j'avais passé dans les marécages de Diguel, de la briqueterie, des touffes d'herbes de Goudji et aux abords des caniveaux de l'EMB[326] sans aucune forme de protection. Quelquefois seulement, nous nous enduisions de l'huile usée des moteurs de la STEE[327] !

A N'Djamena en ce juin 1979, les combattants palabraient sur les conséquences de la guerre que les F.A.P venaient de livrer au MPLT juste avant notre arrivée. Le matin, nous partions à la gendarmerie dans sa partie occupée par les F.A.P[328].

Deux jours après notre arrivée à N'Djamena, il a fallu de peu pour éviter le déclenchement d'une guerre entre les F.A.P et l'Armée française ! En effet, cette dernière s'était positionnée vers midi, autour de la Banque des Etats de l'Afrique Centrale, actuel siège du trésor public adjacent au rond-point situé en face du Cinéma Vog. Les Français s'étaient placés donc en face de la partie de la gendarmerie occupée par les F.A.P ! Les combattants des F.A.P prenaient cela comme une menace et s'étaient préparés à la guerre : des 14,5mm, des canons de 106mm, des bazookas et tout ce qu'ils avaient comme arsenal de guerre étaient en préparation avec une frénésie telle que tout devait s'apprêter vers 13 heures 30 minutes, juste après la prière[329] de midi.

---

[326] Actuel emplacement de la Présidence de la République.
[327] Société Tchadienne d'Eau et d'Electricité.
[328] L'Ecole de la gendarmerie était occupée par les F.A.N.
[329] Prière musulmane.

Des tirs en rafale crépitaient brusquement ! C'était du côté de la porte de la gendarmerie, face l'aéroport. La sentinelle tirait à bout portant et en rafale sur une voiture Peugeot 504 à bord de laquelle se trouvaient outre le chauffeur, deux Blancs qui étaient morts sur le coup. On les avait dégagés de la voiture et abandonnés leurs corps dans la rue !

Qui étaient-ils ? Etaient-ils des Français ? Ils n'étaient pas armés. Avaient-ils refusé de s'arrêter ? Je ne saurais jamais la suite mais l'Armée française avait abandonné rapidement le siège à la banque et tout était rentré dans l'ordre.

Le soir, Mahamat Tcheni et moi qui venions de vivre ces événements, nous nous disions que le secours pour stopper l'Armée libyenne[330] ne sortirait pas d'ici, que les gens étaient en guerre entre eux. Celle-ci n'était pas encore finie à N'Djamena. Les Blancs étaient encore des ennemis de nos combattants. Voilà les conclusions que mon chef et moi avions tirées en mi-juin 1979 à N'Djamena.

Le lendemain matin, il m'avait fait faire des nouvelles doléances qui se résumaient en vivres et en moyens financiers pour le carburant, la viande et les condiments de la sauce pour les combattants de Gouro. Deux jours après, un gros camion chargé de vivres[331] a été mis à ma disposition. Je devais partir seul avec un chauffeur et son apprenti.

Mahamat, mon chef restait à N'Djamena. J'ai appris par la suite qu'il devait venir avec les moyens financiers qui ne pouvaient pas être convoyés avec le camion des vivres !

---

[330] Qui nous attaquait à Ounianga.

[331] Du sorgho rouge.

Le chauffeur était un vieux routier qui avait connu le Sahara tchadien dans les années cinquante lors des recherches pétrolières faites dans le bassin des Erdi[332] par l'ORSTOM, une entreprise française. Je ne faisais que dormir dans la cabine. En quatre jours, nous étions déjà à Faya.

Là, des problèmes avaient commencé pour notre convoi de Gouro : ni le commandant d'arme de la place le combattant Mahamat Alicha ni le chef de la brigade militaire le combattant Sougui Djooudi, le responsable de combattants qui tenaient la barrière d'entrée et de sortie, encore moins le responsable civil qui jouait le rôle de l'autorité suprême n'avaient voulu comprendre la raison d'envoi d'autant de vivres à Gouro alors qu'il y avait une pénurie à Faya. J'avais compris que les vivres n'allaient pas partir à Gouro avec leur consentement.

Sur le plan des alliances, ils étaient avancés dans leur contact avec les F.A.N de Hissein Habré.

J'étais alors seul à prendre ma décision : je chargeai mon arme devant l'assistance et ordonnai au chauffeur de démarrer le camion sous peine de recevoir mes balles. « Qui veut le camion l'aura après ma mort ! » Dis-je avec force à l'endroit de l'assistance.

Un silence de mort ! Seul le chauffeur cherchait à me raisonner. Il avait failli mourir. Heureusement qu'il avait démarré le véhicule. Il ne savait pas qu'il n'y avait pas d'autre issue que celle que j'ai choisie pour être libre et garder la plénitude de mes biens. Il ne savait pas le poids la honte que j'aurais supporté si je laissais arracher le camion en cours de route ! Il ne savait pas

---

[332] Dans la région du BET.

non plus, le dessein de ces gens qui avaient tout le loisir de trouver des vivres à partir de N'Djamena ou d'ailleurs. Ce qu'ils cherchaient n'était autre chose qu'arracher le camion d'un tel, etc.

Mon vieux chauffeur qui venait d'une autre région du pays, n'était pas en mesure de comprendre les subtilités de la vie des Toubous de ces temps-là. C'était une vie qui suivait des règles strictes qui conduisaient parfois à la mort ! Pour lui, ces vivres qui ne m'appartenaient pas, ne constituaient pas une raison suffisante pour m'opposer à l'autorité de Faya. Des combattants qui pouvaient selon lui, nous exécuter sur le champ ! A son entendement, il suffisait de leur laisser le camion, d'informer les autorités qui nous avaient mandés et la chose allait être réglée. Il ne savait pas qu'il n'y avait pas une telle autorité dans les zones contrôlées par les F.A.P d'une part et d'autre part, il y avait un facteur important qui gérait notre communauté : la honte. L'abandon du camion sans résistance mesurable aux gens du Borkou tombait dans son champ.

Un autre facteur faillit emporter mon compagnon : il ne croyait pas que le petit garçon gentil, affable et respectueux qui le considérait comme un père, puisse agir en mal sur sa personne ! Il ne croyait pas à l'exécution de mes menaces.

A vrai dire, moi aussi j'étais un enfant que l'acculturation avait déjà entamé dans sa substance ! J'agissais en homme du milieu mais il y avait quelque chose qui m'empêchait de m'exécuter. Enfin, tout est bien qui finit bien dit l'adage. Mon vieux compagnon s'était exécuté et nous avions continué. J'avais refusé de me plier aux exigences des éléments de la barrière de sortie avec la même détermination. Nous étions sortis de Faya sains et saufs.

Dès cet incident, la camaraderie avec mes compagnons prenait fin : mon vieux compagnon a retenu ses amitiés à mon égard ; j'ai fait de même. La route était encore longue. Et, les excuses n'auraient probablement pas servi à grand-chose. Je craignais sa réaction et peut-être je n'étais pas capable de lui expliquer les nuances subtiles qui avaient guidé mon comportement. Alors, j'avais refusé de partager leur repas en m'astreignant à un jeûne forcé pendant tout le reste du trajet. Car, j'avais quitté N'Djamena sans provisions puis que jusque-là, je n'avais jamais gagné d'argent. Je ne possédais pas un sou.

A Gouro, j'avais repris service à la phonie. Les contraintes n'étaient pas celles de 1978. Car, cette fois-ci je n'étais pas le seul opérateur.

Un matin de juillet 1979 à huit heures, l'Armée libyenne d'Hassan Ichkal attaquait Ounianga Kébir. Je faisais partie des éléments du renfort qui venaient de Gouro : à douze heures, soit quatre heures plus tard, nous avions pris l'Ennemi de flanc. Nous étions cinquante combattants sur deux Toyota. Nous n'avions pas d'armes lourdes sauf trois bazookas, deux Gerenov et une Agrap. Nous avions surpris l'ennemi qui ne nous attendait pas par derrière. Pourtant, nous avions monté sur la chaîne montagneuse à l'est d'Ounianga à partir d'Eité pour suivre les traces des Libyens. Ces assaillants avaient engagé leurs chars d'assaut et leurs canons montés sur des jeeps de fabrication yougoslave. Leur base arrière où se trouvaient les camions et les soldats piétons restait vulnérable.

En moins d'un quart d'heure de combat, c'était la débandade. Les rescapés avaient rejoint un autre campement situé à cinq cent mètres que nous n'avions pas vu lors de l'inspection faite avant de lancer l'assaut. C'était le lieu de leur tente de commandement et où étaient installées leurs batteries. C'était leur chance. Si nous l'avions détecté, les assaillants n'allaient avoir aucune possibilité de se retirer ! Toutefois, ils étaient suffisamment désorganisés. Ils avaient abandonné le siège d'Ounianga Kébir avant même que les autres renforts des F.A.P n'y arrivent.

Nous avions perdu là, notre chef : mon cousin Bokor Galma, avec trois blessés. Les Libyens avaient abandonné sur place des armes, des munitions, des jeeps yougoslaves et des soldats qui se rendaient pour se faire prisonniers. Il y avait un camion chargé de vivres ! C'était le meilleur des butins de guerre à cause de la pénurie alimentaire.

C'était à Ounianga que j'attrapais pour la première fois le volant d'un véhicule ! Conduire, je l'avais appris plus tard, grâce à mon tuteur Guihini Allatchi qui était notre chef au cours de la guerre de 1980 à N'Djamena. Pendant la convalescence de ma deuxième blessure quand je l'accompagnais aux heures de ravitaillement de nos éléments positionnés à la briqueterie de Diguel, il me cédait le volant de notre Toyota de service.

Sur le terrain de combat à Ounianga ou à Wour, bien que le rapport de forces entre les libyens et les combattants des F.A.P n'était pas comparable, les attaques libyennes étaient toujours défaites, car, attendues. Le mouvement des troupes libyennes était toujours suivi depuis la Libye par le fait qu'elle utilisât le territoire toubou pour attaquer le monde toubou. L'avantage du terroir était du côté des F.A.P. Le désert était pour le Toubou et la guérilla sa spécialité. Les Libyens laissaient souvent des pertes colossales en hommes et en matériels. Malgré les défaites humiliantes et successives, l'obstination libyenne durait jusqu'au mois d'août.

Le refus de Hissein Habré de secourir les éléments des F.A.P de la région du BET devant l'invasion libyenne avait fédéré ces forces disparates : des communautés ethniques s'étaient organisées pour se défendre contre l'envahisseur. Par contre, les combattants des F.A.P qui avaient eu la liberté d'aller à Abéché et au besoin de se rallier aux FAN, s'étaient trouvés contraints de défendre leur terroir. Comme Hissein Habré n'avait pas fait venir ses forces auprès de ce monde favorable à lui pendant cette occasion charnière, le ralliement collectif des Teda Gouroa restait lettre morte.

A N'Djamena, le GUNT du Président Lol ne tenait plus. La ville s'asphyxiait de plus en plus par des pénuries récurrentes en produits de première nécessité. La cohabitation était difficile entre les combattants des F.A.P et des FAN, seules forces tchadiennes présentes dans la capitale depuis l'anéantissement du MPLT et le retrait des FAT au Sud.

Les combattants Alhadji des F.A.P qui constituaient une Armée à part, à majorité Kréda et fidèle à leur idéologie avaient commencé à réclamer ouvertement la direction du Frolinat, détenue jusque-là par Goukouni Weddeye. Souvent, ils menaient des actions subversives au nom des F.A.P à l'insu de sa haute Direction. Pour éviter des cassures, celle-ci avalait les couleuvres et faisait siennes les gaffes commises.

Seules les F.A.N montraient une certaine cohésion, et dans leur organisation et dans leur action. Elles supportaient une guérilla des Kichiras de Mahamat Abba Seid dans le Centre du pays. Une guérilla très coûteuse en vie humaine : les Kichiras recevaient des mines anti-personnelles de Libye.

Le président Lol, humilié depuis l'anéantissement de son

mouvement politique, le MPLT, tenait chancelant et figuratif les rênes d'un gouvernement qui n'était pas reconnu par l'Extérieur.

Les FAT, repliées au Sud, avaient créé le Comité Permanent. Elles géraient les revenues du coton dont elles tiraient des ressources suffisantes. Elles recevaient en plus, des aides multiformes en provenance de plusieurs pays dont la Libye et le Gabon. Mais, la mauvaise gestion, la divergence entre les dirigeants et la recherche du leadership bloquaient la relance du Sud. Cette mauvaise gestion chronique des ressources régionales par des militaires cupides créait dans cette zone un malaise social aigu.

Le Comité Permanent ne collaborait pas avec le GUNT de Lol parce que ce gouvernement avait lancé une offensive contre le Mayo-Kébbi en mai 1979. Une offensive menée par des forces coalisées qui répondaient à plusieurs commandements, au début d'une saison pluvieuse. Elle avait fait un échec mais un échec salutaire pour les combattants qui ont bien fait de vite revenir sur leurs pas. Stratégiquement, l'offensive était une absurdité militaire en de telle période[333]. Pour gagner une guerre, la cohésion des forces est le minimum nécessaire.

Le Tchad, notre pays pataugeait. Toutes les régions partagées entre les trois tendances[334] étaient mal gérées ou laminées par une guérilla larvée. Le GUNT n'existait que de nom. Son Président Lol, tel un maire de N'Djamena privé de la force policière, n'avait que le titre de Président de la République sans aucune emprise réelle sur les forces politico-militaires présentes

---

[333] Le début d'une saison pluvieuse.
[334] Les F.A.P, les F.A.N et les FAT.

dans la capitale. Sa présence à la tête de l'Etat ne se justifiait que par la volonté de conserver l'égalité entre les F.A.P et les F.A.N dans la toute relative coexistence qui maintenait la paix à N'Djamena.

La Libye, depuis que ses soldats faits prisonniers de guerre à Ounianga avaient été traînés dans les rues de N'Djamena par les combattants des F.A.P devant les représentants de la presse et le public n'djamenois, avait cessé de s'attaquer au monde toubou. Elle avait peut-être compris que la prise du terroir toubou, le BET, pour le soumettre à la domination du CDR n'était pas une chose facile qui pouvait être réglée seulement par la seule qualité des armes. Le peuple toubou voyait à travers cette attaque une volonté de domination et de colonisation libyenne. Or, les Toubous mouraient libres. Les survivants avaient toujours résisté à l'esclavage. Des exemples pullulent tout au long des siècles passés.

A cause de cela, les attaques libyennes avaient réveillé des solidarités inouïes : des schémas ancestraux étaient appliqués avec des moyens techniques nouveaux. Les vieux Toubous disaient : « Les Libyens nous font la guerre chaque siècle mais ils se réconcilient avec nous avant même que les plaies consécutives aux blessures ne soient complètement cicatrisées. »

Pourquoi nous attaquaient-ils s'ils savaient qu'ils ne pouvaient pas se passer de nous et vice-versa ? Les vieux ne donnaient pas de réponse. Mais, cela pouvait être la brusque richesse de la Libye qui poussait son peuple, surtout son dirigeant à vouloir dominer ses voisins. Ne dit-on pas que la pauvreté, l'indigence vous apprend d'autres langues pour quémander tandis que l'opulence d'autres démarches qui vous font oublier la présence des autres ? Ce qui était sûr, ce Kadhafi des années soixante-dix, qui se voulait auteur d'une théorie mondiale, ne pensait pas que les Libyens auraient besoin un jour des Toubous, les montagnards !

Pendant des mois depuis la conférence avortée de Kano, le régime libyen de Kadhafi actionnait son armée. Celle-ci ne libérait ni une partie du territoire tchadien en faveur du C.D.R ni la zone d'influence que lui avait cédée la France.

Le Nigeria, sur diverses sollicitations[335] avait accepté de convoquer une nouvelle conférence pour régler le conflit tchadien à Lagos, cette fois-ci loin du gouvernorat islamiste et "pro-libyen" de Kano.

Les tendances politico-militaires pro-libyennes n'administraient pas encore une portion du territoire national. Elles n'avaient pas encore une présence militaire au Tchad : les deux critères qui avaient fait avorter la conférence de Kano II[336]. Ils n'étaient pas encore remplis. Pourtant, c'étaient les principaux critères nécessaires à leur participation dans des négociations relatives à la destinée du Tchad.

Depuis lors, la cohésion entre les F.A.P et les F.A.N enregistrait de sérieux accrocs. Cette cohésion allait-elle se maintenir entre elles pour empêcher aux autres de participer à la nouvelle conférence ?

Parmi ceux qui voulaient participer à cette conférence, il y avait beaucoup d'aventuriers qui menaient une vie de prince dans de

---

[335] Françaises, soudanaises, libyennes, etc.
[336] Il n'y avait pas eu un changement en termes d'occupation militaire depuis la conférence avortée de Kano II sauf l'occupation des zones du Lac par les combattants Alhadji des F.A.P, zones autrefois occupées par le MPLT.

luxueux hôtels sur le compte des parrains pour qui, ces derniers étaient des prête-voix capables d'exprimer en toute circonstance les désirs de leurs pourvoyeurs.

En réalité, au début de cette conférence il n'y avait pas une cohésion entre les leaders des F.A.P et des FAN. Car, ils ne s'étaient pas concertés avant de prendre part à la conférence comme ils l'avaient fait à Kano II.

Par ailleurs, Goukouni Weddeye s'affaiblissait de jour en jour au sein des F.A.P par la montée en puissance des ressortissants du Kanem sous l'influence des combattants Alhadji. Ses éléments des F.A.P, ressortissants du BET supportaient seuls la guerre au B.E.T contre la puissance libyenne. Il était également très préoccupé par un prévisible ralliement des combattants des F.A.P ressortissants de l'Ennedi ou du Borkou, aux F.A.N de Hissein Habré. Cette tendance était l'organisation politico-militaire la mieux outillée du moment en termes de gestion très personnalisée autour d'un seul leader. De plus, les F.A.N avaient des moyens logistiques et financiers.

Par contre, les F.A.P étaient en fait, une organisation fédératrice des groupuscules indépendants et moins enclins à exécuter des ordres.

Goukouni Weddeye ne pouvait pas tenir longtemps devant un Hissein Habré calculateur et manipulateur qui avait le plein pouvoir sur ses F.A.N qui appliquaient à la lettre ses ordres et attendaient son mot avant toute action qui engageait leur mouvement. En ces temps-là, le président des F.A.P avait besoin d'autres alliances. Le statu quo ne lui était pas favorable. Pour lui, ses anciens amis tels que Mahamat Abba Seid, Açyl Ahmat, Abdoulaye Adoum Dana voire Kamougué des FAT n'étaient pas plus dangereux pour son organisation que Hissein Habré.

En plus, Goukouni Weddeye n'était pas aussi haï par la classe politique tchadienne que le président des FAN. Il pouvait en se désolidarisant de Hissein Habré, fédérer tout ce monde autour de lui. Car, les acteurs politiques tchadiens, de peur de voir l'émergence possible de Hissein Habré, l'aurait accepté comme le moindre mal. Goukouni savait pertinemment qu'il était le seul obstacle qui avait les moyens militaires d'empêcher Hissein Habré d'émerger et de s'imposer par la force en cet août 1979.

A Lagos, en ce début d'août 1979, les F.A.N et les F.A.P étaient venues en rangs dispersés. Elles n'avaient pas une position comme en avril à Kano. Car, depuis lors, beaucoup de choses s'étaient passées entre les deux tendances et trop d'ambitions aiguisées entre les deux leaders.

La peur bleue de la diplomatie libyenne s'était dissipée dès l'arrivée des délégations à Lagos : les F.A.P de Goukouni Weddeye déclarèrent qu'elles allaient accepter la participation à la conférence de toutes les tendances politico-militaires sans exclusion, y compris les tendances pro-libyennes en guerre contre les F.A.P au BET. C'était un cadeau à la diplomatie libyenne. Elle venait de gagner ce qu'elle n'avait pas pu obtenir par la puissance des armes ! La méfiance entre Goukouni Weddeye et Hissein Habré profitait à la Libye qui allait avoir toute la latitude d'introduire ses protégés dans les instances de décision du Tchad par la grande porte offerte à l'occasion de cette conférence.

Très déçues par la volte-face des F.A.P, les F.A.N ne pouvaient que se plier à la réalité. Au risque de faire cavalier seul, les

F.A.N ne s'étaient pas hasardées à mettre de conditions de participation. L'adage qui dit que "le malheur est à l'homme seul" avait été une leçon bien retenue et appliquée chez elles.

Les F.A.N devaient se sentir responsables de cette volte-face des F.A.P. Elles, poussées par trop d'ambitions, avaient acculé les responsables des F.A.P en favorisant les germes de méfiance. Comme Hissein Habré visait le ralliement des combattants des F.A.P, des Toubous du Borkou et de l'Ennedi, les responsables des F.A.P[337] s'étaient sentis menacés : ils voyaient l'origine de leur affaiblissement. Ils ne pouvaient pas continuer à maintenir des relations de collaboration avec Hissein Habré. C'était la raison de leur volte-face.

Les diplomaties française, nigériane et libyenne jubilaient : La faille créée entre les deux dirigeants toubous était une aubaine pour elles parce qu'elle allait permettre de pénétrer sûrement au fond des choses. C'était une brèche ouverte à l'ensemble des acteurs politiques, une brèche qui donnait l'occasion de parler de la destinée du pays. Car, si Hissein Habré et Goukouni Weddeye avaient continué à imposer une position commune comme ils l'avaient fait à Kano, le rapport des forces militaires en présence sur le sol tchadien faisait que seule cette position allait s'imposer en ce mois d'août 1979.

Goukouni Weddeye, en se désolidarisant de Hissein Habré, était accepté par l'ensemble de tendances présentes. Le choix des uns et des autres était obtenu donc grâce à une rupture tacite entre Hissein Habré et lui. Si les Libyens n'attendaient que cette occasion pour introduire leurs protégés dans les affaires du pays, les Français l'avaient naguère espérée pendant des années

---

[337] Surtout Goukouni Weddeye.

pour obtenir la libération de leurs ressortissants[338] alors, otages des Toubous.

Le GUNT tant attendu se formait autour de Goukouni Weddeye. Kamougué avait pris la vice-présidence à la place du Général Negué Djogo en marquant ainsi une représentativité effective du Sud. Hissein Habré conservait son ministère de la Défense. Mahamat Abba Seid était devenu ministre de l'Intérieur tandis qu'Açyl Ahmat obtenait le ministère des Affaires Etrangères, etc.

A ce gouvernement symboliquement formé à Douguia[339], participaient toutes les onze tendances qui avaient pris part à la conférence de Lagos.

La situation militaire au Tchad en ce moment-là était telle que les F.A.P de Goukouni Weddeye occupaient le BET, le Kanem, le Lac et une partie du Chari-Baguirmi, la partie située au nord de N'Djamena. Les F.A.N occupaient l'Ouaddaï, le Biltine, le Batha, le Guéra et une partie du Chari-Baguirmi, la partie située à l'est de N'Djamena. Les cinq préfectures du Sud étaient occupées par les FAT de Kamougué. Il y avait une guérilla animée par les Kichiras de Mahamat Abba Seid dans les régions d'Ouaddaï, du Batha et du Guéra. Ils avaient souvent des accrochages meurtriers avec les F.A.N de Hissein Habré. Le C.D.R d'Açyl Ahmat, le Frolinat originel d'Abba Siddick Koko… n'avaient pas une présence militaire sur le territoire national. Ces tendances n'administraient aucune région du pays. Les libyens étaient à Aouzou annexé. Les forces françaises étaient stationnées à la base militaire de l'aéroport de

---

[338] Affaire Claustre, de 1974-1977.
[339] Une localité tchadienne située au Nord-Ouest de N'Djamena.

N'Djamena.

Enfin, Goukouni Weddeye était devenu le Président du GUNT accepté par "tous" en cet août 1979.

Dès son investiture, il voulait faire la paix surtout avec le Sud. Il s'était déployé à cet effet, avec une franchise et une bonne volonté, en se montrant différent de Hissein Habré à tout point de vue. Mais, sa main tendue vers les Sudistes n'était pas étayée dans les faits sur le terrain par ses propres forces, surtout la composante de N'Djamena influencée par les combattants Alhadji. Ceux-là mêmes qui avaient pris une part active dans la guerre de février 1979 contre les FAT.

De l'autre côté, les militaires sudistes qui prenaient goût du luxe dans la gestion des caisses pleines du Sud, une gestion des ressources abondantes sans aucune forme d'orthodoxie financière ni contrôle, au détriment des fonctionnaires et de la laborieuse population du Sud, utilisaient tous les alibis pour perpétuer cet état des choses. Ils n'étaient pas prêts à écouter un Goukouni Weddeye qui, de leur point de vue, prêchait dans le désert en faisant tout pour se montrer simplement différent de son frère Hissein Habré, un frère qu'il venait de le défendre lors de la guerre de février 1979 : c'était la compréhension des militaires et de la population du Sud.

Bien que le Sud participât tant bien que mal au GUNT de Goukouni Weddeye, la région restait hermétiquement fermée : seul le Comité Permanent la gérait, une gestion peu orthodoxe.

La zone gérée par les F.A.N de Hissein Habré restait elle aussi hermétique au GUNT. La guérilla contre les Kichiras continuait pendant que Hissein Habré et Mahamat Abba Seid assistaient au même conseil des ministres du gouvernement Goukouni Weddeye, le GUNT deuxième version.

Quant aux F.A.P de Goukouni Weddeye, chaque groupuscule gérait sa zone d'influence à sa guise et selon ses manières : presque chaque groupe ethnique avait la gestion de sa localité. Tous ces différents groupes répondaient membres des F.A.P par un pur conformisme moral en reconnaissant un même chef qui n'avait pas beaucoup d'autorité sur le cours des choses de la localité : généralement le chef de la localité ne se faisait pas désigner par la direction des F.A.P mais il s'imposait. Personne ne démettait quelqu'un de ses fonctions. Ainsi, les responsables des F.A.P n'avaient pas une autorité verticale qui faisait circuler l'ordre. Ils se contentaient de jouir d'une autorité fédératrice.

En septembre 1979, j'ai été appelé par message à N'Djamena pour bénéficier d'une formation en transmission, surtout en alphabet morse : en fait, il y avait une commission mixte chargée de former une armée nationale[340] conformément aux accords de Kano. Cette commission avait jugé nécessaire de former des opérateurs spécialisés en transmission.

En octobre, j'étais revenu à N'Djamena. Nous avions logé l'aile ouest de la Gendarmerie, actuel camp des gardes appelé Hassan Djamouss. Chaque semaine, nous passions un test. J'avais occupé le premier rang de tous les quatre tests du premier mois de formation. Albert Collard, notre responsable de formation me gratifiait à chaque proclamation des résultats d'une pièce de cent francs CFA (communauté française d'Afrique ou Colonies

---

[340] L'Armée Nationale Intégrée.

françaises d'Afrique selon les différentes phases de présence française en Afrique). Maintenant, comme il n'y a ni colonies ni communautés françaises alors on l'appelle : Communauté Financière d'Afrique, toujours gérée par le trésor français ! Les séquelles de la domination, de la colonisation et de l'esclavage sont dures à se faire effacer : même abrégées, elles persistent. Ce fut difficile de comprendre, nous qui avions tout à apprendre avec l'œil d'un étranger culturel dans son propre pays. Pour moi, comme pour les gens de ma région, 100FCFA c'était "diguidem"[341].

Cela devait être mon premier salaire, plutôt ma première récompense depuis mon engagement dans les rangs du Frolinat.

Pourtant, j'avais le niveau d'études le plus bas de tous les éléments en formation ! L'apprentissage de l'alphabet morse n'était autre chose que des sons à capter ! Pour cela, un niveau d'études n'était pas nécessaire.

Goukouni devenu Président de la République du Tchad pendant qu'il était fragilisé au sein de son propre mouvement politique : La composante des F.A.P dominée et influencée par les combattants Alhadji, dirigée par des intellectuels arabophones et plus nombreuse dans le Kanem, le Lac et le Chari-Baguirmi, devenait de plus en plus exigeante pour prendre la direction du Frolinat. Comme ces combattants étaient réfractaires à un certain nombre de concepts politiques du mouvement auquel ils étaient venus adhérer, ils exprimaient ouvertement et à toute occasion, leur désarroi quant à

---

[341] Qui veut dire 20. Chez nous, les cfa sont comptés en Goursa, une monnaie qui n'existe pas mais qui vaut 5 fcfa. Cette monnaie fictive a encore cours dans le subconscient du Tchadien. Cette monnaie est connue dans presque toutes les langues nationales.

l'occupation de tous les grands postes de responsabilité au sein des F.A.P par les seuls ressortissants du BET et en plus, ces derniers étaient des francophones.

En fait, c'étaient des postes qui avaient été occupés par les tenants actuels depuis mars 1978 à Faya lors du congrès extraordinaire. Après cette date, le Kanem avait massivement adhéré aux F.A.P. A N'Djamena, ses ressortissants étaient nombreux et ils revendiquaient des postes de responsabilité. Contrairement à la situation de mars 1978 à Faya, l'équilibre ethnique et régional des F.A.P faisait qu'en août 1979, le Kanem était en droit d'exiger une présence dans les hautes instances des F.A.P.

Dès que Goukouni Weddeye fut appelé à assumer ses nouvelles fonctions de Président du GUNT, son remplacement dans la fonction de Président du Conseil de la Révolution (C.R)[342] enclenchait une précipitation et une incompréhension profonde au sein des F.A.P. Les combattants Alhadji disaient : « Le poste est laissé vacant puisque le titulaire est devenu le chef de l'Etat. »

Dans les faits, Kelei Abdallah Lebine jouait le rôle de président par intérim du Conseil de la Révolution et des F.A.P dont le vice-président Brahim Youssouf était souvent absent de N'Djamena. Mais dans le fond, entre la conception de la marche des F.A.P selon les responsables Alhadji et les cadres francophones, il y avait un fossé idéologique et culturel. Alors, les arabophones avaient imposé pratiquement un des leurs, en la personne de Mahamat Issa Idriss et cela, sans chercher à maquiller le choix par les règles statutaires du Mouvement qui prévoyaient un congrès pour un tel changement.

---

[342] C'était le titre suprême.

Mahamat Issa Idriss devenait de fait, le président du CR. Il supplantait le vice-président Brahim Youssouf. Ce passage au forcing était vu comme un coup d'Etat sur la personne de Kelei Abdallah Lebine et, partant de là, sur les cadres francophones des F.A.P.

Le nouveau promu était un pur produit de la diaspora saoudienne. Contrairement à ce que croyaient ses collègues, c'était encore un originaire du BET, un Daza. Par l'éloignement vécu, ces arabophones ne maîtrisaient ni la géographie nationale ni la répartition ethnique du pays. Ils raisonnaient souvent en termes de culture ou de religion.

Depuis lors, commençait le rapprochement quasi clandestin entre les combattants Alhadji des F.A.P et les Kichiras de la première Armée de Mahamat Abba Seid. C'était un rapprochement plus idéologique que politique. Car, la première Armée, comme nous l'avons décrite plus haut, regroupait l'ensemble des maquisards qui évoluaient dans le Ouaddaï, le Batha et le Guéra et ce, depuis la mort d'Ibrahim Abatcha. Elle avait été, pendant certaines périodes, une organisation "extrémiste" à obédience religieuse. Elle n'avait pas ou très peu accepté l'arrivée en son sein des cadres francophones. C'était ainsi, beaucoup d'intellectuels en langue française qui avaient cru aux idéaux théoriques du Frolinat et qui avaient rejoint leur rang avaient été exécutés pour des fallacieux motifs telle que la prise de parole en langue française dans le Safe des combattants. Par moment, l'usage du français était un interdit passible de lourdes peines. Des cadres ou des fonctionnaires comme Idriss Berdeï Targuio avaient été éliminés par ces combattants !

A vrai dire, moi, je n'aimais pas la transmission. Je la détestais à cause des contraintes que ce métier imposait à l'opérateur.

J'avais horreur d'être prisonnier de ma conscience. Car, par expérience, je savais l'obligation morale de tenir les vacations. J'étais déjà à même de mesurer l'attente des personnes en détresse qui n'espéraient que votre voix pour un secours salvateur. Le secret professionnel ! J'avais compris très jeune que j'avais d'autres valeurs. Celles-là étaient assujetties à la honte. J'avais été plusieurs fois butté entre le fait de garder un secret professionnel et l'obligation traditionnelle de partager une information. Le mérite d'être premier en alphabet morse ne me disait pratiquement rien.

Début décembre, les écoles de N'Djamena avaient été rouvertes. Immédiatement, je cessais l'apprentissage de la transmission et je m'étais inscrivit au collège d'enseignement général (CEG N°1)[343] sis à l'est de la gendarmerie d'où je quittais pour une maison en face de la cité de l'air, squattée par des combattants apparentés.

J'aimais l'école. L'assiduité, l'effacement de soi, le respect des enseignants et la retenue vis-à-vis des élèves étaient les faces de mon caractère forgé par tant d'épreuves. Bien que j'aie le même âge que certains élèves, je ne me considérais pas égal à eux. J'étais mûr, un "homme". Ils ne me voyaient jamais parler sauf quand il était question d'apporter des explications en classe.

Pendant cette période, pour la Première Armée comme pour les combattants Alhadji des F.A.P, la présence des troupes françaises au Tchad était un affront et une insulte au sens de leur combat. Ainsi, les Kichira et les Alhadji se retrouvaient dans une même ligne idéologique : se battre contre la culture occidentale surtout française, dans toutes ses formes

---

[343] Actuel lycée de la Paix.

d'expression. L'usage du français comme langue officielle de travail au Tchad et la laïcité de l'Etat qui était l'un des fondements de l'unité nationale, étaient remis en cause et par les Kichira et par les combattants Alhadji des F.A.P.

Le fait que les Alhadji des F.A.P aient intervenu en faveur de Hissein Habré lors des combats du 12 février 1979 ne signifiait pas qu'ils étaient des amis de ce dernier. La différence idéologique, la conception du pouvoir au Tchad et la remise en cause des fondements de la République faisaient d'eux les vrais adversaires, les vrais ennemis de Hissein Habré parmi les combattants des F.A.P.

Les combattants ressortissants du BET qui évoluaient dans les rangs des F.A.P et ceux qui évoluaient dans les rangs des F.A.N commençaient à sentir réellement la menace de leur désunion. Le fait qu'ils soient divisés entre Hissein Habré et Goukouni Weddeye était le seul grand handicap qui bloquait la mesure de leur poids, de leur impact ou de leur influence sur toute prise de décision relative à la destinée du pays.

Toutes les tentatives de réconciliation initiées pour unir les deux hommes sous la même bannière avaient lamentablement échoué.

Devant cet état de choses, certains combattants avaient décidé d'unir les combattants ressortissants du B.E.T de ces deux tendances politiques. Ils ne se référaient ni à Hissein Habré ni à Goukouni Weddeye. C'étaient des cadres de l'Ennedi[344]. Des réunions régulières se tenaient à N'Djamena. Les animateurs du rapprochement entre les ressortissants du BET, très mécontents

---

[344] Les ressortissants de l'Ennedi sont nombreux chez les F.A.P comme chez les F.A.N.

de la situation de belligérance imposée entre les enfants d'une même préfecture, les enfants d'une même communauté mais divisés à cause de l'égoïsme de Goukouni Weddeye du Tibesti et de Hissein Habré du Borkou, avaient ouvertement exprimé leur ras-le-bol. Ils proposaient de les écarter tous les deux.

Goukouni Weddeye n'avait pas manifesté une action qui contrecarrait cette agitation dont le dessein était concrètement l'union du BET autour d'un fils de l'Ennedi. Par contre, Hissein Habré avait indirectement répliqué : il avait envoyé un groupe chargé d'exprimer son opinion. Ce groupe insultait d'abord l'irresponsabilité des cadres des F.A.P ressortissants du BET en leur disant ceci : « Vous, les cadres des F.A.P ressortissants du BET ici présents, vous avez peur d'être submergés et d'être dominés par des Krédas que vous veniez de recruter il y a moins d'un an. Pour camoufler votre faiblesse structurelle liée à votre mauvaise organisation, à votre désordre et à votre irresponsabilité, vous cherchez à vous lier aux vaillants combattants des F.A.N ! Sachez que le CCFAN est une organisation politique dirigée et gérée comme telle ! Les F.A.N n'acceptent pas votre désordre. Inutile de faire des basses manœuvres sur le dos des hommes qui ont tout donné et pour le BET et pour le Tchad. »

Par cette intrusion, Hissein Habré avait su orienter les débats entre les F.A.N et les F.A.P sur leur qualité, leur projet de société et leur apport au Tchad. Le débat comparatif s'était transformé en des diatribes. Ce qui ne tardait pas à tourner court.

Contrairement à Goukouni Weddeye qui se plaisait à diriger une coalition fédératrice en acceptant une autorité morale, Hissein Habré était un centraliste qui voulait diriger son organisation politique des mains de fer. Il comptait créer une force composée d'abord de ressortissants du BET qui allaient l'appuyer en toute circonstance.

C'était donc Hissein Habré qui avait le plus besoin de l'unité du BET autour de lui pour s'imposer au Tchad et prendre le pouvoir.

L'action des cadres de l'Ennedi qui visait à écarter Goukouni Weddeye et Hissein Habré au profit d'un fils de l'Ennedi, était plus dommageable à ce dernier.

C'était alors à juste titre qu'il avait contre-attaqué en créant des failles parmi les cadres qui avaient initié des actions visant à unir tous les fils du BET évoluant dans les deux tendances politiques. Il savait que le statu quo allait en sa faveur et que l'unité des fils du BET allait se faire autour de lui. Car, les autres étaient noyautés dans des organisations politiques qui ne les favorisaient pas spécifiquement.

Au sein des F.A.P, les exigences de combattants Alhadji étaient telles que, soit tous les responsables connus parmi les ressortissants du BET allaient céder leurs portefeuilles aux Krédas arabophones, soit on allait assister à une possible scission des F.A.P.

Les combattants Alhadji, très agités et trop pressés, n'avaient pas attendu la désintégration des F.A.P entre les ressortissants du BET et ceux du Kanem. Ils avaient égorgé nuitamment les éléments des FAN, membres de la prévôté, la police mixte qui gérait la sécurité de la ville de N'Djamena. Les victimes étaient égorgées dans leur sommeil sur leur lit par leurs collègues de travail qui s'étaient renforcés par plusieurs combattants Alhadji des F.A.P. C'était dans la nuit du 18 mars 1980. Les victimes étaient parmi les meilleurs combattants des FAN.

La raison de l'ignoble acte était que les F.A.N avaient écrasé la veille une colonne de Kichiras à Bokoro dans la région du Chari-Baguirmi. Ces Kichiras s'étaient liés secrètement aux combattants Alhadji des F.A.P. Parmi les prisonniers Kichiras arrêtés par les FAN, il y avait des combattants Alhadji qui avaient été envoyés à l'insu de la Direction des F.A.P. Une direction qui avait appris la présence de ses combattants dans la base arrière des F.A.N après leur arrestation ! Pour quelle mission ? Seuls certains responsables Alhadji, autour de Mahamat Taher Saleh[345], pouvaient répondre. Les combattants Alhadji avaient gardé en otage quelques éléments des F.A.N parmi les membres de la prévôté pour un éventuel échange de prisonniers.

La guerre était apparemment inévitable entre les F.A.N et le groupe de combattants Alhadji qui venaient de commettre le crime à N'Djamena.

Pour éviter la guerre entre les F.A.P et les F.A.N dans leur ensemble à N'Djamena comme partout ailleurs, de bons offices s'étaient offerts pour arranger l'affaire entre Goukouni Weddeye et Hissein Habré. Mais, les vrais acteurs[346] n'étaient pas partie prenante dans ces apaisements.

Goukouni Weddeye, alors Président du GUNT, n'avait pas été impliqué dans l'intrigue qui était sur le point de déclencher une guerre. Il ne pouvait que se déterminer : il avait le choix entre

---

[345] Qui était la cheville ouvrière du rapprochement des F.A.P aux Kichiras et dont des proches figuraient parmi les prisonniers.
[346] Les combattants Alhadji.

rester du côté de ses combattants Alhadji en endossant la responsabilité de l'ignoble acte, le fait accompli ou garder la neutralité. Dans ce dernier cas, il aurait choisi le camp des ressortissants du BET où Hissein Habré prenait de plus en plus d'estime et de considération par le simple fait qu'il restât l'ennemi de tous ceux qui avaient affaire aux ressortissants du BET y compris ceux qui étaient en opposition à Goukouni Weddeye.

Le matin du 19 mars 1980, nous étions en classe bien qu'informés très tôt des événements survenus au cours de la nuit à l'EMB, le camp de la prévôté.

Vers dix heures, la direction du collège libérait les enfants pour leur permettre de regagner chez eux. La tension était perceptible et les mouvements des hommes en armes, incessants.

Pendant que la délégation dirigée par l'Imam Moussa Brahim de la grande mosquée de N'Djamena faisait des va-et-vient entre Hissein Habré et Goukouni Weddeye, la guerre dite de neuf mois éclata le 20 mars 1980 à l'aube. C'était une guerre qui allait opposer immédiatement les F.A.P et les F.A.N dans leur ensemble.

Le 20 mars, la guerre ne nous avait pas laissés nous préparer pour l'école car elle s'était déclenchée très tôt. Dès sept heures déjà, mes voisins Daza regroupés autour de Moussa Sougui, engagés dans la position de Diguel[347], recevaient déjà leurs premiers cadavres : Une Land-Rover chargée de blessés et des corps de victimes revenait du front. Déchargée, nous sautions dans cette voiture maculée de sang pour secourir les

---

[347] Quartier Nord de N'Djamena.

combattants de Diguel.

Pourquoi étions-nous en guerre contre les F.A.N ? C'était une question d'adulte. Nos voisins étaient en guerre. Nos voisines pleuraient ! Personne ne nous dissuadait de les secourir.

A Diguel, nous avions trouvé plusieurs jeunes combattants de l'Ennedi engagés très tôt dans la guerre. Pourtant, la plupart des combattants de l'Ennedi hésitaient encore. Avec eux, nous partagions les mêmes avis ! Ils nous suivaient petit à petit.

Au fait, certains combattants de l'Ennedi dans les rangs des F.A.P comme ceux dans les rangs des F.A.N hésitaient de prendre part à la guerre. Mais, celle-ci, synonyme de mort des êtres chers, prenait vite le dessus. Elle ne permettait pas la neutralité dès lors qu'on soit dans un camp ou dans l'autre. Le temps jouait contre la neutralité.

Les combattants Alhadji des F.A.P et leurs recrues du Kanem, ceux-là mêmes qui avaient déclenché la guerre, devant l'usure, la guerre de tranchées et des rues, n'avaient pas tenu trop longtemps. Déjà, dès le septième jour, la plupart des groupes de combattants Alhadji commençaient à fuir la capitale, parfois en abandonnant les armes et les bagages.

Des éminents chefs Alhadji disparaissaient chaque jour des rangs pour apparaître plus tard dans les pays arabes, leurs pays de naissance ou d'emploi. Les aéroports du Nigeria servaient de lieu de transit pour ces fuyards.

De fil en aiguille, la guerre déclenchée et voulue par les combattants Alhadji qui avaient cru écraser les F.A.N comme le MPLT, devenait une guerre entre les ressortissants du BET.

Goukouni Weddeye s'était entouré des siens pour éviter une défaite humiliante. C'était aussi ce que fit Hissein Habré de son côté. Les "parents"[348] de l'un comme ceux de l'autre où qu'ils se trouvaient, s'étaient mobilisés pour relever le défi. Les civils, les jeunes, les vieux, les parents, les alliés ou les relations de l'un comme ceux de l'autre, à l'image d'une cause clanique ou ethnique, s'étaient mobilisés pour défendre le leur.

Des éleveurs abandonnaient leur bétail, des sédentaires laissaient leur jardin sec, des commerçants qui son échoppe, qui sa boutique, des travailleurs en Libye ou ailleurs venaient à N'Djamena pour prendre les armes et se battre. Pendant des mois durant, les fils du BET se massacraient dans la guerre de tranchées et d'usure. Les morts se comptaient par milliers de part et d'autre. Les enfants du BET payaient très cher une guerre dont ils n'étaient pas les initiateurs.

Les autres tendances s'étaient coalisées autour de Goukouni Weddeye contre leur ennemi à tous, Hissein Habré. Mais leur engagement était mou : les FAT de Kamougué venaient de temps en temps tirer quelques obus de mortiers sur les positions des F.A.N à N'Djamena à partir de la rive gauche du Chari ;

Les éléments du C.D.R qui venaient combattre aux côtés des éléments de Goukouni Weddeye n'avaient pas changé la donne, tellement qu'ils restaient fragiles et amorphes. Les positions qu'ils tenaient étaient souvent perméables aux F.A.N qui les visaient pour faire des percées spectaculaires.

La France qui constatait l'enlisement dans lequel les deux

---

[348] Les parents et les parents des parents. Un adage toubou dit : « Qui ne considère pas le parent de son parent comme un parent, ne peut mettre sa tête à l'ombre. » entendez par là que l'on n'accueille pas l'ennemi.

belligérants se trouvaient, avait vite retiré ses troupes. Elle était enthousiasmée par l'autodestruction des forces touboues qui l'avaient énormément gênée dans la conduite de sa politique africaine et ce, depuis le début des années soixante.

Cette guerre entre Toubous corroborait avec sa politique stratégique : le Tchad allait rester en l'état et ses ressources naturelles n'allaient pas être exploitées à court terme ; Le pays allait rester encore longtemps avant d'avoir un gouvernement stable, solide et capable de penser au pays pour s'adonner à son développement économique par l'exploitation des ressources minières[349].

Pourtant, elle donnait en cachette, quelques munitions et obus aux F.A.N de Hissein Habré pour ne pas les laisser se faire écraser par les F.A.P. En même temps, elle recevait les blessés des F.A.P de Goukouni Weddeye pour leur prodiguer des soins médicaux gratuits dans une antenne médicale installée à cet effet à Kousseri, la ville camerounaise mitoyenne à la capitale N'Djamena, sur l'autre rive du fleuve Chari-Logone : une antenne médicale militaire qui était en fait un mouroir à cause de la mauvaise qualité du personnel ; un lieu où les blessés s'étaient plus décimés par la méningite et autres maladies épidémiques que par les blessures.

Radio France Internationale (RFI), la radio d'Etat et la voix assermentée de la France, chantait à longueur de journées les faits d'arme et la bravoure des combattants. Elle attisait la guerre par la voix des journalistes spécialisés et engagés, des journalistes d'opinion qui auscultaient les indices pour justifier une opinion déjà faite. Cette opinion était claire pour ceux qui

---

[349] La France considérait comme ses réserves stratégiques.

analysaient la presse : que l'autodestruction des forces touboues soit systématique et maximale. Des Charles Lescot, Jacqueline Papé… Ces journalistes faisaient leur temps dans le journalisme de combat, un journalisme qui attise la guerre !

Les forces de l'OUA[350], présentes au Tchad pour soutenir le GUNT à ramener la paix, s'étaient retirées du pays dès les premiers jours de la guerre sur conseil avisé du gouvernement français qui faisait parallèlement le retrait de ses propres troupes.

En février 1979, lors de la guerre opposant le C.S.M du Général Félix Malloum aux F.A.N de Hissein Habré, la désintégration du système établi par la France avait entrainé une grande précipitation de la diplomatie française pour chercher un cessez-le-feu. Il avait même fallu frapper aux portes du Nigeria, le pays voisin qui avait des disponibilités militaires non loin de la capitale tchadienne.

Car, à l'époque l'Armée française était mise hors-jeu, incapable de s'interposer entre les deux belligérants qui ne lui accordaient pas leur confiance pour des raisons évidentes : d'abord les FAT du Général Malloum reprochaient à l'Armée française de n'avoir pas contribué suffisamment pour écraser les F.A.N à N'Djamena ; Ensuite, les F.A.N reprochaient à l'Armée française d'avoir bombardé leur position, surtout le domicile de Hissein Habré à Sabangali et les zones habitées par les musulmans dans la ville de N'Djamena. Ces bombardements effectués par l'Armée française avaient occasionné la mort de beaucoup de civils musulmans.

---

[350] Organisation de l'Unité Africaine.

Mais, cette fois-ci, quand il s'agissait d'une guerre fratricide entre les Toubous, la diplomatie française s'éclipsait. Elle déconseillait à toutes les bonnes volontés de s'ingérer. Aucune mobilisation des forces d'interposition pour stopper cette guerre inutile qui était en train de détruire le Tchad et sa capitale N'Djamena! Personne ne trouvait scandaleux que les deux forces issues de la rébellion et arrivées à renverser le système établi par la France lors de la décolonisation s'entretuent dans les rues de N'Djamena en conduisant de facto, à la destruction pure et simple de cette ville! Il n'y eut que du verbiage diplomatique qui exprimait des intentions pieuses pour des principes nobles.

La Libye, autre actrice du dossier tchadien et pays dont le Guide avait initié une théorie dite "universelle" qu'il voulait propager sa trouvaille à travers toute l'Afrique à commencer par le Tchad, se trouvait bloquée par ses voisins immédiats, le peuple toubou. Un peuple que le régime Libyen avait commencé à mépriser depuis l'exploitation du pétrole de son pays. Ce régime avait monté une stratégie dans le but d'écraser ces peuplades par tous les moyens. Cette stratégie, malgré les dégâts, avait été un échec. Mais avec cette guerre entre Toubous, le Guide libyen était merveilleusement servi.

Dès les premiers jours, sans autres formalités de rapprochement, la Libye avait envoyé des munitions qui manquaient drastiquement dans les rangs des F.A.P. Ceci, pour empêcher qu'elles se fassent écraser par les FAN.

Lorsqu'on sait que les F.A.P comme les F.A.N étaient toutes les deux, les seules forces ennemies de la Libye au Tchad et cette dernière savait que la France donnait de son côté, le minimum nécessaire aux FAN, le régime libyen n'avait pas d'autres visées que celles de perpétuer la guerre et d'obtenir une autodestruction complète des forces touboues au Tchad.

Quand on constate la synergie de vue de deux diplomaties[351] sur le dossier tchadien en ce début de l'année 1980, on est en droit d'affirmer que les deux pays amis s'étaient concertés pour donner le minimum nécessaire aux deux belligérants afin que la guerre continuât et que l'autodestruction touboue se perpétuât en créant des haines profondes entre les enfants de ce même peuple.

Ce que la Libye donnait n'était que le juste nécessaire pour une guerre de quelques jours. Car, elle n'avait pas été appelée par Goukouni Weddeye à son secours.

Le 26 avril 1980, pendant mon quatrième séjour à Diguel, je fus blessé pour la première fois. Lorsque mon compagnon avait essayé de me transporter, il m'avait trouvé inerte[352]. Alors, il conclut à ma mort. C'étaient mes cousins Djouma Amboui et Koligue Lony qui s'étaient précipité sur mon corps pour ne pas l'abandonner. Ils l'avaient transporté jusqu'à la voiture. C'était en ce moment qu'ils constataient finalement que j'étais encore en vie.

Tout au long du transport, j'étais entre la vie et la mort. Je délirais entre la réalité des douleurs et l'inconscience des cauchemars.

Une fois à la base Adji Kossei où il y avait l'infirmerie de l'Armée française, je rouvrais les yeux quand les deux combattants s'apprêtaient déjà à me tenir l'un, les pieds et l'autre

---

[351] Française et Libyenne.
[352] Car, j'ai perdu la connaissance.

les bras. Je refusai ce transport : je me mis debout et j'esquissai vers la porte de l'infirmerie deux ou trois pas quand je perdis encore connaissance.

Deux jours plus tard, j'entendis une voix qui ne cessait de résonner dans les oreilles. J'ouvris les yeux. C'était d'abord flou puis, qui voyais-je ? La Sœur ! Elle insistait pour savoir si je la reconnaissais. Ai-je répondu par oui ? C'était plutôt ma santé qui la préoccupait.

Cette Sœur, une fois en classe quelques jours avant le déclenchement de la guerre, pendant que je recopiais le corrigé d'un exercice des mathématiques laissé au tableau, s'était introduite dans la salle et m'avait demandé de vite quitter le lieu afin qu'elle s'entretienne avec les filles, seules, sur des leçons de choses. Elle avait mal pris ma demande d'avoir une minute de plus. Elle s'était fâchée et haussait le ton en me fixant dans les yeux. Interrompant ma copie, j'étais sorti tête baissée, silencieux comme une taupe. Les rires moqueurs des filles renchérissaient les remontrances bruyantes de la Sœur avide d'autorité.

Me trouvant blessé dans cette infirmerie où elle s'était engagée comme infirmière et ayant reconnu le visage fixé et peut être l'habit porté[353] qui n'était pas changé depuis le début de la guerre, elle s'était occupé spécifiquement de moi depuis mon arrivée. J'étais gardé dans une petite bâche climatisée, le logement du médecin français loin des autres malades. Un médecin habillé en civil qu'il n'y ait pas lieu de le comparer avec les bourreaux de l'antenne médicale française installée plus tard à Kousseri. Il était consciencieux. Un vrai médecin ! Il s'est permis un peu plus tard, de faire des déclarations en France,

---

[353] Sale et maculé de sang.

attribuant une bravoure aux combattants toubous ou goranes.

Mon cas était grave. La balle avait traversé sous les oreilles, une partie du corps très sensible. J'avais eu le thorax rempli du sang avalé. Il avait fait une ponction au niveau de la poitrine, entre les côtes. Il avait dégagé le sang avalé par ce trou avec une pompe pour libérer les poumons. Ainsi, m'avait- il ramené à la vie de justesse.

Une dizaine de jours après, la difficulté d'ouvrir la bouche commençait. En fait, la balle avait traversé la partie cartilagineuse des mâchoires. Pendant le processus de guérison, les cartilages blessés se sont soudés et ont bloqué le mécanisme de mobilité des mâchoires : cela m'empêchait d'y introduire des aliments.

Sous les arbres de Farcha, actuel CPDE[354] où nous étions parqués, il n'y avait pas d'aliments liquides qui puissent me nourrir. Au début, je souffrais des vertiges. Puis, j'étais tombé d'inanition. Alors, on me ramenait à la base française presque mourant. On m'avait confié à un infirmier soûl. Celui-ci attrapait ma mâchoire inférieure d'une main et de l'autre la mandibule. Il tirait de toutes ses forces. Quelques instants après, je me réveillai dans un bourdonnement et dans une douleur atroce. On me donnait des calmants et je pouvais ouvrir la bouche. Cette opération était répétée plusieurs fois par mes camarades : chaque fois que ces difficultés me prenaient. J'étais finalement guéri et j'avais regagné mon groupe pour la poursuite de la guerre. Depuis lors, ma forme avait pris une apparence squelettique. J'avais été blessé encore deux fois par la suite.

---

[354] Coopérative de Production et du Développement d'Elevage, dans l'enceinte du Laboratoire Vétérinaire de Farcha.

Ainsi continuait la guerre fratricide. Les jeunes, les vieux, les moins jeunes mourraient dans les deux camps. Les blessés soignés revenaient pour se faire trouer encore et encore. La désolation était dans toutes les familles. La mort devenait une chose banale. Les familles touboues avaient cessé de pleurer les morts ou de célébrer des cérémonies de funérailles. Il y avait tellement de morts dans chaque famille que personne ne rendait condoléances ! A force de subir les affres elles avaient perdu l'esprit de compassion. Les sentiments ont pris de sérieux coups dans la génération touboue des années quatre-vingt.

La guerre peut produire des monstres. Un homme sans sentiments est un monstre animé. Quand il est en position de force, il peut être capable du pire mais également du meilleur. Car, il est bien capable de bousculer les normes et les règles établies.

La guerre continuait. Tous les renforts qu'un camp pouvait mobiliser, arrivaient. Les mois passaient dans la désolation, la mort. Des offensives étaient lancées mais contrées de part et d'autre. Chaque camp avait sa base arrière de blessés, de découragés ou de peureux. Les ardeurs des uns et des autres s'étaient émoussées. Personne ne songeait à la victoire. Chacun cherchait à éviter la honte d'abandonner son frère dans l'adversité, d'être étiqueté peureux ou d'être humilié par ses semblables.

La honte est un grand vice en milieu toubou. Tout homme digne de ce nom est tenu de l'éviter. L'effort conjugué de tous, à éviter la honte régule la société touboue. Elle est la sanction de l'inobservation des règles légales et écrites dans d'autres sociétés humaines. Ailleurs, l'inobservation des règles conduit à la prison. Ici, c'est la honte qui en est le résultat.

L'homme toubou préférait se donner la mort[355] au lieu de commettre un acte honteux et dégradant. C'était peut-être la raison pour laquelle la guerre sans but, la guerre déclenchée par les autres, ceux-là mêmes qui avaient pris la tangente, une guerre non souhaitée ni par Hissein Habré ni par Goukouni Weddeye encore moins par les combattants de deux camps n'arrivait à être stoppée.

Un jour, le cercle restreint de Goukouni Weddeye s'était réuni et convoquait ce dernier pour exiger de lui, de faire appel à l'ennemi : le Colonel Kadhafi de Libye pour écraser Hissein Habré. L'idée était de pactiser avec le diable pour battre la mort en face, présente et concrète, quitte à se faire tuer par le diable plus tard. Goukouni Weddeye était sommé d'accepter toutes les conditions de Kadhafi si ce dernier allait faire venir une force capable de chasser Hissein Habré de N'Djamena. Il savait que cette exigence était incontournable. Sinon, il risquait d'être abandonné par les siens et de laisser la capitale aux F.A.N et à Hissein Habré. Il avait accepté alors la proposition. Kadhafi n'attendait que cela : que le GUNT qui était le gouvernement légitime du pays réclame son soutien.

C'est ainsi que la Libye était intervenue au Tchad pour participer à la guerre dans le but d'imposer plus tard sa politique. Il ne s'agissait pas de faire diriger le pays par un Goukouni Weddeye, un Toubou.

La Libye, qui, depuis la libération de Faya en février 1978 par le Frolinat aile Goukouni Weddeye, cherchait une occasion pour installer un pouvoir arabe et le confier au C.D.R, sautait sur

---

[355] Le Toubou d'antan ne connait pas le suicide. Donc, il se donne la mort par la prise de grands risques qu'on peut qualifier de suicidaires.

cette occasion inattendue. Elle n'exigeait pas de conditions particulières. Elle ne demandait pas la signature des clauses secrètes. Elle amenait son Armée à N'Djamena et installait son artillerie lourde, son escadrille d'avions de chasse, ses hélicoptères et ses chars d'assaut. Tout cet arsenal allait servir à couvrir de bombes le camp Hissein Habré, la partie populeuse de la capitale. Personne, aucune puissance n'osait lever le petit doigt pour contrecarrer Kadhafi dans ses œuvres de destruction massive !

Pour le gouvernement Giscard, les intérêts français étaient en ce moment plus importants en Libye qu'au Tchad. Et puis, Kadhafi allait assumer le courroux de tous les chefs d'Etat Africains ! Il allait s'isoler davantage sur le plan politique, de ses pairs africains qui commençaient à avoir peur de lui. Par ailleurs, ces derniers se sentaient davantage obligés vis-à-vis de la France pour la sécurité de leur pouvoir. Le Tchad servait d'exemple à tous et dans tous les sens quitte à sacrifier quelques Tchadiens, quelques Toubous belliqueux.

Sur le plan de la finalité de l'action Kadhafienne, il n'était pas évident que ce dernier qui couvait le dessein d'affaiblir tous les Toubous y compris ceux de son camp, puisse arriver à son but. Il allait y avoir des mécontents qui allaient pactiser volontiers contre lui. Sur le plan de son choix, il n'était pas évident non plus que le C.D.R en tant qu'organisation politique tchadienne animée par un Arabe tchadien averti, puisse agir sur le schéma arabe, vert, proposé par Kadhafi.

En réalité, Kadhafi des années quatre-vingt ne visait pas la paix au Tchad ! Il visait plutôt une société tchadienne bouleversée et susceptible d'intégrer sa vision dite à cor et à cri, universelle. Une société tchadienne débarrassée des règles établies.

Pour ce faire, Kadhafi avait du pain sur la planche. Ce n'était pas une sinécure. Il n'était pas suffisant qu'une armée conquérante, appelée par une entité nationale socialement enracinée contre une partie d'elle, puise arriver à bout dans le contexte mondial contemporain. Lorsque l'on sait que chacun travaille pour parer au plus urgent, personne ne fait entière confiance à son allié du moment. Il n'y avait pas eu d'alliance idéologique.

Cet état d'esprit fut amplement exprimé par le poème d'un combattant des F.A.P, chanté en chœur par ses collègues dans les positions avancées pendant que les Libyens, depuis la base arrière, déversaient des obus sur les positions de leurs adversaires, parfois sur les leurs ; pendant qu'ils entendaient le résonnement lointain mais audible des mortiers des FAT de Kamougué, tirés à partir de la rive gauche du Chari et que chaque combattant savait que les F.A.N en face n'allaient pas rester leurs seuls ennemis.

En voici le poème en Dazaga : « Mortia Hinana kidindo, yeski moundouou kana hinana djiboudo, dahouna koulao yendrigui, yeskido wouni kouno lao baprougui. »

« Oh ! La fille du brave de Moundou[356]. Les mortiers de ton père résonnent comme le coup de tonnerre. Et, ses canons sont sur des jeeps ! Vers qui allons-nous jeter un regard d'amis ? Oh ! La fille du brave. Vers qui allons-nous orienter les tirs de nos armes ? »

Le pilonnage libyen était systématique et sans état d'âme. Les éléments des F.A.N, les civils, les femmes, les enfants et les

---

[356] On fait allusion à Kamougué Wadal Abdelkader.

vieillards à domicile, à la mosquée, à l'église ou au marché eurent leur part de bombes de l'artillerie libyenne installée à Amsinené, zone sécurisée derrière les positions des F.A.P ou tirées directement à partir des avions de chasse et des hélicoptères qui opéraient nuit et jour. Tout ce qui bougeait était un élément des F.A.N pour l'artillerie libyenne !

Les F.A.N n'avaient pas une défense anti-aérienne. La désolation était totale dans cette partie de la capitale. Le carnage était tel que Hissein Habré ne pouvait tenir longtemps sous la pluie des bombes pour attendre l'effet de son cri de désarroi lancé au monde libre. Hissein Habré allait certainement par cette expérience, se demander s'il y a encore un monde libre, un monde débarrassé d'intérêt et capable de se mouvoir pour sauver des victimes d'une agression injuste en mettant en jeu la vie de ses propres soldats.

Pendant la guerre, les combattants des F.A.P à Faya s'étaient ralliés aux F.A.N de Hissein Habré et avaient basculé Faya et Borkou-Yala dans les rangs de ce Mouvement. Toutefois, ils n'avaient pas osé venir au secours des F.A.N enlisées dans la guerre de N'Djamena. Mais, ils avaient attaqué Gouro[357], ville supposée vide de ses combattants natifs et donc vulnérable. Car, ses natifs connus étaient à N'Djamena. Beaucoup d'entre eux étaient signalés morts ou blessés. Malheureusement pour les assaillants, quelques jours plus tôt, Gouro avait reçu quelques convalescents évacués de N'Djamena. La veille de l'attaque, une cinquantaine de ses ressortissants étaient venus de Libye.

Dès la prise des camps par les assaillants, tous les hommes valides s'étaient organisés à partir des quartiers pour contre-

---

[357] Une base arrière des F.A.P encore fidèles à Goukouni Weddeye.

attaquer et mettre en déroute les éléments des F.A.N bien surpris par la présence imprévue de tant de combattants.

A N'Djamena, les combattants ressortissants de Gouro réunis après cet événement, avaient décidé d'y envoyer tous leurs blessés convalescents aptes à supporter le voyage. Moi, qui étais immobilisé par un trou au genou sous la rotule, je rentrais dans le champ des préposés au voyage.

A Gouro, je pus rétablir les liaisons phoniques coupées depuis l'attaque des F.A.N qui avaient réussi à détruire les installations, avant leur débandade. J'avais réparé des vieux appareils délaissés grâce à l'expertise des prisonniers de guerre des FAT spécialisés. Ainsi, malgré moi, j'étais devenu la voix annonciatrice de mauvaises nouvelles. Car, chaque jour qui passait, il y avait un mort ou un blessé parmi les enfants de Gouro engagés dans la guerre contre les FAN.

En décembre, les combattants faisaient mouvement à partir de Gouro pour attaquer Gouring, puis Faya. Comme je boitais encore, j'étais laissé au Poste de Commandement de Gouro. J'étais entouré de prisonniers, des femmes et des enfants mais au courant de tout ce qui se passait: le 05 décembre, Faya était reprise, les F.A.N chassées de N'Djamena le 15 décembre. Le 20 décembre, le commandant d'Arme de Faya, mon cousin Allafouza Kébir m'avait appelé auprès de lui pour servir de secrétaire.

Hissein Habré et ses F.A.N avaient quitté nuitamment la capitale. Même si certains responsables avaient traversé le fleuve pour se retrouver sur la rive camerounaise, le gros des éléments des F.A.N s'étaient dirigés vers l'Est du pays. Ils étaient pilonnés par l'aviation libyenne et pourchassés par des troupes terrestres composées des éléments des F.A.P mais également de l'Armée libyenne, du C.D.R et de la Première Armée. D'autres contingents libyens étaient dépêchés directement de la Libye via Ounianga Kébir et Kalaït pour intercepter les F.A.N dans la région d'Ouaddaï.

Dans ces combats, l'engagement libyen était total et massif : tous les moyens modernes étaient utilisés sur des éléments des F.A.N démunis de tout. Mais tout cet arsenal libyen n'aurait pas eu un effet aussi contraignant pour les F.A.N qui étaient obligées de traverser la frontière soudanaise si les éléments des F.A.P ne jouaient pas le rôle d'éléments de choc, de guides et de conducteurs des troupes libyennes.

A Faya, j'étais devenu pratiquement la deuxième personnalité. Dès le début, nos rapports avec les Libyens s'étaient dégradés. Car, leur comportement était de plus en plus révoltant pour nous, les combattants. Ali Doouki, le commandant du contingent libyen de Faya n'était pas un homme de parole.

En janvier, Allafouza Kébir et Souleymane Hassan, les deux responsables militaire et civil de Faya avaient été invités en Libye par les autorités de ce pays. Allafouza déclinait alors l'invitation pour m'envoyer là-bas à sa place.

Parait-il que nous étions les invités du Guide[358]. Après une cérémonie de parade des chevaux à Benghazi en présence de Kadhafi, des guides nous avaient fait visiter la Libye. Ils nous avaient conduits à la région verte de Djabalkhadar[359], la tripolitaine, le Fezzan jusqu'à Mourzouk où j'ai rencontré dans les pâturages des chameaux qui portaient la marque de mon clan

---

[358] Titre de Kadhafi.
[359] A l'est de Benghazi, vers la frontière égyptienne.

et desquels je n'ai eu aucune information, compte tenu du manque de connaissance de nos guides sur ces régions d'où ils ignoraient tout sur la population locale. C'étaient des voyages sans interruptions sur des voitures Peugeot 504 flambant neuves commandées par la Libye en contrepartie des intrigues tramées avec la France, sur le dos du Tchad.

Nos guides expliquaient le progrès de la Libye et les exploits De Gadhafi en arabe, une langue dont je n'avais aucune maîtrise. Mon compagnon était un arabophone et il était dans une voiture autre que la mienne. Il y avait parmi les Libyens, ceux qui parlaient le tedaga[360] mais « on ne doit pas donner des explications dans cette langue ! » disaient-ils.

Dans les hôtels et loin des regards, mon compagnon faisait des efforts pour me traduire la pensée profonde de nos amis : une pensée orientée vers des objectifs historiques et universels, des théories mondiales qui critiquent le capitalisme, le socialisme… des notions qui m'étaient complètement inconnues !

Autant nos préoccupations étaient simples, autant les efforts fournis par nos amis libyens nous paraissaient inutiles. Nous serions plus intéressés si nos amis parlaient liberté, accès des Toubous au marché libyen, etc.

En une dizaine de jours, nous avions visité des fabriques, des cultures irriguées, des usines de production, des cités et des bâtiments à usage collectif ainsi que des chantiers en construction.

Sur l'un de ces chantiers, je reconnus parmi les aide-ouvriers, un de mes vaillants compagnons de lutte dans la guerre de 1980,

---

[360] La langue des Teda.

celui-là même qui m'avait transporté lorsque j'avais été blessé au genou en septembre 1980 et qui, je l'avais quitté en novembre à N'Djamena, encore en plein combat !

En effet, lorsque que les F.A.N avaient fui la capitale, il pensait finir sa mission. Sur le champ, il rentrait chez lui ! Depuis son départ de la maison en avril 1980, son épouse avait géré seule toutes les tâches du foyer. C'était elle qui avait veillé sur leurs deux enfants et qui s'était occupée de l'abreuvage de leurs chameaux en les conduisant tous les quatre, sept ou quatorze jours selon les saisons, au guelta d'Archei[361].

A la fin de la guerre, de retour chez lui, il retrouvait sa petite famille dans des conditions lamentables : sa femme et ses enfants n'avaient ni habits décents ni couvertures pourtant nécessaires pendant le froid de décembre. Comme tous ses frères d'arme, il n'avait pas un sou à la fin de la guerre.

La sécurité dans la région était précaire à cause de l'arrivée des Libyens. Elle ne lui permettait pas de conduire un animal au marché de Kalaït, de Fada, de Gouro, d'Ounianga ou de Faya. Il était encore plus incertain de faire l'échange traditionnel qui se faisait de tout temps, entre les éleveurs toubous et les sédentaires de la région d'Ouaddaï : prendre le sel extrait dans les salines des oasis[362], faire son transport à dos de chameau jusqu'à la région du Ouaddaï, faire le troc de ce produit dans les villages contre les besoins alimentaires[363] des éleveurs et vendre en numéraire une partie[364] sur les marchés de Mourtcha et en obtenir l'argent nécessaire pour l'achat des habits, des

---

[361] Dans l'Ennedi.
[362] Touwo, Demi…
[363] Le mil, l'arachide, l'oignon, les tomates séchées, le piment etc.
[364] Du sel ou du natron.

chaussures, du parfum, des allumettes…

Dans ce circuit, les chameaux partent au Ouaddaï chargés de sel et ils reviennent chargés de produits de première nécessité. C'est un échange qui épuise l'homme et le chameau en vendant leur énergie…

C'était pour toutes ces raisons que mon compagnon de guerre préférât venir en Libye pour travailler et gagner deux cent dix dinars en trois mois. Cent cinquante dinars lui auraient suffi pour les besoins de sa famille y compris les frais de transport. Mais, il avait besoin d'une marge pour payer les contributions aux mariages, aux sinistres, aux nécessiteux et aux Dias[365] dont il avait l'obligation d'apporter sa part[366].

Mon arrêt incongru avec les ouvriers du chantier dérangeait le protocole libyen. Il expliquait mal ma conduite : des invités du Guide de la révolution retardés plus d'une demi-heure par un ouvrier toubou ! C'était pour lui, ridicule.

Le mépris pour ces ouvriers était plus prononcé si le libyen en face était plus jeune et moins en contact des Toubous. Mais, les vieux et les Libyens de contact les respectaient et craignaient leur réaction.

Pour moi, s'enquérir des nouvelles de mon compagnon de guerre était plus important que tous ces voyages qui n'avaient pas été demandés. Mon compagnon de voyage qui connaissait mieux que moi la mentalité et le langage des Libyens, se gênait lui aussi. Mais, lui, il me comprenait.

---

[365] Le prix du Sang qui compense le crime selon la tradition.
[366] Chez les Toubous, toute compensation d'une infraction (dia, adultère, blessure…) est payée par les parents. Les parentés payent également une contribution à l'occasion du mariage, de la circoncision…

Pendant la guerre de 1980, les combattants toubous ne touchaient pas aux matériels de maison. Ils ne gagnaient pas de salaire. Les premiers jours de la guerre, lors de la débâcle des combattants Alhadji, j'étais au quartier Béguinage pour repousser une percée des FAN. Quelques villas étaient encore habitées. Les occupants, surpris par une guerre inattendue, s'y terraient à côté des cadavres en décomposition avancée. Parmi eux, les membres du corps diplomatique de la République du Corée s'étaient ouverts à notre groupe. J'étais avec le combattant Chahaï Faken, les seuls à s'exprimer en français. Mais, les diplomates coréens ne comprenaient pas cette langue. Tout ce qu'on captait d'eux c'était les noms de Goukouni Weddeye et d'Ibrahim Abatcha. Pour les faire sortir de là, il fallait escalader les murs. Alors, ils avaient tout abandonné, comme d'ailleurs tous les occupants des villas.

Ainsi, pendant la guerre, nous étions obligés de rentrer dans les maisons, parfois dans les chambres. Mais, je n'ai jamais vu un combattant toubou ramasser des objets de maison. Ce qui fit que nos combattants n'avaient rien.

En novembre, lorsqu'on me désignait pour aller à Gouro, mon souci majeur était « Comment m'acheter une paire de chaussures appelées en ce temps, 2000 », une paire que j'avais déjà expérimentée lors de mon premier séjour à N'Djamena, en juin 1979.

Mon compagnon Djibrine était venu à N'Djamena pour faire la guerre. Une fois la victoire acquise, il s'était précipité d'aller s'occuper de sa famille. Et, faire la manœuvre en Libye pour gagner sa vie était l'unique possibilité offerte à lui pendant cette période ! Voilà la mentalité des combattants toubous d'antan : ils ne faisaient la guerre ni pour le confort matériel ni pour le pouvoir mais pour la liberté, pour éviter la honte de laisser son parent dans l'adversité ou pour ne pas subir la domination des autres et la honte.

Une fois les F.A.N refoulées de l'autre côté de la frontière soudanaise, l'hostilité libyenne contre les éléments des F.A.P qui les accompagnaient, commençait. Les troupes "amies" avaient commencé à massacrer des sections entières des F.A.P composées d'éléments toubous. Elles avaient forcé le désarmement des éléments de la Première Armée. Elles opéraient des recrutements forcés au sein de la jeunesse arabe pour le compte du C.D.R qui était devenu l'unique collaborateur des troupes libyennes de l'Est. Celles-ci étaient sous les ordres du Colonel Hassan Ichkal[367]. Le colonel conducteur des troupes libyennes sur le terrain de l'Est s'appelait Rifi mais les basses besognes, les massacres ciblés et les recrutements ethniques se faisaient par des groupes dits "populaires", parallèles à l'Armée régulière libyenne.

Tout combattant toubou des F.A.P passait aux yeux de ces groupes libyens, pour être ennemi au même titre que les combattants des FAN. Il était traité comme tel à toute occasion propice. A Adré, Abéché, Guéréda, Iriba, Biltine, Oumhadjer, Djedda, Ati… zones sous le contrôle des troupes libyennes venues à partir de Benghazi, la chasse aux Toubous était telle que la Direction des F.A.P s'était décidée de dépêcher une délégation à Abéché. Elle était conduite par le vice-président Brahim Youssouf.

Lui-même et tous les membres de sa délégation qui comprenait le Lieutenant Mahamoud Haggar, avaient été mis aux arrêts par

[367] Un des chefs de la tribu Kadadfa de Libye.

les groupes libyens. Puis, ils étaient lâchement exécutés, leurs corps jetés en brousse depuis des hélicoptères libyens.

Brahim Youssouf était un grand cadre tchadien, arabe de naissance. Pour les Libyens, il ne pouvait pas être ailleurs qu'au C.D.R. Dès lors qu'il était membre des F.A.P, il était considéré comme un traître à la cause arabe. Pour eux, tout "Arabe blanc" tchadien devait être membre du C.D.R.

Pour cette raison, les autres cadres arabes membres des F.A.P[368] étaient également indexés par les "amis" libyens. Ils étaient programmés à subir le même sort dès la première occasion.

Devant cet état de belligérance des Libyens vis-à-vis des Toubous et des Arabes des F.A.P, un repli désespéré de ces derniers avait été la seule réponse. Pour ce faire, des guerres de désespoir avaient opposé les Libyens surarmés aux combattants toubous acculés dans toute la région Est[369].

Dans la ville de Biltine où, pour tuer Woguirdé Guirki[370], les Libyens et les Arabes du CDR avaient mobilisé un arsenal impressionnant et pilonné le camp militaire de cette ville, lançant plusieurs assauts pendant une journée entière. Leurs tentatives d'assaut avaient fait des dégâts. La journée n'avait pas suffi à prendre le contrôle du camp défendu par seulement cinq combattants toubous déterminés ! La nuit tombée, seul Djireï Keleï dit Obkali s'était échappé. Ses quatre compagnons y étaient morts.

---

[368] Tels que Assaid Gamar Sileck, Djibrine Hissein Grinky...

[369] Ouaddaï, Biltine et Batha.

[370] C'est le petit-frère du défunt Brahim Guirki, ex-étudiant d'Egypte, un des leaders qui ont lancé les premiers pas de la deuxième Armée du Frolinat en 1969.

De partout, les rescapés vidaient les lieux par la fuite ou la mort. Les éléments de la Première Armée, les ex-Kichira étaient également éliminés des rangs.

Le régime vert de Kadhafi à travers sa base de l'Est, disait aider les Arabes tchadiens par solidarité de la "Umma", communautarisme arabe ! Ces derniers croyaient à ce régime arabe qui leur promettait la prise du pouvoir au Tchad. Pour cet objectif, les Arabes "blancs" étaient de cet engagement un devoir presque communautaire vers la fin des années soixante-dix. Ils s'étaient regroupés sous la bannière du CDR et ce, malgré la réticence des personnalités arabes éclairés qui entrevoyaient déjà les visées du régime de Kadhafi. Pour ces derniers, l'aide libyenne n'était pas destinée à faire émerger les Arabes tchadiens sur l'échiquier politique de leur pays.

La plupart des Arabes s'étaient rendu compte du jeu libyen beaucoup plus tard. Mais, après quel désordre ! La communauté s'était créé des inimitiés avec la plupart de ses voisins y compris les Ouaddaïens avec qui elle avait appartenu au même royaume[371] dont la plupart des Aguids[372] étaient des Arabes.

Toute la politique libyenne au Tchad était guidée par l'expansion de la théorie verte de Kadhafi. Sa conduite était une guerre permanente contre toutes les identités culturelles qui pouvaient s'opposer à elle. Parmi ces identités, il y avait celles qui avaient une existence même en Libye.

Mon retour de Libye coïncidait avec la reprise des cours au lycée de Faya. Je m'y étais inscrivit sans même demander l'avis de mon responsable direct.

---

[371] Le royaume d'Ouaddaï.
[372] Les chefs militaires des régions dans ledit royaume.

Chaque matin, je garais ma jeep yougoslave, je m'habillais en civil et j'allais en classe à pied comme les autres élèves. Le lycée n'était pas loin de la Présidence de Faya où se trouvaient mon bureau et mon lit. On ne me rappelait que lorsqu'il y avait une urgence. Une fois dans la cour du lycée, j'étais l'élève modèle si bien que Moussa Wayor[373], en sa qualité de professeur principal, pointait souvent son doigt sur moi pour que les élèves récalcitrants suivent mon exemple.

En 1981, les difficultés que nous affrontions venaient du comportement des Libyens. Ils commençaient déjà à planter le décor de tous les malheurs futurs[374]. Nous, qui étions à Faya, nous avions assez rapidement refusé leur diktat. Il ne nous était pas très difficile de les gérer mais dehors, les disparitions des voyageurs, les tortures des civils et les échauffourées avec des combattants étaient courants. C'était déjà le début d'un malaise qui allait s'aggraver. Les commandants Doouki, Radwane... étaient tous pareils : des menteurs, des hypocrites, des sadiques ou des criminels qui agissaient suivant un schéma préétabli. Les rares hommes de parole[375] étaient encadrés de telle sorte que les sales besognes se faisaient par des structures parallèles criminelles. Nous menions déjà une existence d'ennemi à Faya lorsque Goukouni avait libéré les prisonniers de guerre Sara des FAT[376]. Les enseignants[377] de notre lycée faisaient partie des

---

[373] Mon professeur d'anglais.

[374] Il y a lieu de faire savoir que la Libye assiégea les villes du BET à partir de 1985. Mais, ces événements ne sont pas décrits dans ce livre qui se limite à juin 1982.

[375] Comme Rifi.

[376] Les Sudistes arrêtés en juillet 1977 à Bardaï, et, en février 1978 à Fada et à Faya.

[377] Les enseignants et autres fonctionnaires civils qui se sont trouvés dans les villes prises par le Frolinat aile Goukouni Weddeye étaient tous consignés à exercer leur métier d'antan mais ils ne recevaient pas de salaires. Ils n'étaient

partants. Les portes du lycée étaient closes faute d'enseignants.

A Faya, j'étais devenu l'ennemi de nos "amis" libyens. Leur service secret et leur politique de division basée sur le mensonge étaient utilisés pour créer la suspicion entre mes chefs et moi. Cependant, j'avais l'estime de la jeunesse de Faya qui s'organisait pour barrer les visées libyennes de propagande ou de brassage avec la population. On s'opposait à la circulation des libyens en ville à des heures tardives.

Alors, j'abandonnai mes charges et mes responsabilités. Je remis la clé de ma jeep à mes amis du BCR, et, je quittai Faya pour aller à N'Djamena. Ma décision de partir arrangeait certains responsables civils et militaires et les Libyens. Seul, mon parent qui avait besoin de moi pour ses notes, ses messages et sa correspondance allait manquer de mes services. Toutefois, il pouvait faire appel à d'autres comme moi. J'avais cependant un alibi : l'appel des cadres tchadiens à N'Djamena pour une conférence qui s'y préparait.

A partir de mars 1981, toute la zone-Est autrefois administrée par les FAN, passait entièrement sous commandement libyen et C.D.R. Ainsi, la Libye et le C.D.R prenaient leur revanche sur Hissein Habré et Goukouni Weddeye. Eux, qui les avaient boutés hors de la conférence de Kano II en avril 1979 pour la simple raison que le C.D.R n'avait pas eu à occuper une portion du territoire national.

En ce début de 1981, le C.D.R et les Libyens administraient à eux seuls toute la partie du territoire national autrefois sous contrôle des FAN, soit près du tiers du pays.

---

pas tout à fait libres même s'ils n'ont été pris les armes à la main. Finalement ils furent libérés avec les prisonniers militaires.

Pour enraciner cette occupation, l'administration libyenne de Hassan Ichkal avec ses comités populaires et un C.D.R plus que figuratif, procédait à l'élimination des signes des pouvoirs existants comme les Français l'avaient fait en 1917, l'année dite des coupe-coupe, instruments qui avaient servi à trancher les têtes de toute la fibre intellectuelle du royaume du Ouaddaï.

Ainsi, les Libyens avaient assassiné sans aucune forme de jugement, des hommes importants, des imams, des hommes politiques, des intellectuels surtout francophones, des notables de renom ou des commerçants qui avaient une assise matérielle.

La mort d'Adam Barka[378], une figure religieuse de renom tuée par des Libyens dans un processus de massacre ciblé des personnalités des régions conquises, avait fait réfléchir plus d'un Tchadien sur la foi religieuse de la marche verte de Kadhafi. Tout le monde s'accordait à dire que ledit Uléma[379] était tout simplement un homme de foi et au service exclusif de l'islam. Or, en ces débuts des années quatre-vingt, la théorie libyenne était un sujet d'actualité et de débats dans les cercles intellectuels du Tchad. Elle était en passe d'obtenir l'adhésion de beaucoup de Tchadiens. Mais, les actes posés par l'Armée libyenne à l'Est du pays avaient amené beaucoup d'entre eux à réviser leur position. C'est la cause de l'échec patent du Livre Vert au Tchad.

Si ce livre ne passe pas par le Tchad, il est évident qu'il n'ira pas en Afrique francophone au Sud du Sahara. Qu'on le veuille ou non, le Tchadien reste encore l'interprète invétéré des arabesques aux autres Noirs africains.

---

[378] Personnalité le plus en vue d'Abéché pendant cette période.
[379] Terme arabe qui signifie érudit en science de l'Islam.

Les théories Kadhafiennes n'allaient pas atteindre le Monde noir parce qu'elles n'avaient pas eu la capacité de convaincre les voisins directs, les Tchadiens.

Beaucoup de Tchadiens de la région Est pensaient idéalement que la Libye qui est un pays arabe, était un vecteur de la propagation de l'islam mieux que les Toubous représentés par un Hissein Habré et un Goukouni Weddeye.

Historiquement, peut-être pour certaine similitude de manifestations culturelles, les Toubous étaient traités de descendants des "juifs" par certains Arabes.

Y a-t-il des raisons historiques qui étayent cette assertion ? Il n'y a pas de Toubou qui pratique aujourd'hui le judaïsme ! Les indices anciens du milieu toubou montrent qu'il soit possible que ce peuple ait eu une écriture dans le passé. Les marques qui différencient leurs chameaux en disent long. Mais, tout cela c'est de l'histoire ancienne. Aujourd'hui, le monde toubou est musulman. Jusqu'à une date récente, cet islam était largement influencé par des us et coutumes locaux. Certaines pratiques islamiques ne sont pas encore acceptées par la quasi-totalité des musulmans toubous, tel que le mariage entre cousine et cousin germains.

Enfin, beaucoup de Tchadiens musulmans qui prenaient le monde arabe, les pays arabes ou la Libye comme des amis naturels du Tchad musulman, s'étaient retrouvés amplement déchantés par les agissements du régime libyen. Abéché, la capitale historique du monde musulman tchadien était déçue et déchantée. Quand on sait l'apport de cette ville, une ville phare, au sommet de toutes les discussions portant sur la foi religieuse, un lieu où se tissaient presque toutes les relations de l'islam tchadien avec le reste du monde musulman, la Libye par ces massacres, avait perdu l'estime naturelle de la capitale de l'islam tchadien.

Ainsi, tout musulman tchadien[380] voyait la Libye d'un autre œil. Les prédispositions favorables qu'accordait idéalement le musulman tchadien à l'égard de la Libye comme à l'égard du monde arabe en toute circonstance, parfois au-dessus des intérêts du Tchad et du peuple tchadien, s'étaient écorchées. Il regrettait enfin Hissein Habré, ses F.A.N et son administration ethnique. Goukouni Weddeye[381] était diabolisé à cause des agissements des Libyens autant qu'Açyl Ahmat et ses éléments du C.D.R.

Où était le président Goukouni Weddeye et que faisait son GUNT de N'Djamena dans ces imbroglios de l'Est ?

Paradoxalement, devant le massacre de ses combattants toubous, de ses cadres et des notables du pays le Président gardait encore des rapports avec Kadhafi : de bons rapports ! Ceux-ci à travers le colonel Massoud Abdelhafiz, chef de la région de Sebha en Libye.

Pour paradoxal qu'il doit paraître, la Libye était subdivisée en régions autonomes. Chaque région était gérée sur tous les plans par un Colonel. Les Colonels étaient parfois des antagonistes et menaient parfois des politiques différentes ou contradictoires au seul profit de Kadhafi, le Guide.

Sur le dossier tchadien, Massoud Abdelhafiz jouait la carte

---

[380] Sauf certains Arabes.
[381] Les Libyens ne répondaient ni de lui ni d'Açyl Ahmat. Ce qui fait qu'on les accusait un peu en tort.

touboue. Il aidait ou se faisait l'intermédiaire de l'aide octroyée à Goukouni Weddeye. Il gérait tout ce qui se passait à N'Djamena. C'était à travers lui que les rapports entre Kadhafi et Goukouni Weddeye se nouaient et se maintenaient.

Le Colonel Massoud[382] était l'ennemi déclaré du bouillant Colonel Hassan Ichkal, le chef de la région natale de Kadhafi, la zone de Syrte. Ichkal est un cousin, un fils de la tribu Kadadfa et en d'autres termes un frère du Guide. C'était le défenseur assermenté de la cause arabe de la politique Kadhafienne. Il avait la carte blanche pour soutenir le C.D.R et Açyl Ahmat. Il était en guerre contre les Toubous : Hissein Habré, Goukouni Weddeye ou tout autre passaient pour être des ennemis à abattre pour laisser le champ libre aux Arabes et au C.D.R. Il avait la liberté de mener cette politique Kadhafienne avec le plein pouvoir.

L'image de l'anecdote ci-après explique quelque peu la politique du Colonel Kadhafi : un jour, devant la montée en puissance de son jeune second Abdel Salam Djaloud, Kadhafi l'appelait pour lui rappeler son inexpérience. Il dit : « Je suis prêt à te céder la place si tu arrives à ramener vivants cinquante rats de Benghazi[383] dans un seul sac et en avion. » Le jeune Djaloud essayait la manœuvre mais à destination, il trouva plus de rats morts que de rats vivants. Il avisait son patron que les rats dans un sac s'entretuent. Alors, Kadhafi prit le sac. Il y bourra les cinquante rats. Puis, il confia ce sac à des gaillards qui l'agitaient dans tous les sens et ne laissaient aucun équilibre s'établir jusqu'à la destination. Aucun rat n'a eu le temps et l'équilibre nécessaire pour penser à dévorer son semblable ! A Tripoli, les rats sont

---

[382] Un beau-frère de Kadhafi.
[383] La scène se passait à Tripoli.

arrivés vivants.

Cette leçon de confiscation de liberté montre comment le Guide gérait les Libyens pour pérenniser son pouvoir. Les Colonels étaient montés les uns contre les autres. Les tribus étaient montées les unes contre les autres. Ses politiques étaient montées les unes contre les autres mais lui, en guide éclairé, manipulait les pions pour favoriser telle politique au détriment d'une autre accessoire utilisée juste pour franchir une étape.

Pour le cas Tchad, la politique de Kadhafi en 1980 était une politique d'étape gérée par le Colonel Massoud. Elle consistait à aider Goukouni Weddeye et son GUNT pour chasser de N'Djamena Hissein Habré[384] dans le but de prendre pied dans le pays et y installer le CDR par la suite.

En 1981, le Colonel Hassan Ichkal menait la vraie politique de Kadhafi au Tchad, une politique qui consistait à éliminer le leadership toubou pour établir à la place un leadership arabe avec une armée et une zone d'influence. Un leadership qui pouvait prendre le pouvoir et bouleverser les règles établies pour propager sa pensée dite universelle, le Livre Vert, avec une visée prononcée de pénétration dans toute l'Afrique Centrale.

Cependant, Goukouni Weddeye à N'Djamena, fidèle à sa parole donnée, continuait encore à croire à ses amis libyens et à Kadhafi à travers son ami et beau-fils[385], le Colonel Massoud Abdelhafiz. Celui-ci lui faisait croire que le Guide n'était pas contre Goukouni Weddeye et sa politique au Tchad et que le belliqueux Colonel Ichkal ne menait pas la politique de Kadhafi,

---

[384] Un autre Toubou mais plus radical et avisé.

[385] Le Colonel Massoud était le mari de la fille d'Anneur Weddeye.

etc.

Dans la tradition touboue, le beau-fils a une place plus importante que le fils dans le domaine du respect. Un fils peut se permettre certaines libéralités telles que cacher la vérité aux parents pendant un certain temps mais jamais le beau-fils. Ce qui fait que la parole de ce dernier est ici, hors de tout soupçon : elle est la vérité. Dans ce milieu où la société est gérée par la présence de la honte, il ne peut pas se concevoir une situation qui amène un beau-fils à mentir à son beau-père ou que ce dernier doute sur la véracité de la parole de celui-là.

Par ailleurs, le leader du C.D.R Açyl Ahmat qui était le ministre des Affaires Etrangères du GUNT de Goukouni Weddeye, un cadre arabe tchadien intellectuel et francophone, ne menait pas toute la danse de l'Est, sous Ichkal. Il y avait un autre Arabe, un illettré celui-là, un partisan de l'Armée libyenne. Il était très versé à la philosophie verte sans avoir la capacité de comprendre le contenu : il s'agissait d'Assilel. Celui-ci gérait à sa guise la conduite du C.D.R et commettait toutes les aberrations suivant les directives des Libyens et au nom de cette tendance politique. Son extravagance se montrait quand il s'était permis de passer la journée des noces à Ati pendant que sa jeune épouse l'attendait le soir à Abéché. Il a fait le parcours nuptial en hélicoptère ! Ce fut un événement qui est resté dans la mémoire collective de la population de la région jusqu'à une certaine époque.

Tout cela montrait à suffisance que les actes posés dans l'Est du pays au nom du CDR n'étaient pas tous fomentés par la direction de cette tendance représentée par Açyl Ahmat. Goukouni le savait. Pour ces raisons, il ne coupa ni avec le C.D.R ni avec Açyl Ahmat ni d'ailleurs avec la Libye de Kadhafi duquel il maintenait de bons rapports à travers le Colonel Massoud Abdelhafiz.

Mais, toutes ces labyrinthes politiques n'étaient ni connues ni comprises par le milieu toubou, un milieu dans lequel Goukouni Weddeye avait l'obligation de gérer l'opinion.

Au BET, l'Armée libyenne et les combattants toubous des F.A.P se regardaient en chiens de faïence. Les fameux laissez-passer[386] avaient fait leur apparition entre les villes du BET dont les entrées étaient barricadées par cette Armée. Des disparitions étaient partout signalées parmi les combattants toubous mais aussi parmi la population civile. Souvent des voyageurs n'arrivaient pas à destination.

Tout le monde pensait à "comment desserrer l'étau libyen" ? Chacun savait qu'il était difficile de s'en prendre à une armée motorisée qui avait des chars d'assaut terrés et qui quadrillait les villes d'espions et d'agents de propagande. Chacun faisait l'autruche pour espérer par contrainte, la venue d'un sauveur. Tout acte de Hissein Habré était amplifié et attendu même par ses anciens ennemis qui ne voyaient pas le bout du tunnel avec des Libyens cruels.

Le comportement de l'Armée libyenne était celui d'une armée conquérante qui faisait vivre le peuple toubou dans un calvaire indescriptible en provoquant un tollé général de cette population contre la Libye.

A N'Djamena, le président du GUNT Goukouni Weddeye

---

[386] Appelés « TASRIH ».

faisait tout pour gouverner n'était-ce que la capitale. Il avait commencé par poser des actes concrets : pour faire adhérer le Sud à son action, il avait libéré les prisonniers de guerre[387]. Tous ces prisonniers revenaient par milliers, sains et saufs dans leur Sud, dans leur foyer et leur famille. Il ne manquait à l'appel que quelques-uns d'entre eux. Ceux-là avaient eu la malchance de se trouver dans une zone ralliée au CCFAN pendant la guerre de 1980.

Lors de la reprise de ladite zone par les F.A.P à la fin de la même année, ces ex-officiers du C.S.M. et des FAT avaient été exécutés par les ralliés avant de se replier. Ces derniers, en sus de quelques officiers FAT, avaient exécuté des prisonniers arabes.

Ces derniers avaient été arrêtés en juillet 1978 à Faya durant les guerres qui les avaient opposés aux Toubous. Depuis lors, ils vivaient, comme les prisonniers sudistes, à In-Araminga dans le Borkou-Yala.

Les éléments criminels qui avaient lâchement exécuté ces prisonniers de guerre, cherchaient à quitter le BET après leur forfait pour rejoindre les F.A.N à la frontière soudanaise. Ils quittaient le Borkou-Yala sur deux véhicules : une Toyota et un V.L.R.A. Ils comptaient traverser la zone désertique de Tangalia pendant la nuit. Ils étaient sortis des rochers du Borkou vers 16 heures. Quand ils arrivaient aux environs de Yigue Eski, leur Toyota sauta sur une mine posée par l'armée libyenne. Comble

---

[387] C'étaient des militaires sudistes faits prisonniers à Bardaï en 1977 et à Faya et à Fada au début de l'année 1978 lors de l'occupation de tout le BET par le Frolinat CCF.A.N aile Goukouni Weddeye.

de malheur, les deux pneus avant de leur V.L.R.A étaient endommagés et irrécupérables. Il n'y avait que deux blessés parmi les fuyards. C'était vers les moments crépusculaires. La déflagration alertait une patrouille libyenne embourbée dans le sable non loin de là. Cette patrouille informait aussitôt la base libyenne de Faya de l'explosion.

Le lendemain, le 25 décembre 1980, repérés en plein désert par les hélicoptères libyens, les 52 éléments avaient été assaillis par l'Armée libyenne. Ils étaient massacrés sans ménagement. Un seul d'entre eux avait pu atteindre la zone rocheuse du Borkou qui se trouvait à 80kilomètres de là. Les autres avaient fini leur vie aussi lamentablement que fut la lâcheté de leur acte sur des prisonniers.

Il s'avère que le combattant Galmaï, le seul rescapé n'avait pas été d'accord avec le massacre des prisonniers. Il aurait même sauvé quelques-uns.

En milieu toubou, cet exemple est souvent cité pour dire que la fin de ceux qui commettent des actes lâches est toujours malheureuse. Il arrive souvent que ceux qui achèvent des prisonniers au cours d'une guerre meurent atrocement. Dans la plupart des cas, ils meurent rapidement. Est-ce que l'approche de la mort amène l'homme à se dégoûter de la vie et à commettre des insanités et des atrocités bannies par la conscience collective ?

A cet effet, les années interminables des guerres larvées qu'a connues le peuple gorane depuis 1968 ont forgé une science empirique prise comme une vérité par tous : quand quelqu'un meurt avec atrocité, on jette un regard rétrospectif sur ses derniers actes. Il est souvent démontré que ces faits contiennent des actes intolérables pour la conscience collective touboue. Il y a malheureusement et très souvent des acculturés, des entêtés ou des zélés qui outrepassent les règles acceptées par l'ensemble. Si par hasard, il arrive quelque malheureuse chose aux auteurs, ces derniers supportent seuls les conséquences avec le rejet et le mépris de la collectivité. Même mort, le Toubou ne veut pas laisser des traces honteuses.

L'absence de quelques prisonniers n'avait pas empêché le Sud de s'égayer. Ce Sud qui avait massacré lâchement l'innocente population musulmane qui avait vécu depuis toujours chez lui, ne s'attendait pas au retour de ses fils vivants. Ces fils du Sud pris les armes à la main par des Toubous sur qui ceux-ci avaient commis des atrocités inimaginables.

Malgré la propagande du Comité Permanent relayée par une presse militante qui continuait à diaboliser le Nordiste ou le musulman, le Président Goukouni Weddeye finit par être estimé au Sud. Le peuple du Sud, sucé par des militaires cupides devenait de plus en plus las du Comité Permanent. Un comité qui montrait toutes les limites de gabegie, de mépris vis-à-vis de la masse laborieuse et les carences dans la gestion de la chose publique. Ce comité dit permanent était le seul responsable du déclin visible du Sud. Un Sud qui était le siège de la plupart des moyens de production du pays et qui avait bénéficié de la quasi-totalité des investissements du régime de Tombalbaye y compris l'emprunt national prélevé de force sur tous les Tchadiens, même les plus humbles ! Une région épargnée de toutes les guerres et dont les fils avaient géré le pays depuis l'indépendance dans l'exclusivité la plus totale ! Un Sud qui continuait de recevoir des aides considérables de toute part.

Pendant cette période, beaucoup de cadres sudistes étaient

objectivement arrivés à conclure que le partage du pays en deux Etats séparés n'allait pas être forcément favorable au Sud.

Les Tchadiens du Sud commençaient à parler ouvertement de Goukouni Weddeye à qui ils attribuaient enfin quelques qualités humaines au lieu d'être le singe qui ne savait pas s'asseoir sur une chaise, une image amplement vulgarisée au Sud du pays à travers des sketchs, des causeries radiodiffusées et d'autres moyens de communication. Faire la part des choses entre la propagande et la réalité commençait enfin au Sud.

Les fonctionnaires réduits à l'indigence, sans salaire, confinés à prendre le chemin de la brousse et à y vivre de cueillette et de chasse des rats, recommencèrent à croire que N'Djamena pouvait faire encore partie du pays et rester sa capitale. Eux, qui avaient pensé depuis le 12 février 1979 qu'ils devaient oublier le Nord et le considérer comme un autre pays ! Ils avaient eu de quoi réviser leur position. Beaucoup avaient décidé de revenir à la capitale dans l'espoir de retrouver leur emploi et de reprendre le cours de leur vie passée.

En avril 1981, j'étais revenu à N'Djamena, la capitale où je logeais dans une villa de trois chambres, squattée par une quinzaine de jeunes combattants.

Nous étions des jeunes combattants qui avions déjà pris part aux différentes guerres livrées par les F.A.N (aile Goukouni) puis par les F.A.P.

Depuis la fuite des F.A.N et l'apparition de la menace des Libyens vis-à-vis des combattants goranes et arabes des F.A.P dans les zones de cohabitation, pendant que les combattants analphabètes regagnaient leurs villages, leurs fericks ou leurs campements, les jeunes scolarisés venaient à N'Djamena.

Comme nous, il y avait en ville plusieurs villas occupées par les "dit donc". Par le fait que nous n'avions pas de salaire comme l'ensemble des combattants des F.A.P à cette période et comme nous n'étions pas alignés sur un ordre de bataille des responsables, l'alimentation quotidienne nous était difficile à N'Djamena. En plus, nous avions un hobby presque commun : le cinéma.

Chaque soir, il fallait avoir la pièce de monnaie nécessaire pour accéder à Rio ou Shahrazade où on projetait de films cowboys ou hindous. C'était vrai, les portiers toléraient de temps en temps des entrées gratuites pour ces jeunes combattants très remarquables par leurs cheveux ou leurs physiques.

A N'Djamena, le Président du GUNT commençait par poser des actes. Un de ces actes qui a eu toute son importance dans la recherche de l'unité du Tchad fut la conférence des cadres. C'était un appel à tous les cadres du pays de venir à N'Djamena pour assister à une conférence.

Qu'était-ce qu'un cadre dans ce Tchad de tendances ? On n'avait ni clairement défini les critères de participation ni les thèmes à débattre. C'était d'emblée une tribune où chacun déversait sa bile et accusait son vis-à-vis, l'autre à qui il attribuait tous les torts. Des dissertations longues, on peut retenir que les Tchadiens ne se connaissaient pas encore les uns les autres : c'était à travers des préjugés et des à-priori qu'ils laissaient se refléter l'image de l'autre et c'était souvent par méconnaissance que l'on se diabolisait.

Jusqu'à cette date, les groupes ethniques du pays n'habitaient pas ensemble dans les grandes villes en tant que des entités distinctes. C'étaient les événements qui les ont faits venir dans la capitale pour leur permettre de se connaître. C'était également le début des problèmes de cohabitation : l'acceptation ou le rejet de l'autre avec ses us et coutumes.

Autrefois[388], les villes étaient habitées par des individus venus seuls pour adopter la vie citadine calquée sur le modèle numéraire occidental. Personne n'était venu avec sa tribu, sa tradition et ses manières de gérer les conflits. Ce qui avait fait que les citoyens de ces villes avaient été des gens de mêmes conditions vis-à-vis du pouvoir établi qui les avait gérés selon les mêmes valeurs basées sur la culture française. Ils avaient constitués des indigènes ou des évolués, une nouvelle identité qui avait remplacée leurs tribus ou leurs ethnies. Les enfants des indigènes ou des évolués avaient grandi en frères de même ethnie : ils n'avaient eu aucune raison d'afficher les valeurs distinctives de leurs parents qu'ils ignoraient d'ailleurs la profondeur. Aujourd'hui, beaucoup de Lamy-Fortains disent que c'est le Frolinat qui a amené la division sans chercher à savoir le pourquoi.

L'arrivée des combattants du Frolinat drainait des ethnies et des tribus dans les grandes villes pour leur permettre d'être ensemble pour la première fois afin qu'ils se connaissent en tant que diversités nationales. Cette cohabitation a été mal gérée à cause des déchirures et des guerres. Il s'est posé et se pose encore de nouveaux problèmes : des vrais problèmes dont les solutions feront le Tchad de demain, loin de la situation factice constituée autour des gens unis dans les conditions de

---

[388] Pendant la période coloniale et jusqu'à l'arrivée des rebelles dans les grandes villes en 1979.

l'indigénat.

Dans la réalité, les cadres dits du Nord, les francophones parmi eux, porte-parole des mouvements politiques de N'Djamena, continuaient encore à poser la problématique de partage du pouvoir entre le Nord et le Sud.

Les cadres du Nord à obédience arabophone avaient une idée tranchée. Ils voulaient que l'arabe soit la première langue. Leurs exigences dissertées dans une logique islamique étaient plus culturelles que politiques.

Les cadres du Sud continuaient à justifier encore la confiscation du pouvoir depuis l'Indépendance par le seul Sud. Ils avançaient des considérations liées aux aspects techniques ou sociaux tels que la formation, la scolarisation, le niveau d'éducation, la socialisation dans la culture française et par ricochet, le rejet de l'arabe comme une langue assimilée à l'islam qui était d'ailleurs l'un des thèmes qui a fait couler le plus de salive.

Les cadres dits du Sud étaient divisés en deux groupes : ceux qui optaient pour une fédération pensaient à l'impossibilité de vivre avec des Nordistes ou des musulmans. Ceux-là tenaient des propos tranchés, manichéens en s'opposant à certains arabophones, à l'arabisation du pays et à l'Islam ; Par contre, ceux qui croyaient encore à un Tchad uni hésitaient entre la justification du passé et le rejet de l'arabe[389].

La Libye aussi avait introduit ses partisans qui proposaient la pratique du Livre Vert : un thème extrême qui permit au Comité permanent de maintenir son Sud encore sous son administration exclusive et qui lui donna l'espoir de le garder

---

[389] Une confusion était faite entre la langue arabe et la religion musulmane.

toujours fermé au GUNT.

Le regroupement de tant de jeunes combattants lettrés des F.A.P à N'Djamena permettait l'échange entre eux, sur les rapports avec les Libyens et avec tous ceux qui avaient une influence directe sur la vie de la communauté touboue. Nous étions indifférents du déroulement de la conférence des cadres dont le hasard m'introduisit dans la salle et me conduisit à suivre pendant quelques instants, les déclarations d'un docteur arabophone qui avait la parole. Je ne comprenais pas ce discours dont l'équivalent était claironné tous les jours à la mosquée.

La position tranchée des extrémistes n'empêchait pas les conférenciers à tirer des conclusions importantes. Il s'agissait de : la relance de l'Administration Publique et la réouverture des écoles, des hôpitaux, de la justice…

Le Président Goukouni Weddeye avait immédiatement appliqué ces points. C'était ainsi que les écoles, les hôpitaux et les juridictions avaient repris fonctionnement. La mise en place d'une cour martiale suivie de la condamnation et de l'exécution publique de quelques condamnés à mort fit supposer que l'autorité de l'Etat fût enfin instaurée. Mais où ? En réalité, c'était à N'Djamena seulement que ces mesures s'appliquaient.

L'Est du pays était entièrement laissé entre les mains des Libyens qui y dictaient leur manière de faire. Ils utilisaient à leur guise les éléments du C.D.R. A Biltine, Abéché, Adré, Oumhadjer, Arada, Iriba, Amzoer, Amdam, Ati, Mongo, Bokoro, Guéréda… les Libyens se comportaient dans toutes ces villes et dans les villages environnants, en pays conquis. Sous couvert de la chasse aux FAN, tous les abus y passaient loin des regards étrangers. Le peuple vivait dans un calvaire et maudissait la Libye, les Arabes et Goukouni Weddeye qui les avait fait venir !

Kelei Abdallah prenait de temps en temps l'initiative de nous procurer des subsides auprès de l'intendance des F.A.P et ceci avec une irrégularité parfois intenable. Il a pu également trouver quelques bourses d'études à certains d'entre nous qui avaient le niveau requis. Un jour, il nous a réunis pour nous demander de nous engager dans la protection du président Goukouni Weddeye ou de celui du ministre de la Défense Adoum Togoï en attendant l'ouverture des écoles.

Je faisais partie de ceux qui s'étaient mis à la protection d'Adoum Togoï. A la réouverture des écoles, je m'étais inscrivit au lycée Félix Eboué de N'Djamena en classe de cinquième. Ma situation de garde du corps du ministre de la défense ne m'empêchait pas d'aller en classe. On m'a dit que j'étais adjudant dans une Armée intégrée qui venait d'être mise en place et que j'avais un salaire de 35.000 francs CFA : un salaire que j'ai gagné une seule fois ! Mais, je n'ai pas échangé tout cela contre l'école. Je voulais apprendre et être à l'école.

Le BET vivait son calvaire dans une adversité palpable vis-à-vis des Libyens omniprésents et envahissants. Mais ici, il leur était plus difficile de pénétrer dans la société touboue qui leur était hostile et très réservée.

Les Libyens mettaient des barrières partout de sorte que tout mouvement inter-ville devenait incertain. Ils massacraient des populations trouvées loin des regards. Ils avaient ainsi créé un malaise général dans une insécurité totale.

En réplique, les combattants toubous commençaient à éliminer des contingents libyens trouvés en position de faiblesse ou embusqués à cet effet. Le BET se retrouvait en guerre non-déclarée contre les Libyens.

La région du Kanem-Lac laissée pendant toute la période de guerre aux mains de groupuscules, continuait à être pillée. Le résidu des combattants Alhadji qui avaient fui la guerre de 1980, se retrouvaient encore là-bas. Eux, qui avaient abandonné Goukouni dans la guerre qu'ils avaient déclarée aux F.A.N continuaient à faire vivre la population pacifique de cette région dans un calvaire.

En dehors de ces bandits qui suçaient la population du Kanem-Lac loin des regards et d'autorité, les combattants Alhadji avaient disparu des rangs des F.A.P de Goukouni Weddeye. Certains chefs Alhadji étaient revenus des pays du Golfe dès l'annonce de la défaite des F.A.N à N'Djamena. Mais, ils n'avaient pas eu un point de chute. Ils étaient restés en marge. Ces combattants Alhadji, souvent insensibles à la honte à cause de leur acculturation, étaient visibles partout à N'Djamena. Ils ne pouvaient pas cette fois-ci se permettre de faire les mêmes fautes au nom des F.A.P. Car, ils ne disposaient pas des forces militaires d'antan. La loi martiale était là pour réprimer les actes criminels. C'étaient des arabophones mais de par leurs pays d'accueil ou de formation, ils n'étaient pas en odeur de sainteté avec les Libyens à cause des raisons politiques et idéologiques.

Alors, Goukouni Weddeye avait initié la chasse aux combattants Alhadji dans la région Kanem-Lac. Mais, il avait fallu attendre longtemps pour que la population de cette région recommençât à estimer le Président Goukouni Weddeye au nom de qui, elle vivait un vrai calvaire pendant près de deux ans.

Seule la capitale N'Djamena commençait à sentir les effets de l'autorité de l'Etat sous la gouvernance du GUNT de Goukouni Weddeye. Mais cette paix dans la capitale n'avait pas tenu longtemps. Car, les Libyens commençaient là aussi, à semer des troubles. Ni les forces intégrées mises en place récemment ni la prévôté n'arrivaient à les discipliner.

Les agissements des Libyens à N'Djamena commençaient à faire craindre la vie aux combattants toubous qui étaient déjà très méfiants de cette force qui les avait éliminés de l'Est du pays et qui continuait à faire des ravages au BET. Même à N'Djamena, en dehors de quelques responsables, les combattants toubous ou arabes des F.A.P étaient considérés par les Libyens comme des ennemis au même titre que les combattants des FAN.

Par ailleurs, la Libye avait fait également venir les combattants du C.D.R vers N'Djamena : Dourbali[390] était devenu une base importante pour cette tendance. Alors, les combattants toubous de N'Djamena attendaient d'un jour à l'autre, l'imminence d'une attaque libyenne pour le compte des éléments du C.D.R.

Si cela n'avait pas eu lieu très rapidement, c'était beaucoup plus, grâce à la perspicacité et à la maturité politique de leur président Açyl Ahmat[391]. Dans la réalité, celui-ci ne voyait pas le bout du tunnel avec cette politique. Il ne croyait pas à la nécessité de diriger une guerre dont l'issue était incertaine contre la communauté touboue dans le contexte politique du pays pendant cette période. Etant ministre des Affaires étrangères du GUNT, il faisait traîner les choses mais les Libyens étaient très

---

[390] Une ville proche de la capitale.
[391] C'est autour de lui que toute la politique arabe de Kadhafi était montée.

pressés pour finir avec les Toubous en éliminant définitivement leur leadership au Tchad. Ils ne mettaient absolument pas de fard à cette adversité. Ils avaient installé leurs chars sur le rond-point de la Présidence, à deux cents mètres du domicile et du bureau de Goukouni Weddeye. De là, ils procédaient à des fouilles sur les passants y compris les éléments de la Garde Présidentielle de Goukouni Weddeye.

Devant une telle situation, il n'y avait pas d'alternative. Pendant des jours et des mois, les combattants des F.A.P étaient en état d'alerte maximale dans la capitale. Goukouni Weddeye était sommé de faire le choix entre ses combattants et ses amis libyens, les deux antagonistes qui étaient en guerre non déclarée dans la capitale.

Pour avoir des appuis ailleurs, Goukouni Weddeye s'était ouvert à l'Organisation de l'Unité Africaine, à la France, à l'Algérie, etc. Il acceptait des promesses creuses ou fallacieuses des uns et des autres parce que les jeux étaient déjà faits sur le terrain : la rupture avec la Libye était déjà consommée entre les armées[392]. Goukouni Weddeye ne cherchait qu'une porte de sortie pour partager les éventuels échecs inhérents à l'inévitable rupture. Pour donner la forme, le retrait des troupes libyennes était programmé au Conseil des Ministres du GUNT. Par ce procédé, le retrait allait être une affaire du gouvernement de la République du Tchad.

Etant incapable de décider Açyl Ahmat à faire le coup d'Etat souhaité, Kadhafi pensait isoler Goukouni Weddeye de ses appuis au sein du GUNT mais ce gouvernement avait finalement décidé du retrait.

---

[392] Entre les F.A.P et l'Armée libyenne.

La Libye, surprise par cette décision gouvernementale, s'exécutait sur le champ, se donnant au maximum quarante-huit heures pour évacuer les troupes de N'Djamena.

Enfin, un ouf de soulagement pour les combattants toubous. Advienne que pourra. Personne n'avait pensé que toute la guerre faite aux autres Tchadiens allait conduire les vainqueurs à un destin d'esclave des Libyens. La force touboue, la composante principale des F.A.P de Goukouni Weddeye était fortement affaiblie lors du départ des Libyens. Cet état d'affaiblissement était dû beaucoup plus à l'attitude de Goukouni Weddeye qui avait gardé des relations d'amitié avec la Libye pendant que l'armée de ce pays massacrait lâchement leurs frères, leurs parents et d'autres tchadiens innocents, et, pendant que le régime libyen affichait publiquement sa belligérance vis-à-vis de tout Toubou qu'il soit membre des F.A.P ou simple civil ! Les raisons politiques qui avaient amené le Président Goukouni Weddeye à maintenir ses relations avec la Libye, raisons évoquées plus haut, étaient traduites par beaucoup de combattants comme une lâcheté de sa part.

Le 07 juin 1982, au petit matin, j'étais chez le président Goukouni Weddeye avec le ministre de la Défense. Après une concertation, le ministre était ressorti et nous étions allés chez le Premier ministre Djidingar Dono Ngardoum. En chemin, nous avions rencontré Açyl Ahmat en face du lycée Félix Eboué. Celui-ci était un peu mon ami : il avait l'habitude de me laisser le volant de sa voiture avec ses gardes du corps pour accompagner Adoum Togoï dans la voiture de ce dernier ; Il avait également l'habitude de m'appeler Homo[393]. Il était un homme très ouvert et gentil qui ne dédaignait pas se rapprocher des autres, même

---

[393] Homonyme.

les plus humbles. Ce matin-là, il n'avait pas monté avec Adoum. Les échanges avaient été brefs.

Les détonations des premiers tirs qui annonçaient l'entrée des F.A.N à N'Djamena s'étaient fait entendre quand nous étions chez Dono Ngardoum à Moursal. La traversée du fleuve Chari avait été difficile. Le soir, nous étions à Guélendeng où le ministre me laissait quelques jours plus tard pour continuer son chemin d'exil. J'avais 500 FCFA en poche mais bien armé.

# ERRATA

1- J'avais écrit dans la première édition à la page 72 que le successeur de Mahamat Ali Taher alias Abadi, responsable de la deuxième Armée du Frolinat jusqu'à sa mort en 1969, était Goukouni Weddeye : c'est une erreur. C'était Ali Sougoudou. La correction est faite à la page 57 de ce livre.

2- Dans la première édition à la page 74, j'avais écrit que lors de la création du CCFAN en 1972, le Vice-Président était Goukouni Weddeye. C'est une erreur. Le Vice-Président du premier CCFAN était Ali Sougoudou. Goukouni Weddeye était le chef d'Etat-Major. La correction est faite à la page 59 de ce livre.

3- A la mort du Président Tombalbaye suite au coup d'Etat qui avait permis au CSM de prendre le pouvoir au Tchad, le CCFAN avait dépêché une délégation à N'Djamena. J'avais écrit à la page 103 que cette délégation était dirigée par Moumine Togoï Hamidi. C'est une erreur. Les délégués du CCFAN étaient Mahamat Chidi et Mahamat Borno. La correction est faite à la page 87 de ce livre.

4- Lors de la création des FAP, Forces Armées Populaires du Frolinat en mars 1978 à Faya, le deuxième adjoint au Chef d'Etat-Major était ABBO Issa ; Açyl Ahmat Akhbach était le Chef d'Etat-Major troisième Adjoint. J'avais écrit à la page 172 qu'Açyl était le deuxième Adjoint. C'est erreur que je corrige à la page 150 de ce livre.

Le 15 juin 2013.

# DU MEME AUTEUR

- *La Victoire des Révoltés, Témoignage d'un enfant* ; Edition Al-Mouna Mai 2010

- *Zugula Tirkaa, Yôa ada na ngimire* ; Edition Al-Mouna 2011

- *Voyages et conversations en pays toubou* ; Editions Al-Mouna - Harmattan 2012, traduit de langue dazaga par l'auteur.

- *La vie du singe et le mariage de Kéilé* ; Yagabi 2013

- *La vie tourmentée* ; Yagabi 2013


E-mail: bodoumi@hotmail.com

tel: (00235) 66 26 86 79

# ANNEXE

## Exemple de datation Toubou

Calendrier local dans la dépression de Mourdi à l'Ennedi: de 1953 à 1972.

| Date du calendrier grégorien | Appellation locale de l'année dans la dépression de Mourdi | Evénement marquant qui donne le nom de ladite année |
|---|---|---|
| 1953 | Kizenzoundou-nga | Année de la mauvaise maladie (allusion à l'épidémie de variole) |
| 1954 | Moura-nga | Décès de Moura, chef de canton Bilia |
| 1955 | Nguili Birchima-nga | L'année de luzerne : il a poussé de luzerne cette année. |

| | | |
|---|---|---|
| 1956 | Nguili Djizzi-nga | L'année de Djizzi : il a poussé cette herbe très prisée par les chameaux |
| 1957 | Aramkideï-nga | L'année où les arabes sont braves : ils font des exactions sur les caravaniers. |
| 1958 | Araï madou-nga (Arin madou-nga) | Année des tornades rouges ou (des criquets rouges) |
| 1959 | Barkeï san kurouk-nga | Au puits de Barkeï, les chamelons devinrent faméliques au point que l'on assimile leur globe oculaire à un trou. |
| 1960 | Owonu boung | L'année du grand vent |

| | | |
|---|---|---|
| 1961 | Woula-nga | L'année des anges bienfaiteurs : il y eu une bonne pluie et pas d'épidémie. |
| 1962 | Ouko bitiring | Une bonne pluie à Ouko. |
| 1963 | Corkondo-nga | L'année de Corcondo : un très méchant méhariste français qui a fait des exactions sadiques. |
| 1964 | Watahar-nga | L'année des catastrophes (manque de pluie). |
| 1965 | Bitiring | La bonne année. |
| 1966 | Agasssou-nga | L'année du sabre : il est apparu dans le ciel un signe lumineux qui avait la forme d'un sabre. |

| | | |
|---|---|---|
| 1967 | Aska konkoding-nga | L'essaim des chevaux : allusion à la bataille livrée par les cavaliers arabes aux Goranes à Kalaït. |
| 1968 | Eguereï guiré woudou-nga. | L'année de l'esclave duquel le prix du sang est payé de façon très amère. |
| 1969 | Ounianga wouni. | L'année où Ounianga est incendiée par les français. |
| 1970 | Adougoura-nga. | L'année d'Adougoura : les combattants ont déplacé leur base arrière à Adougoura. |

| 1971 | Bosso korrotching-nga. | L'année de l'électricité à Bosso, sur le mont Ennedi. Cette année, l'Armée française qui croyait encercler les combattants, éclaira les nuits par des feux d'artifices visibles à des centaines des kilomètres à la ronde. |
|---|---|---|
| 1972 | Kirini-nga. | L'année de Kirini : les combattants ont installé leur P.C à Kirini, sur le mont Ennedi. |

# Trombinoscope

De gauche à droite:
Ahmat Saleh Bodoumi, Kore Allafonza, Touka Ambou dit
Djamaïmi (Debout)
Djouma Ambou, Abdallah Wordougou (Assis).

Collection Ahmat Saleh Bodoumi.